轨道交通消防机器人应用研究

张　杨　刘国成◎著

中国铁道出版社有限公司
CHINA RAILWAY PUBLISHING HOUSE CO., LTD.

内 容 简 介

当前消防机器人应用已成为我国社会安全体系建设的重要组成部分。消防机器人作为轨道交通系统消防安全保障的一个重要手段，将发挥无可替代的作用。本书从轨道交通消防机器人技术应用研究出发，对目前轨道交通领域中正在研究或应用的各类消防机器人的行走机构、步态形式、运动模型分析、结构设计、图像识别技术进行探讨、分析和介绍，以此为轨道交通领域中的消防机器人研究和应用提供可以借鉴的方法和技术。

本书的宗旨是根据轨道交通领域对安全运输的需要，服务于轨道交通行业消防机器人对消防安全巡检作业的需求，同时也为智能机器人研究爱好者、研究人员以及学生提供参考。

图书在版编目（CIP）数据

轨道交通消防机器人应用研究/张杨，刘国成著．—北京：中国铁道出版社有限公司，2023.5

ISBN 978-7-113-30092-0

Ⅰ.①轨… Ⅱ.①张…②刘… Ⅲ.①城市铁路-轨道交通-消防-专用机器人 Ⅳ.①U239.5②TP242.3

中国国家版本馆 CIP 数据核字（2023）第 053040 号

书　　名：轨道交通消防机器人应用研究
作　　者：张　杨　刘国成

策　　划：韩从付　　**编辑部电话：**（010）83527746
责任编辑：张松涛　徐盼欣
特邀编辑：王志豪
封面设计：刘　颖
责任校对：安海燕
责任印制：樊启鹏

出版发行：中国铁道出版社有限公司（100054，北京市西城区右安门西街 8 号）
网　　址：http://www.tdpress.com/51eds/
印　　刷：北京铭成印刷有限公司
版　　次：2023 年 5 月第 1 版　2023 年 5 月第 1 次印刷
开　　本：787 mm×1 092 mm 1/16　**印张：**9.5　**字数：**233 千
书　　号：ISBN 978-7-113-30092-0
定　　价：78.00 元

前　　言

随着我国经济的发展,各种大型石油化工设施、隧道、地铁等不断增多,油品燃气、毒气泄漏、爆炸,以及地铁隧道坍塌等灾害隐患不断增加。这类消防灾害一旦发生,将导致重大消防事故,造成重大的人员伤亡和巨大的经济损失,同时还会使消防救援人员陷入危险的境地,造成消防救援人员伤亡。消防机器人作为特种机器人的一种,在灭火和抢险救援中发挥着举足轻重的作用。它能代替消防救援人员进入易燃易爆、有毒、缺氧、浓烟等危险灾害事故现场进行侦察、灭火、救援。消防机器人的研发在20世纪90年代开始得到国家的重视,并得到迅速的发展。

随着我国城市化建设和轨道交通的快速发展,由高速铁路、普速铁路、城市轨道交通等组成的轨道交通运输网络已成为我国重要的交通运输网络,承担着国内民众大规模出行的运量。随着民众出行的规模数量和频率次数的增长,高密度、超大量的乘客潮及人群不确定行为给轨道交通旅客运输及消防安全带来了极大压力和巨大隐患。与其他交通方式相比,轨道交通运量大、客流集中、空间狭窄且密闭。在客流高密集的情况下,一旦发生火灾等消防问题,若不能及时发现和有效处置,将极易引发消防安全事故,导致非常严重的后果。由此可知,在轨道交通旅客运输领域,消防安全是重中之重。

目前在轨道交通领域,对运输及消防安全的保障,主要还是通过视频监控和人工巡检的方式来实现。其中,视频监控采用智能监控系统,对异常现象和异常行为具有一定的分析、识别和预测能力,但是存在监控盲区,难以做到全部覆盖;而人工巡检虽然可以弥补视频监控存在监控盲区的不足,但是费时费力,难以做到实时监测。这些缺陷导致轨道交通运输系统在营运过程中难免存在一定的隐患。消防机器人的出现和应用,为上述缺陷提供了解决方案。通过轨道交通消防机器人的应用,可以解决视频监控存在盲区的问题,也可以解决人工巡检存在不及时、容易错检漏检的不足。

在轨道交通消防安全领域,消防机器人的应用除了灭火和救援之外,更多的是对各类重点消防隐患场所进行巡逻和检查,对各类容易引发消防安全事故的突发异常行为事件进行及时监控。这就需要消防机器人具有一定的图像识别和分析能力,能够基于机器视觉技术和其他传感器技术,对发生的异常行为和现象进行机器识别和判断,能够针对这些突发异常行为或异常现象的视频或图像数据进行分析和预警,特别是人流密集、重点管控、重点巡查的场所,如客流通道设备间、变电站等场所。对这类场所出现的突发异常事件的分析、识别和预测具有愈来愈重要的作用和应用价值。近年来,轨道交通消防安全的异常行为研究和判断识别日益得到关注,已成为轨道交通消防机器人研究的热点。

当前消防机器人的应用已成为我国社会安全体系建设的重要组成部分,而消防机器人作为轨道交通运输领域消防安全防治的一个重要手段,也将发挥无可替代的作用。不同类型消防机器人的应用和发展,将为轨道交通运输安全提供有力的安全保障。因此轨道交通消防机器人及其应用技术对于轨道交通消防安全防控防治具有重要的研究意义和应用价值。

有鉴于此,著者针对轨道交通行业存在的消防机器人应用技术需求,对各类常见消防机器人的相关技术进行了介绍和探讨,以此为轨道交通领域中的消防机器人应用提供可以借鉴的方法和技术。

本书共5章。第1章主要阐述轨道交通消防机器人研究背景与意义,包括轨道交通消防机器人发展现状、面临问题、研究意义、分类用途、关键应用技术及其发展趋势;第2章主要介绍轨道交通轮式消防机器人,包括双轮消防机器人、三轮消防机器人、四轮消防机器人、麦轮消防机器人的结构特点、运动模型分析、结构设计及常用图像识别技术应用;第3章主要对轨道交通履带式消防机器人技术进行讨论,包括履带式消防机器人的特点、分类、运动模型分析、设计及图像识别技术应用等;第4章对轨道交通足式消防机器人进行分析,包含双足步行消防机器人、四足爬行消防机器人、四足步行消防机器人、六足型消防机器人的步态特点、运动模型分析、设计及图像识别应用;第5章对轨道交通轨道式消防机器人的特点、分类、应用及设计等进行了介绍。

本书获得广东省广州市科学技术局2021年基础研究计划项目(基础与应用基础研究一般项目)“轨道交通消防巡检机器人应用技术研究”(项目编号:202102080208)的资金支持,是该项目的研究成果。

在本书撰写过程中,得到了广州铁路职业技术学院霍睿老师及肖捷、罗官辉、朱万水、杨镜华、吴威航、周炜、方丹玲、邓锦梅等同学的支持和帮助,在此一并表示感谢。

由于时间仓促及著者水平有限,书中可能存在不妥及疏漏之处,敬请广大读者批评指正。

著　者

2022年9月

目　录

第1章 轨道交通消防机器人研究背景与意义

【本章引言】

消防机器人是特种机器人的一种，在消防灭火、抢险救援中越来越发挥着举足轻重的作用。随着我国各种轨道交通线路、石油化工设施、隧道桥梁、工程建筑等不断增多，电气设备老化着火、地铁坍塌、油品燃气、毒气泄漏爆炸、建筑隧道火灾等灾害隐患不断增加，消防机器人日益显示出其应用价值和研究意义。在轨道交通领域，消防机器人能代替消防救援人员进入易燃易爆、有毒、缺氧、浓烟等危险灾害事故现场，进行探测、反馈、处置作业，为及时有效地救援处置提供了有力的帮助，并大大降低了消防救援人员的伤亡风险。

本章针对我国轨道交通消防机器人的发展现状，指出了当前轨道交通消防机器人所面临的问题，阐述了轨道交通消防机器人研究的重要意义和应用价值。同时，根据轨道交通领域对消防机器人的应用需求，描述了轨道交通消防机器人的分类与用途、所研究的关键技术及其发展趋势。

【内容提要】

1.1　轨道交通消防机器人研究的背景

1.2　轨道交通消防机器人研究的意义

1.3　轨道交通消防机器人分类与用途

1.4　轨道交通消防机器人的关键技术及其发展趋势

1.1　轨道交通消防机器人研究的背景

随着机器人科技的不断进步，国家越来越重视机器人的发展，并加强了对机器人研发的投入和政策支持，这使中国机器人发展有了大幅度提高，并从工业机器人领域逐渐延伸至智能服务机器人领域。智能服务机器人是机器人的一种应用类型，它能够辅助或代替人们对室内或室外设备进行巡检、监控及探测工作，能够在少人甚至无人的环境下，利用机器视觉及室内定位等技术，完成设备的周期巡检，并对室内或室外特定物体的实时状态和室内外环境状态进行实时监测、识别和分析，对监控和维护特定设备和环境的稳定安全运行有重要意义。

中国对智能服务机器人的研究和产业发展非常重视。据相关数据，2016—2021 年，中国机器人企业数量从 1 316 家增长到 8 376 家；中国智能机器人合计销量 6. 38 万台，同比增长 55. 6%。由此可知，近年来中国智能机器人行业迎来了爆发式增长。从机器人企业融资发展看，据不完全统计，2021 年中国移动机器人领域共发生 38 起融资，较 2020 年增加 24 起，总融资额达 47 亿元，较 2020 年增加 25 亿元。2016—2021 年，中国移动机器人（AGV）领域平均单笔融资额从 0. 28 亿元增长至 1. 24 亿元。在市场强劲的需求下，智能机器人已经成为现代化制造业的重要组成部分，在未来将起到不可替代的作用。未来，高效迅捷、智能灵活、方便实用、安全可靠将成为智能机器人的发展趋势。

智能机器人科技的迅猛发展，使得智能机器人逐渐被应用于各个领域，以协助人类完成电力巡检、设备监测、隧道探测、清洁打扫、消防安全、反恐排爆等各种重复甚至危险的工作。特别是消防安全领域，一系列消防安全火灾事件让社会意识到应用智能机器人的重要性。这些事件的发生，引发了政府和社会的关注，也引发了公众对消防机器人研制与应用的重视。

随着社会经济的快速发展，各个行业和企业生产的特殊性，导致化学危险品和放射性物质泄漏，以及燃烧、爆炸、坍塌事故隐患增加，引发严重火灾事故发生的概率也相应提高。一旦发生灾害事故，消防员面对高温、黑暗、有毒和浓烟等危害环境时，若没有相应的设备贸然冲进现场，不仅不能完成任务，还会徒增人员伤亡。消防机器人作为特种机器人的一种，在灭火和抢险救援中发挥着举足轻重的作用。

随着我国经济的发展，各种交通线路、桥梁隧道、轨道交通、石油化工等设施不断建设发展，交通事故火灾、建筑隧道燃火、地铁起火坍塌、油品燃气和毒气泄漏爆炸等灾害隐患不断增加，消防机器人应用需求日益增大，特别是轨道交通领域。轨道交通作为一种特殊、承载客流大、相对封闭的交通运输方式，尤其是在人流高密集的情况下，一旦发生消防火灾事件，若不能及时发现和有效处置，必将导致严重的后果。近年来出现的一系列消防安全火灾事件，引发了社会和政府对交通运输行业公共安全的讨论和关注。此类消防事件具有突发性强、处置过程复杂、危害巨大、防治困难等特点，已成顽疾。更为重要的是，这些消防事件的发生，对于相对密闭的轨道交通旅客运输而言，其后果非常严重。因此，有必要对安全事件原因和产生的因素进行深入研究，特别是对事件发生的相关情况、现场视频、拍摄图像等进行记录和分析，对相近的、类似的行为和事件进行识别和判断，以便在后续发生类似事件时能够防患于未然或使事件得到及时控制和处置，从而避免类似事件的重演和再现。与此同时，也可以看到，这些事件的发生，仅仅依靠人工巡检是难以完全发现和预防的。事实上，电气老化、设备故障、易燃物品、突发行为往往成为影响轨道交通消防安全的重要隐患和主要因素。消防事件的发生也为我们敲响了公共消防安全的警钟。

为防止此类事件的发生，轨道交通领域在重要场所和公共场所布控和安装了大量的视频监控系统，以便实时监控，及时发现隐患。然而，视频监控只能安装在固定位置，监控一定的范围区域，存在一定的监控死角。此外，火灾事件常常是偶发性或突发性的，这使得以人工或视频监控方式难以对这些事件进行实时识别、判断和处置。有鉴于此，在轨道交通领域，应用消防机器人十分必要且非常有用。轨道交通消防机器人能代替消防救援人员进入易燃易爆、有毒、缺氧、浓烟等危险灾害事故现场进行数据采集、处理、反馈，有效地解决消防人员在上述场所面临的人身安全、数据信息采集不足等问题。通过消防机器人，现场指挥人员可以根据反馈结果,及时对灾情作出科学判断,并对灾害事故现场工作作出正确、合理的决策。

与视频监控系统不能移动不同,消防机器人能够进入消防隐患现场进行实时监控,对实时发生的火灾行为进行机器识别、分析和判断,并能够力所能及地采取一定处置措施。这些针对消防安全隐患数据的监控、数据采集、判断分析及处置能力,表明轨道交通消防机器人研制与应用对轨道交通重要领域与公共场所(如车站、隧道、轨道线路、变电场所等)消防隐患情况的监控、巡检、分析、识别和预测具有重要的作用和应用价值。

近年来,对消防机器人的研制与相关关键技术的研究日益得到关注。随着城市轨道交通的快速发展和高铁旅客运输的规模日益扩大,消防机器人越来越受到政府、企业、社会公众的重视,成为研究的热点。随着政府对公众安全出行的重视和关注,轨道交通行业对消防安全要求越来越高。目前在轨道交通运营中,对消防安全防控问题主要通过设置安防监控和人工巡查来完成。随着各大城市地铁交通运输规模越来越大,地铁运营单位及社会对电气防火安全、火苗烟雾发现、火灾异常行为事件等情况更加重视,对当前安防监控和消防巡查提出了更高的标准和要求。随着智能监控系统分析技术的发展,如视频智能识别追踪技术、入侵检测分析技术、遗留物品识别技术等的出现和发展,为轨道交通系统的消防安全预警提供了新的技术方法和解决途径。这些技术虽然为轨道交通消防安全解决了一些问题,但是仍然没能很好地解决对一些监控盲区的消防安全巡检、对突发火灾事件进行快速处置等难点问题。在这一方面,消防机器人有着较大的优势。在此背景下,本书总结近年来国内消防机器人的技术发展,对轨道交通消防机器人相关应用技术进行研究和介绍。

1.1.1　我国轨道交通消防机器人的发展现状

机器人自 20 世纪 60 年代初问世以来,经历多年的发展,取得了长足进步,社会各行各业都可见其身影。消防机器人引起各国及企业的重视,消防机器人应用技术开始不断发展。

随着经济大发展,以及相关行业与领域对消防机器人应用的巨大需求,我国消防机器人及其应用得到了快速发展,尤其是在轨道交通领域。

1. 我国轨道交通发展现状

随着国内经济不断深入发展,旅客及货物运输的数量与规模不断扩大,仅靠航空运输和公路运输已难以满足人们出行和运输货物的需求。随着我国高速铁路和城市轨道交通技术的快速发展,轨道交通网络不断得到优化和快速发展,轨道交通运输逐渐成为国内旅客及货物运输的重要方式,并形成了规模巨大的轨道交通市场,成为全球轨道交通发展最快的国家。并且,随着我国铁路和车辆技术的进一步创新发展,国内基于轨道交通运输的技术种类越来越多元化,除了高铁、地铁、轻轨外,还建设了磁浮系统、有轨电车、单轨系统(跨座式轨道系统和悬挂式轨道系统)及自动导向轨道系统等新式轨道交通运输方式。我国轨道交通呈现出高速铁路网络已具规模、城轨交通线路快速发展、新式轨道交通不断创新、轨道交通成为国民出行主要手段的可喜现状和发展趋势。

(1)高速铁路网络已具规模

我国高速铁路运营里程居世界第一位,目前已基本形成京沪高铁、京津城际、武广客运专线、郑西高速铁路等“八纵八横”的高速铁路网络。从 2004 年高速铁路开始进入大规模建设时期,截至 2022 年年底,我国形成了 4.2 万 km 高铁运营网络,并获得多项“世界之最”,如世界上单线运营里程最长的高速铁路——京广线，世界上等级最高的高速铁路——京沪高铁，世界最北的高寒高铁——哈大线，世界上一次性建成里程最长、跨越海拔间距最大的高速铁路——兰新高铁等。目前我国高铁已经覆盖国内大多数省份，中国高速铁路网络已成为全球最大的高速铁路网络，高铁运营规模比日本、西班牙、法国、德国、意大利等国所有的高铁运营里程总和还要多很多。由此可见，我国轨道交通发展网络及格局已具规模。

随着中国城市快速发展和城镇化规模的不断扩大，高速铁路作为一种高效、快速、舒适的大运力交通运输方式，已成为中国旅客运输的重要工具。现阶段，中国每天开动动车组1 000多对，年发送旅客量达到10亿人次，高速铁路网络奔驰在大漠戈壁、草原风沙、崇山峻岭、松软湿地以及高盐临海等复杂的地质环境中，运营线路常年经受±40 ℃考验，穿越几个气候带和多样地质层，并长期保持高强度大密度的运营。而继续快速发展和优化完善高速铁路旅客运输，仍将是我国轨道交通发展的一大趋势。

(2)城轨交通线路快速发展

除高速铁路之外，我国城市轨道交通也蓬勃发展。不仅建设的城市多、势头猛，而且速度快，建设里程日渐规模，运营线路不断增长。2015年末，我国城市建成并运营的城市轨道交通线路达116条，运营线路长度达3 600多千米，其中地铁占73.4%，轻轨占6.5%。随后城市轨道交通线路长度从2016年的4 152.8 km猛增至2021年的9 206.8 km，截至2021年底，年客运量达236.9亿人次。

当前国内城市轨道交通发展迅猛，北京、天津、上海、广州、长春、大连、武汉、重庆、深圳、南京、沈阳、成都、佛山、西安、苏州、昆明、杭州、哈尔滨、郑州、长沙、宁波、无锡、青岛、南昌、福州、东莞、南宁、合肥、石家庄、贵阳、厦门、乌鲁木齐、济南、兰州、常州、徐州、呼和浩特、太原、洛阳、绍兴等许多城市已建成地铁，并形成城市轨道交通与其他交通运输系统如航空交通、高铁运输、公路客运等相接驳的旅客运输体系，极大地改善和丰富了旅客运输规模和运力，使市民出行更为方便，有效地缓解了因城市和人口规模扩大所引发的公共交通客运运输问题。对于国内已具规模的城市，可以预见，轨道交通持续发展是城市交通发展的必然趋势。

(3)新式轨道交通不断创新

我国城市轨道交通发展迅速，构建了以地铁为骨干、城际轻轨为辐射的城市轨道交通体系。而且，还在不断创新轨道交通的运输形式和运行技术，如创新发展了磁悬浮高速线、有轨电车、自动旅客捷运(APM)、智轨快运系统、空铁(悬挂式单轨)等新式轨道交通运输形式和线路制式，以形成多种城市轨道交通系统相互并存、接驳的多元化发展模式。

目前，国内城轨交通运营线路制式结构呈多元化快速发展。从早期仅有的地铁线路，到现代化的城市轨道交通运营线路，当前共有九种制式同时在运营。其中，地铁占比较高。其次，城际快轨、自导向轨道系统、有轨电车、轻轨、跨坐式单轨、磁浮交通、电子导向腕轮系统、导轨式胶轮系统等都有一定的占比。

(4)轨道交通成为国民出行主要手段

以高速铁路、城际轨道、市域线路、地铁交通为代表的现代轨道交通运输体系具有速度快、运力大、效率高、排放低、舒适性好的特点，呈现多元化发展，并正在逐步发展成为城市群之间和城市群内部的大客流主要运输方式。由于轨道交通能够有利于疏解大中型城市人口出行规模压力，并提升中小城市和特色小城镇的人口聚集能力，优化城市群内各城市空间布局和人口数量,对我国城市群的人口数量合理分布和经济健康发展具有重要支撑作用。

目前多元化的轨道交通系统已经成为国内各大城市国民出行的主要方式和手段,成为大中型城市解决道路拥堵问题、提升发展空间、优化交通出行的重要方式。通过创新和发展多元化的轨道交通运输系统能够有效地缓解拥堵和污染等问题,促进城市产业布局和人口数量的合理优化。同时,轨道交通旅客运输系统的便捷、准时、舒适以及低廉的票价,使它成为了当前我国国民外出的主要公共交通工具和出行的首选。

2. 国内轨道交通消防所面临的问题

目前轨道交通体系在中国公共交通体系中具有举足轻重的作用,它全面提升了城市交通的运行效率。然而,轨道交通的快速发展、巨大的客流规模,使得轨道交通的消防安全面临着巨大的挑战。特别是在轨道交通运输运行过程中,由于轨道交通路线结构复杂、电气设备较多,疏散路线较长,且承载的人流量巨大,运输空间相对封闭,一旦发生消防安全事故,将存在很大的处理难度,对人们的生命健康造成了极大威胁。因此,必须对其给予足够的关注,为轨道交通的运行稳定和消防安全提供有效的保障。当前国内轨道交通消防主要面临以下一些问题。

(1)轨道交通系统复杂且相对封闭

相对于其他公共交通体系,轨道交通系统整体结构较为复杂,线路长且旅客运输相对封闭。虽然这些特点使得轨道交通运输系统实际应用功能众多,可以有效满足城市和城际的居民出行需求,但是也给消防安全防护和管理带来了许多不利因素和隐患。例如,在轨道交通的运行过程中,烟气会通过环控系统快速充斥到轨道交通的整体系统中,对乘客的呼吸、行动等方面造成很大的影响。整体的轨道交通分为很多不同的区域,主要分车站、列车、隧道区间、物业区、主变电站。可能存在的火灾风险包括人为原因、设备原因及环境因素等诱发的火灾风险。当前的轨道交通系统,其在消防安全方面存在的和所产生的实际情况是多变的,仅靠现有的消防安全设施和设备难以完全预防、监测,以及应对所有存在的消防隐患。

此外,在轨道交通系统中,不同站点的建设风格、样式等都存在不同程度的差异,受不同站点实际环境、基础架构等方面影响,站点的建设表现出了不同程度的差别。同时,在一些站点中,为方便乘客的出行需求,还包含有功能商店、餐饮店等服务设施,这些也大大地提高了城市轨道交通出现消防安全事故的概率。另外,当站点中的客流量增大导致拥挤,并出现消防安全事故时,不仅人员撤离的难度较大,而且也对消防救援工作的开展产生了极大制约。

(2)轨道交通设备繁杂且维护管理强度大

由于轨道交通公共运输的特殊性,轨道交通系统及运营单位对消防安全非常重视。在轨道交通运营和消防安全管理中,运营单位和消防单位往往会结合轨道交通运行情况,制定相应的消防安全措施和管理制度,以及针对不同情况,制订可能出现的事故应急预案。然而,在实际运行过程中,由于轨道交通运营设备繁杂,设备巡检和维护强度非常大,一些设备经过长期运行,常常会出现因为老化而导致故障的现象,消防安全事故的概率大大提升,而且容易引起突发的消防安全事故。此外,乘客在乘坐轨道交通工具时,常常只能在指定或固定区域找到服务人员寻求帮助,而在大多数时候,在轨道交通运行过程中以及在站点候车过程中难以找到相应的服务人员。与其他公共交通工具不同,轨道交通运营运行线路多、空间大、里程长,导致管理服务人员远远不能高密度地覆盖所有服务场所。这使得轨道交通服务和维护管理的强度非常大,也导致了一旦发生消防安全事故,存在着难以实时处置的窘境。例如,在地铁运行过程中,往往只有一位驾驶员负责列车的运行,无法对车厢内的突发情况做出有效的反应和处理。车厢里没有随车服务人员,容易导致在出现某些消防安全事故时,造成群众恐慌而引发更严重的次生灾难事件,导致更为严重的后果。

(3)轨道交通火情侦察和消防救援难度大

在轨道交通的消防防控和消防救援中,所存在的困难主要体现在两个方面。一方面是火情侦察难度大。当前轨道交通突发事件监控,主要以视频监控和人工巡查为主。在客流拥挤的情况下,一旦火情发生,如果火势不大或是仅有火苗时,无论是视频监控还是人工巡查,都不一定能够及时发现并正确处置。火情引发的乘客恐慌,可能导致火情侦察更加困难。此外,轨道交通运营空间大且线路复杂,也增加了火情侦察的难度。另一方面是救援难度大。以地铁为例,其运行路线大部分区域集中在地下,一旦出现消防安全事故,消防救援人员只能够徒步进入地铁地下站点和隧道进行施救。由于隧道环境内部狭小且昏暗,无法有效地为相关救援人员提供良好的救援空间和救援条件。一旦引发火情,难以对起火位置、蔓延方向等做出及时且准确的判断,以及实施救援。

由此可知,要解决当前轨道交通所面临的困难和窘境,轨道交通消防机器人的应用是一个比较好的解决方法。

3. 消防机器人成为轨道交通消防巡检的重要辅助手段

随着轨道交通线路规模不断扩大,客流量不断增大,轨道交通消防安全的重要性越来越突出。从轨道交通面临的问题分析可以知道,仅靠当前视频监控和人工巡检手段是难以完全满足轨道交通消防防控要求的,必须引入新的消防防控技术和手段。2017 年,我国公安部发布《关于全面推进智慧消防建设的指导意见》,提倡和开始智慧、智能消防的建设,从而推动消防救援装备和设备产品向着智能化、特种化、无人化、高性能、高效应用等方向发展,进而推动智慧消防系统的发展。在此背景下,由于消防机器人能够在人类无法进入火灾现场的情况下实施火情侦察、消防救援及火灾扑灭,因此近年来消防机器人在我国消防安全行业市场规模不断增长。消防机器人市场规模的增加标志着我国消防行业水平的进一步提高,也为消防机器人进入轨道交通领域奠定了基础。

事实上,由于轨道交通领域的特殊性和消防安全保障要求,消防机器人也进入了轨道交通领域,并成为轨道交通消防巡检的重要辅助手段。在轨道交通领域,消防机器人拥有以下优势和特点。

(1)无生命损伤性

消防机器人作为一种无生命载体,在高温、有毒、缺氧和浓烟等各种危险复杂的、人力所不及的环境中可充分发挥其作用,大大减少消防人员伤亡。火灾现场本身有其特殊性,如果遇到地形复杂的火灾环境,灭火难度将成倍增加。消防机器人的使用可以大大减少人员伤亡,提高灭火效率。

(2)可重复使用性

消防机器人作为一种特殊装备,需要定期进行维护保养,如维保得当,便可反复多次使用,发挥其效能。消防机器人具有耐高温、耐热辐射、耐雨、耐化学腐蚀、抗电磁干扰等特点,能实现长期连续工作而不受损伤,在救援中发挥着巨大的作用。

(3)人工智能性

消防机器人是人工智能、自动控制、电力电子、神经网络、计算机技术和机械工业相结合的产物。消防机器人可根据现场实际情况,自主判断危险源,进行数据收集、处理、传输反馈、灭火等工作。消防机器人可以装载摄像头,将现场情况通过网络实时传输到后方系统进行处理,方便指挥员及时对灾情作出科学判断,并根据反馈结果作出正确合理的决策。

4. 公众对消防机器人的关注度日益提高

近年来,一些重大消防安全事故给社会带来了重大的影响和巨大损失,引发了公众对消防安全和救援人员安危的高度关注。这些消防安全事故表明,一方面随着社会经济的迅猛发展,尤其是最近几年,化学品、危险品和易燃品导致的燃烧、爆炸、坍塌的事故隐患增加,事故发生的概率也在提高;另一方面,一旦发生灾害事故,消防人员和救援人员面对的往往是高温、黑暗、有毒、浓烟、陡坡、深谷等高危环境,若没有相应的设备贸然冲进现场,不仅不能完成任务,还会徒增人员伤亡,这方面已有许多惨痛的教训。与此同时,这些消防事故也引发了政府和公众对消防救援人员本身安全的关注和重视。随着智能机器人技术的发展,能够辅助消防人员开展消防灭火和抢险救援作业的消防机器人应运而生。

1.1.2　我国轨道交通消防机器人面临的问题

随着消防机器人技术的不断发展,近年来消防机器人在我国消防安全领域的应用被日益重视并获得较好的使用。国内许多城市的消防部门正在不断装备各种类型的消防机器人,并在一些消防事故中得到有效应用,取得较好使用效果。

在轨道交通领域,消防机器人也得到了重视和应用。如图 1-1 所示,2016 年,深圳地铁在福田站联合开展夜间消防应急救援大型演习,检验地铁站台灭火救援工作的快速反应能力,消防机器人首次进入站台实战演习[见图 1-1(a)];2017 年,武汉地铁组织的消防灭火演习中出动了多款不同类型的消防机器人[见图 1-1(b)];2018 年,安徽合肥消防支队联合合肥轨道交通公司在地铁站内开展灭火救援实战演习,模拟站台层照明设备间着火,有人员被困,现场出动多款灭火机器人[见图 1-1(c)];2022 年,北京消防救援总队轨道交通支队在北京地铁五里桥地铁设备库房消防救援实战演习,千度耐高温消防机器人在现场参与演习[见图 1-1(d)]。

对于消防安全责任重大的轨道交通行业来说,消防机器人的出现具有非凡意义。其不仅是火情侦察、火情监测、灭火救援的新设备与新技术,同时也是轨道交通行业消防装备与技术升级的新思路与新方向。可以预见,在需求推动和机器人市场带动的作用下,消防机器人在轨道交通领域完全具备广阔发展潜力和空间,前景不可估量。然而就我国轨道交通消防机器人应用发展来说,消防机器人要想成为消防主力和进一步得到广泛应用还需一段时间。造成这种情况的原因主要有三方面:一是目前国内的消防机器人数量与规模都不大,这是因为国内消防机器人起步相对较晚、市场发展相对较慢;二是当前消防机器人技术仍然存在一定的不足,在环境适应性、载重性、灵活性、越障性、智能性等方面仍需要进一步提升,以适应消防实战现场的需求;三是消防机器人维修维护方面存在专业技术人才不足,这是由于消防机器人维修维护需要专技人才,传统消防人员目前还难以胜任。

从轨道交通行业消防应用领域而言,目前我国消防机器人面临着以下几个问题。

（a）深圳地铁演习中的消防机器人　（b）武汉地铁演习中的消防机器人

（c）合肥地铁演习中的消防机器人　（d）北京地铁演习中的消防机器人

图 1-1　轨道交通消防灭火机器人

1. 缺少“敏捷灵活”的消防侦察机器人

与其他应用领域不同，轨道交通运输系统覆盖的范围非常广泛，既有车站、站台、设备间等相对平坦的室内场所，也有变电站、维修间、列车轨道、隧道、桥梁、涵洞、通信基站等室外复杂场所，这些室外场所一旦发生火灾安全事故，往往需要第一时间进入火灾场所进行侦察并汇报实际情况。然而，目前的消防侦察机器人往往采用轮式或履带行走机构，虽然具有一定越野爬坡性能和越障能力，但是在一些崎岖地形、轨道纵横和狭窄区域，仍然容易受到限制，不能行动自如。此外，当消防机器人进入火灾现场后，信号会受到干扰，使得现场通信变得不顺畅，这往往会影响消防人员及时获取火灾现场数据和信息，降低消防人员应对火灾的能力。而在隧道、涵洞等区域，如果消防机器人在侦察和通信方面行动“本领不强”，还会使侦察效果大打折扣。因此，目前的消防机器人急需具有“敏捷灵活”的身手，特别是要改进其移动行走方式。

2. 缺少“全能适应”的搜索救援机器人

在消防作业领域中，搜索救援是一项艰巨且危险的任务，尤其是在复杂地形和灾害现场复杂条件状况下。因此，能够替代消防搜救人员开展救援的搜索救援机器人具有广泛应用价值和应用空间。然而，现有搜索救援机器人虽然具备一定攀爬、爬楼梯、越障等能力，但是在复杂地形下，如轨道沟壑纵横的隧道、涵洞等，克障性能不强。如果在路况困难或障碍物较多的地方工作，会对消防救援产生不利影响。

3. 缺少“肩负重担”的消防装备驮运机器人

对消防火灾作业，消防灭火和搜救人员往往需要机器人帮助驮运消防救援装备，尤其是一些危险区域的消防作业，往往只能依赖驮运的消防器材和设备进行施救。然而，目前消防装备驮运机器人仅能携带一定数量、体积和质量的消防器材和救援装备，缺少能够携带重型消防器材的机器人，这使得消防人员火场施救受到影响和限制。

4. 缺少“机智善辨”的消防巡检监控机器人

随着消防机器人的应用，轨道交通领域对消防机器人智慧巡检和智能监控的需求越来越高。从实际应用需求来看，要求消防巡检监控机器人具备一定的智能判断分析能力，能对现场获得的信息和数据进行智慧化分析，得出综合性判断。然而，由于消防火灾现场情况复杂，当前巡检监控机器人在综合性智慧化分析判断领域仍需要进一步改善与提高，以满足轨道交通领域复杂条件下对消防巡检监控机器人的需求。

5. 缺少“耐火抗冻”的消防破障机器人

由于目前重大消防火灾安全事故大多数发生在化学品、易燃品、有毒有害物品集中之地，火灾现场往往伴随有化学腐蚀性气体或液体，因此对火灾现场执行破障救援作业任务的消防破障机器人，在耐腐蚀、耐高温，甚至防冻抗冻等防护性能上有着较高的要求。而目前普通消防破障机器人的防护能力不高，多数没有使用耐高温材料，内部也没有智能冷却系统，设备内部的机械部件容易受到高温的影响而降低工作效率，如自喷结构系统、现场悬挂结构系统、自落式结构系统等，大大缩短了作业时间和使用寿命。此外，现有的一些消防破障机器人采用的自动喷淋冷却技术比较传统，喷淋冷却的水管路缺乏必要的保护，深入高温环境后，水幕无法完全保护主体；电动机老化迅速，不足以完全取代深入危险火灾环境的消防员。

1.2　轨道交通消防机器人研究的意义

近年来，随着各种智能化技术的持续突破和发展，机器人技术应用十分迅速。从工业领域，到服务领域，再到消防安全等特种作业领域，不仅机器人应用越来越广泛，而且市场需求规模也越来越大，对机器人不同种类和不同功能的需求也越来越丰富。作为特种机器人的一大应用领域，消防机器人由于不惧危险、不怕毒气、不畏烟火爆炸等品性，并且能够在火灾危险区域独自作业而受到关注。

例如，在火情侦察上，过去受限于环境和安全，救援人员难以亲身深入火场近距离探查，但是有了消防机器人之后，这一环节变得相对简单。而在具体灭火任务上，消防机器人的作用也不遑多让。它既能够通过移动探索功能对火灾现场环境进行全面检测，又能够通过内部数据处理反馈出最佳灭火地点和灭火所需水量，并可以与消防人员协同作业，利用配备的高压水枪或雾化水炮实施灭火。整个过程流畅而严谨，使得消防水平得到了极大提升。

考虑到我国轨道交通运输系统规模大、行程远、设备多、范围广、客流旺，在消防安全防护和巡逻监控方面对消防机器人有着巨大的需求空间。从目前消防机器人在轨道交通领域中的应用来看，消防机器人在轨道交通行业有着广阔的应用发展空间，并展现出无可替代的应用价值和作业优势。基于此，开展并推动消防机器人技术在轨道交通领域中的探索与研究，具有十分重要的研究意义和价值。具体表现在以下几个方面。

1. 消防机器人是国家战略发展规划和行业发展的必然需求

消防安全事故多发，造成人民生命财产损失。根据应急管理部消防救援局发布的数据，全国消防救援队伍 2021 年共接报火灾 74.8 万起，死亡 1 987 人，受伤 2 225 人，直接财产损失 67.5 亿元。伴随消防安全工作面临的问题，火灾防范和消防机器人应用已成为人们关注的焦点，面对火灾事故的增多及制造强国战略的需求，为促进我国消防机器人技术不断发展，消防机器人已被纳入国家和地方政府战略发展规划。国内消防机器人的研究从20世纪90年代开始。2016年，工信部、发改委、财政部等三部委联合印发《机器人产业发展规划（2016—2020年）》，消防救援机器人被列为服务机器人领域重大标志性率先突破的产品之一。2018年，我国工业机器人市场规模约占全球市场份额的1/3。2019年，北京市经济和信息化局印发《北京市机器人产业创新发展行动方案（2019—2022年）》，提出推动北京机器人产业高质量发展的“5432”思路和路径，“5”是培育形成以医疗健康机器人、特种机器人、协作机器人、仓储物流机器人四大整机加关键零部件为主导的“4+1”发展格局，其中特种机器人领域含灭火、排烟、侦察消防机器人等。由此可见，消防机器人研究具有重要的战略意义和研究价值。

2. 提升轨道交通运输系统的安全性

由于我国轨道交通运输系统规模大、客流旺，因此运输安全保障是重中之重。消防机器人技术在轨道交通运输领域的应用和研究，能够进一步降低或消除轨道交通运输由于规模大、行程远、设备多所面临的消防隐患问题和压力，从而提升客流及货流运输的消防安全的覆盖面和安全性。毕竟，我国轨道交通运输系统承载了全球约18%人口规模的运输安全，因此轨道交通消防机器人的研究对于轨道交通旅客运输安全而言非常重要而有意义。

3. 提高消防安全作业的安全可靠性

在消防安全事故中，消防员虽然会穿着防火服进火场救人，但是也免不了受到伤害，尤其是火灾现场存在隐藏爆炸品的情况下，更是使得消防人员在实施救援的时候应接不暇。

根据应急管理部消防救援局2020年发布的数据，1949年以来我国有636名消防员牺牲，且每年都有消防人员因公殉职。在轨道交通领域，消防安全事故往往情况复杂，因此，轨道交通运营单位应该更加重视将机器人应用于灭火救援中，这样不仅有利于提高灭火救援的效率，也可以减少消防人员伤亡的情况。

事实上，轨道交通领域如果发生消防火灾，火场环境通常会非常复杂，如地铁这类轨道交通运输系统，往往会在密闭的地下空间中产生大量浓烟和有害气体，为消防人员灭火救援带来极大威胁和困难，甚至给他们带来生命危险。但是，消防机器人可以在这些场合自由穿梭，并可以在高温有毒气体辐射、浓烟二次爆炸、坍塌等恶劣环境中进行灭火救援。因此，消防机器人在高危环境、复杂空间的救火救援更加高效。消防机器人与消防员的紧密合作可以使得复杂空间的灭火救援工作更加安全有效率，如果仅凭消防员对高危火灾现场进行灭火救援，有可能造成消防人员伤亡。利用消防机器人进行现场情况的勘测，能够有效减少灭火救援人员受伤的概率。消防人员还可以利用机器人在火灾现场进行环境探测和有害物质检测，以方便他们做好安全防护措施进入火场进行救援。例如，在高层或超高层建筑物中发生火灾事故，消防人员进入火灾现场进行灭火救援面临的危险性极大：一是高层建筑在建造的过程中使用了大量的易燃材料，一旦发生火灾，很有可能造成二次爆炸，这是隐藏的火灾高危隐患；二是高层建筑着火受到风力的影响，很有可能使得火灾面积迅速扩大，容易对进行现场救援的消防人员造成生命安全威胁。如果利用消防机器人进入建筑物中进行救援，既可以提高灭火救援效率，还可以帮助消防人员有效地规避潜在危险，最大程度上减少消防人员的伤亡。由此可见，消防机器人在消防安全作业方面具有极大的应用价值和研究意义，不但可以降低消防人员的伤亡，还可以实现安全可靠的侦察、灭火和救援作业。

4. 促进消防机器人技术应用适应性

消防机器人是消防发展的主要方向，面对多发的安全事故及复杂的救援环境，需要职业化、专业化消防人员使用高精尖消防装备来救火，因此更加需要重视消防人员的安全保障。在这样的背景下，消防机器人逐渐成为消防发展重要方向之一。将机器人应用到灭火救援工作中，是消防现代化进程的有效体现，也是提高救援成功率、减少救援人员伤亡的关键措施。在轨道交通运输系统中，由于运输环境和设备维护的复杂性，要求消防机器人应用要有针对性和适应性，能够满足轨道交通运营系统中在旅客运输、设备消防、设施保障、建筑安全、货物存储等不同应用场所消防监控和消防救援的需求，从而提高消防机器人应用技术的适应性和可靠性，提升消防安全的针对性和有效性。

5. 改进消防机器人救援的高效性

目前我国消防机器人技术还处于发展阶段，技术升级是行业未来主要趋势。据统计，目前我国消防机器人产品的智能化程度仍然较低，还处于消防机器人发展的第二个阶段，且由于技术还不成熟，国内消防机器人多数应用在消防演习、宣传中，在全国范围内有消防机器人参与的救援案例较少。因此，从目前行业发展情况来看，未来消防机器人行业仍将有极大的发展空间和市场增长趋势，消防机器人的技术升级将是行业主要驱动力之一。从目前我国消防机器人重点研究方向来看，我国消防机器人主要将人机交互技术、多传感器信息融合技术、路径规划技术和仿生行走技术作为重点研究方向。针对其作业任务的需要和研究方向，总结消防机器人未来发展趋势，有以下几个方面。一是提升消防机器人立体化协同作战性能。随着城镇化社会不断发展，高层建筑的消防安全及轨道交通的消防安全不容忽视，多机器人协作系统可解决个体作业的缺点，并显著提高特定工作任务的效率。今后，以多机器人之间形成水陆空立体化自主通信、协同作战将成为研究重点，立体化协同作战系统可包括上位机、灭火机器人、救援机器人、墙体传感器单元、消防无人机等。二是提高消防机器人机动性能。随着消防机器人智能化、网络化技术发展，如何使消防机器人在陌生非结构化事故现场的环境下完成地图构建、主动识别障碍物、自主评估风险、实现路径规划、自主作战性能等，提高其机动性能将成为重点研究方向。三是提升消防机器人集成化、轻量化。功能集成化程度大的消防机器人可以开展多种消防作业，更加适应复杂的消防救援环境，其救援效果更佳。此外，通过研究高强度材料、高容量电池等，可使消防机器人整机轻量化，有利于运输，提高机动性能。四是提高环境适应及特定作业能力。消防机器人针对不同危险和障碍的作战环境，采用特定的本体保护措施和行走机构以适应环境变化，保证作业顺利进行。五是制定消防机器人调动方案。通过利用人工智能及物联网技术对消防部队所在辖区内火灾发生情况进行数据整理分析，协调包括医疗防护、交通管制、供水供电等救援力量，制定消防机器人最佳调动方案，当灾情发生时能够第一时间有效调动地区内救援功能相符的消防机器人，提高灭火作战能力，快速完成救援任务。

未来，在需求推动和机器人市场带动的作用下，消防机器人完全具备广阔发展潜力和空间，前景不可估量，因此轨道交通消防机器人的研究也任重而道远。

1.3　轨道交通消防机器人分类与用途

根据轨道交通领域中消防机器人的作用和用途，可以将轨道交通消防机器人分为消防灭火机器人、消防排烟机器人、消防侦察机器人、消防宣传机器人、消防救援机器人、消防破拆机器人、消防排爆机器人、消防探测机器人和其他消防机器人等。

1. 消防灭火机器人

用途特点：消防灭火机器人（见图 1-2）广泛应用于火灾现场进行灭火作业，是消防作业领域中应用较广的机器人，其作用是在危险场所中替代人工开展灭火作业。消防灭火机器人多数采用履带式行走机构，配备灭火水炮或泡沫灭火装置。履带式行走机构具有牵引力大、行走平稳、不易打滑、越野性能好等特点，因此适用于在一些危险、高温、恶劣条件等火灾环境下开展消防灭火作业。

（a）喷水灭火机器人　　（b）泡沫灭火机器人

图 1-2　消防灭火机器人

适用场景：适用于车站站厅、站台、设备间、变电站、户外铁路、建筑物内等场所，用于喷水灭火、泡沫灭火等消防灭火作业。

2. 消防排烟机器人

用途特点：消防排烟机器人（见图 1-3）是一类特殊的消防机器人，在灭火救援中发挥着举足轻重的作用，可代替消防救援人员进入有毒、缺氧或浓烟等危险灾害事故现场进行排烟、送风、灭火、除尘等工作。它能够有效地解决消防人员和被困人员在上述灾害场所面临的人身安全威胁、呼吸不畅、因烟雾导致视野不清等问题。

图 1-3　消防排烟机器人

应用场景：适用于车站大厅、候车站台、乘客通道、列车车厢、行车隧道、地下设施、物流仓库等封闭、烟气难以排放的场所，用于排除烟雾、输送新鲜空气、排烟灭火、净化空气等作业。

3. 消防侦察机器人

用途特点：消防侦察机器人（见图 1-4）是消防机器人里的先锋，可以替代消防救援人员率先进入易燃、易爆、有毒、有害等危险的灾害现场进行侦察、搜索、检测等任务，尤其适用于易爆环境。消防侦察机器人对提高救援安全性、减少人员伤亡具有重要意义，其特点在于具有热眼检测功能，可通过红外热成像实现对热源的检测与跟踪，可检测多种易燃有害气体的浓度。

图 1-4　消防侦察机器人

应用场景：适用于车站大厅、候车站台、乘客车厢、行车隧道、石化易燃物品仓库等火灾场景，用于对火灾现场的复杂环境侦察、有害气体检测、被困人员搜索等作业。

4. 消防宣传机器人

用途特点：消防宣传机器人（见图 1-5）是在迎宾服务机器人基础上发展而来的，能够提供红外线自动测温报温、礼貌用语迎送、消防宣传提示等服务。它一般采用三轮行走机构，有较好的语音播报能力和一定语音识别能力，能够引导和疏导乘客，具有移动灵活、语音交互、指引疏导的功能特点。相较于传统的迎宾服务机器人，消防宣传机器人可以辅助服务人员为乘客提供消防宣传、消防指引、防疫测温等服务。

图 1-5　消防宣传机器人

应用场景：适用于车站大厅、候车站台、通道入口、列车车厢等场景，用于消防宣传、消防疏导、乘客指引、场所巡查、预警提醒、防疫测温、喷雾消杀等应用。

5. 消防救援机器人

用途特点：消防救援机器人（见图 1-6）可以使用机械臂提供一些辅助救援的功能，如使用机械抓手在火灾救援场所抓取障碍物，使用机械夹钳排除障碍等。这些功能使得消防救援机器人能够在一些危险的火灾现场替代消防救援人员完成一些危险的排障任务。

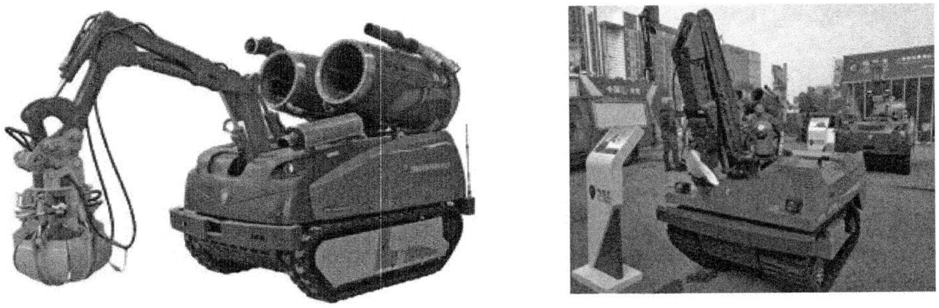

图 1-6　消防救援机器人

应用场景：适用于轨道交通电力、石化、隧道等火灾危险场所，用于替代消防救援人员实施排险或是对被困人员提供排障救援的服务。

6. 消防破拆机器人

用途特点：消防破拆机器人（见图 1-7）是在消防机器人基础上，配备具有多功能的破拆工具、机械装置，能够在消防救援时提供剪切、扩张、挤压、破碎等多种破拆作业模式的一种消防机器人。在火灾现场弥漫着有毒烟雾、危险气体等，而又需要进行破拆作业进行救援时，消防破拆机器人就能够派上用场，它能够替代人工进行这类危险作业，并且具有良好的破拆力量。

图 1-7　消防破拆机器人

应用场景：适用于设备间、变电站、石化危险品仓库、受困车厢等灾害场所，用于排险破拆、剪切破碎、拆除障碍等作业服务。

7. 消防排爆机器人

用途特点：消防排爆机器人（见图 1-8）是在消防作业中提供排爆服务的一种消防机器人。在轨道交通领域中，消防安全还包括排爆作业。对火灾现场存在易燃易爆物等高危险情，就需要使用消防排爆机器人进行排爆作业，替代消防排爆人员进行现场作业。一般地，消防排爆机器人配备有至少一个可灵活控制的机械臂。

图 1-8　消防排爆机器人

应用场景：适用于轨道交通站厅站台、铁路轨道、行车隧道等出现高危爆炸险情的场所，用于排除爆炸物、引爆危险品等消防排爆作业。

8. 消防探测机器人

用途特点：消防探测机器人（见图 1-9）是在消防作业中提供危险物品泄漏探测信息的一种消防机器人。它能够在可能存在高危灾害情况下，替代消防救援人员进入危险区域进行危险物品探测、辐射气体检测、有害气体泄漏监测等作业，为消防救援处置提供高危现场的信息和数据采集。

（a）辐射检测机器人　　（b）石化气体泄漏探测机器人

图 1-9　消防探测机器人

应用场景：适用于危险品、化工液化气体、有害易燃物品等存储场所，用于辐射监测、有毒气体泄漏检测、危险品探测等消防作业。

9. 其他消防机器人

用途特点：其他消防机器人（见图 1-10）包括四足消防机器人、消防灭火无人机等。这些消防机器人通过不一样的行走方式，为消防安全作业提供探测、灭火等功能。例如，消防灭火无人机可以在空中进行消防灭火，而四足消防机器人能够在一些障碍物繁杂的场所进行搜救探测、灭火等作业。

应用场景：适用于轨道交通灾害现场路况复杂、障碍物较多、崎岖不平的场所，用于消防搜救、探测、灭火等作业。

（a）四足消防机器人　　（b）消防灭火无人机

图 1-10　其他消防机器人

1.4　轨道交通消防机器人的关键技术及其发展趋势

本节介绍轨道交通消防机器人的关键技术及其发展趋势。

1.4.1　轨道交通消防机器人研究的关键技术

目前消防机器人的关键应用技术包括五个方面，分别是环境适应性技术、导航技术、感知技术、处置作业技术、多机协同技术。通过对这些关键应用技术的研究，能够改善当前消防机器人在消防作业中所出现的不足和面临的难题，从而有助于提高轨道交通运输系统的安全性和保障性。这些关键应用技术也成为了当前消防机器人研究发展的热点。

其中，环境适应性技术主要是指消防机器人的移动方式、采用的行走机构、步态及运动模型等；导航技术主要是指机器人的自主移动方式；感知技术是指机器人对应用场景、火灾现场、救援环境的探测及信息采集、测量与分析；处置作业技术是指机器人在灭火、排烟、侦测、巡检、危险处置、应急救援等作业时采用的处置方法和手段；多机协同技术是指在作业场景中多台机器人协同作业、任务分配，以及相互配合的技术与策略。

1. 环境适应性技术

轨道交通消防机器人环境适应性技术研究包括行走机构设计、步态及运动模型分析、越野与越障技术研究、防护性技术研究等。从目前机器人研究与应用的情况来看，主要是针对轮式机器人、履带式机器人、足式机器人、轨道式机器人、特殊形状机器人等不同行走方式围绕机构设计、步态及其运动模型、越野性能及越野技术、防护能力等开展研究，如图 1-11 所示。

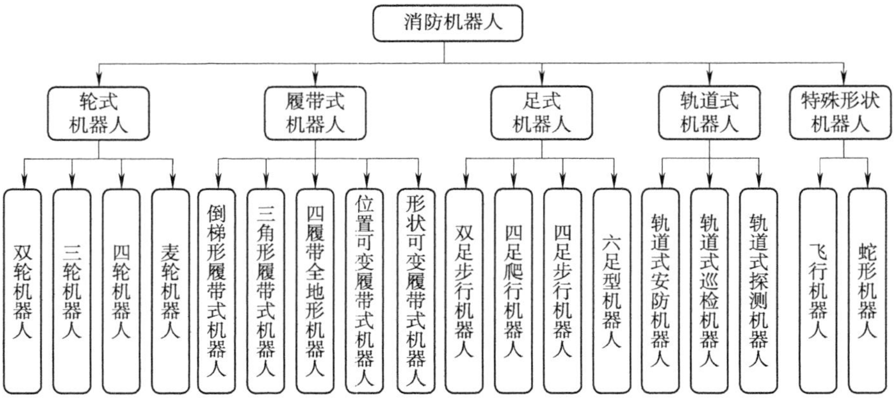

图 1-11　消防机器人行走方式适应性分类

2. 导航技术

轨道交通消防机器人导航技术应用研究主要包括激光雷达导航技术、卫星导航技术、视觉导航技术、超声波导航技术等应用研究。

(1)激光雷达导航技术

激光雷达导航技术是当前机器人主流的导航技术。相比于其他导航技术,激光雷达导航技术具有测量精度高、响应速度快、抗干扰力强等优点,因此被认为是实现机器人导航的核心技术。目前激光雷达传感器有单线及多线之分,但应用于机器人的主要以单线激光雷达为主。激光雷达好比机器人的“眼睛”,可对周围物体实现全方位测距扫描,以确定物体的位置、大小、外部形状等,并生成周围环境的轮廓信息图。激光雷达导航采用 SLAM(Simultaneous Localization And Mapping,即时定位与地图构建)技术,是一种可以在未知环境中,完成定位、建图、路径规划的定位导航技术,通过扫描生成的地形轮廓信息图,可以对机器人的移动位置进行自动指引和导航。对于完全未知的室内环境,配备激光雷达等核心导航设备后,SLAM 技术可以帮助机器人构建室内环境地图,助力机器人的自主行走。激光雷达导航技术适用于室内机器人导航,是室内机器人导航的主要常用技术。

(2)卫星导航技术

卫星导航技术主要包括北斗导航技术和 GPS 导航技术。其中,GPS(Global Positioning System,全球定位系统)是美国从 20 世纪 70 年代开始研制的一种以人造地球卫星为基础的高精度无线电导航的定位系统,它在全球任何地方及近地空间都能够提供准确的地理位置、行车速度及精确的时间信息,是具有在海、陆、空进行全方位实时三维导航与定位功能的卫星导航与定位系统。北斗导航技术使用的是北斗卫星导航系统(BeiDou Navigation Satellite System,BDS),是中国自行研制的全球卫星导航系统,是继 GPS、GLONASS(Global Navigation Satellite System,全球卫星导航系统)之后的第三个成熟的卫星导航系统。北斗卫星导航系统和美国的 GPS、俄罗斯的 GLONASS、欧盟的伽利略卫星导航系统(Galileo Satellite Navigation System),是联合国卫星导航委员会已认定的四大全球导航系统。北斗卫星导航系统由空间段、地面段和用户段三部分组成,可在全球范围内全天候、全天时为各类用户提供高精度、高可靠的定位、导航、授时服务,并且具备短报文通信能力。在机器人卫星导航定位技术应用中,一般采用差分动态定位法。差分动态定位可以消除星钟误差和对流层引起的误差,从而进一步提高卫星商用导航的动态定位精度。但是,在移动导航中机器人卫星导航接收装置定位精度受到卫星信号状况和道路环境,以及时钟误差、传播误差、接收仪器装置噪声等诸多因素的影响,仅靠使用卫星导航存在定位精度比较低、可靠性不高的问题,所以在机器人卫星导航应用中还辅以电子罗盘、光码盘、卫星导航数据等进行导航。目前,机器人卫星导航技术比较适合室外开阔地形的定位导航,而对于室内、水下或者狭窄区域,以及位置定位精度要求较高的机器人导航则存在定位和导航误差较大的不足。

(3)视觉导航技术

视觉导航技术是目前机器人导航研究的热点技术,广泛应用在无人驾驶车辆的视觉导航定位系统中。视觉导航定位系统工作原理是使用车载摄像机或深度摄像机作为视觉导航数据采集装置,然后将采集的信息进行压缩,将它反馈到一个由神经网络和统计学方法构成的学习子系统,再由学习子系统将采集到的图像信息和机器人的实际位置联系起来,完成机器人的自主导航定位功能。在这种导航方式中,控制设备和传感装置装载在机器人车体上,图像识别、路径规划等高层决策都由车载控制计算机完成。视觉导航与 SLAM 技术结合,可以进一步提高机器人的定位和导航精度。视觉导航技术适用于室内或室外机器人定位和导航,是目前机器人导航研究的主流技术之一。

(4)超声波导航技术

超声波导航技术是使用超声波传感器测距原理进行定位导航的一种技术。它是机器人常用的定位和导航技术,常用于障碍物的探测和避让。超声波定位导航原理是超声波传感器通过接收自身发射的超声波反射信号,根据超声波发出及回波接收时间差及传播速度,计算出传播距离,得到障碍物到机器人的距离。超声波传感器具有成本低廉、采集信息速率快、距离分辨率高等优点,被广泛地应用到移动机器人的导航定位中,成为机器人的标准配置。与上述其他导航技术不同,它采集环境信息时不需要复杂的图像配备技术,因此测距速度快、实时性好、对主控装置配置要求不高、使用安装简单。

3. 感知技术

轨道交通消防机器人感知技术包括视觉感知、环境探测、火情侦察、物资监测等传感器应用技术。其中,视觉感知是指通过机器视觉感知技术对火场环境、人员个体、障碍物体等方面进行检测和感知,为消防处置作业提供数据和分析。环境探测是指使用各类环境传感器,如气体、烟雾、温度、湿度、化学等传感器,对作业现场环境进行检测与探测,从而综合分析判断作业现场的实际环境状况,为消防人员采取合适有效的消防措施奠定基础。火情侦察是指机器人通过自身视觉系统和烟火探测系统对火情现场进行数据采集与分析,从而判断火灾现场的火情级别。感知技术作为火情探测的核心技术,对初期火灾快速识别具有重要意义和作用。物资监测是使用机器人感知技术对一些需要重点关注的物资设备(如重要运营设备、有害化学品、易燃易爆品)进行消防安全监测。

4. 处置作业技术

轨道交通消防机器人处置作业技术研究包括消防灭火、消防巡检、火情侦察、排烟通风、救援破拆、人机交互等技术和装置的研究。

5. 多机协同技术

由于一般火情现场的范围比较大,仅靠一两台消防机器人难以完成覆盖作业现场,因此往往需要出动多台机器人在同一现场实施作业。这样就需要对多台机器人进行协调配合作业。当前通过人工干预,可以实现消防机器人的多机协同作业,但是要实现多台消防机器人的智能协同作业则仍然在研究当中。

1.4.2 轨道交通消防机器人的发展趋势

根据目前消防的技术条件与产业需求的情况,型号多元化、功能一体化、装备智能化、作业自主化、任务协同化将是今后轨道交通消防机器人发展的大趋势。这五大趋势是相辅相成、相互包含的关系。

1. 型号多元化

随着轨道交通消防作业的发展需求,消防机器人呈现型号多元化的发展趋势。例如,根据消防作业空间和范围的需要,消防机器人按照体型大小分为小型消防机器人、中型消防机器人、大型消防机器人;根据消防作业用途需要,分为消防灭火机器人、消防排烟机器人、消防侦察机器人、消防宣传机器人、消防救援机器人、消防破拆机器人、消防排爆机器人、消防探测机器人等;根据行走机构方式分为轮式机器人、履带式机器人、足式机器人、轨道式机器人、特殊形状机器人等;根据消防灭火方式,分为水炮灭火机器人、泡沫灭火机器人、喷雾灭火机器人、投弹灭火机器人等。

2. 功能一体化

根据轨道交通消防安全实际应用的需求与消防现场的应用场景的需要,消防机器人呈现出功能多样化、综合化、一体化的发展趋势。以目前消防机器人领域广泛使用的履带式消防机器人为例,由于轨道交通消防作业需要消防机器人具有更好的越野性能和爬坡能力,因此履带式消防机器人由传统倒梯形履带式行走机构设计,到四履带全地形行走机构设计,再到位置可变履带式行走机构,最后到形状可变履带式行走机构,整个履带行走方式呈现出从多样化,到综合化,再到一体化的发展趋势。与此同时,消防机器人也从消防侦察机器人、消防灭火机器人、救援机器人逐步发展为"侦察、灭火、救援"三位一体的侦察灭火机器人。消防机器人的综合化、一体化已成为未来的发展趋势。

3. 装备智能化

随着消防安全的巡查、灭火、救援需要,轨道交通消防机器人的装备呈现出智能化和智慧化的发展趋势。例如,消防机器人的自动化导航技术的发展、对火情现场状况的智能分析和判断、对救援个体人员的自动识别、对障碍物体的识别避障等。具有感知、分析、推理、决策、控制功能的消防机器人应用技术将被逐渐应用到消防行业,形成先进控制技术、信息技术和智能技术的集成和深度融合,最终实现机器人装备智能化、智慧化。

4. 作业自主化

目前消防机器人在火情作业现场开展工作时,需要与消防人员协同作业。然而在许多高危火情现场,消防机器人往往需要进入火情现场进行独立作业,这就需要消防机器人要有作业自主化的能力。消防机器人将在动态、非结构环境下实现自主作业任务、自主导航、自主决策、自主处置、自主控制等,从而形成未来消防机器人作业自主化。

5. 任务协同化

在轨道交通消防领域,多机器人任务协同化、多人机协同化发展是消防机器人未来发展的趋势。多机器人任务协同化涉及复杂任务规划和组织架构顶层设计,涉及运筹学、博弈论、人工智能、计算机科学、机器人学等学科。其技术发展和技术应用有助于消防机器人在轨道交通消防领域中发挥更好的作用,能够进一步提升轨道交通运营安全保障。

第2章 轨道交通轮式消防机器人

【本章引言】

轨道交通轮式消防机器人是指采用轮式行走机构平台，能够实现自主移动的消防机器人。根据车轮数量和车轮样式，可以将轨道交通轮式消防机器人分为双轮消防机器人、三轮消防机器人、四轮消防机器人及麦轮消防机器人。

由于行走机构采用了不同的车轮数量和车轮样式，使得上述四种轮式消防机器人在移动行走方面和应用场景上呈现出不同的特点和优势，因此其应用场景和应用方式也存在一定差异。

本章介绍双轮消防机器人、三轮消防机器人、四轮消防机器人及麦轮消防机器人等轨道交通轮式消防机器人行走机构特点、动力学模型及其关键技术、理论方法和应用，提出机器人行走机构平台设计方法和制作技术，并介绍轮式机器人的图像识别技术应用。

【内容提要】

2.1　轨道交通双轮消防机器人

2.2　轨道交通三轮消防机器人

2.3　轨道交通四轮消防机器人

2.4　轨道交通麦轮消防机器人

2.1　轨道交通双轮消防机器人

近年来，随着移动机器人研究不断深入，其应用领域日益广泛，面临的环境和任务也越来越复杂。有时机器人会遇到比较狭窄且有许多大转角的工作场合，如何在这样的环境里灵活快捷地执行任务，成为人们关心的一个问题。双轮消防机器人概念就是在这样的背景下提出来的。这种机器人两轮共轴、独立驱动，车身重心倒置于车轮轴上方，通过运动保持平衡，可直立行走。由于特殊的结构，其适应地形变化能力强，运动灵活，可以胜任一些消防领域环境较为复杂的工作。目前对于双轮消防机器人运动控制的研究，在理论上取得了许多开创性的进展。在轨道交通消防领域,双轮消防机器人大多停留在理论研究和仿真的阶段,实际应用中并不多见。但是,双轮消防机器人以其灵活性和机动性,成为当前消防机器人研究的一个热点。

2.1.1 轨道交通双轮消防机器人概述

轨道交通双轮消防机器人是指应用在轨道交通领域中仅用双轮行走的消防机器人。双轮消防机器人具有速度快,灵活性和复杂地形通过性好的优势。配合足式结构,可以实现弹跳越障,使之既可以充分发挥轮式移动的速度优势,又保持了足式机器人的机动越障优势,从而使其整体动作灵活且跳跃更为敏捷。双轮消防机器人是一种非常有前景的消防机器人构型,是目前消防机器人研究的热点之一,其结合了轮、足两者的优势,适用于车站、设备间、车厢等场所,也可以应用于消防安全巡检、检查等场景。

1. 双轮消防机器人平衡原理

双轮消防机器人是通过两个驱动电动机实现行走机构不倒下,并直立行走的一种移动式机器人。在外力的推拉下,它的行走机构依然保持不倾覆。与三轮行走机构和四轮行走机构不同,双轮行走机构如果仅靠双轮进行支撑,容易发生倾斜导致倾覆。因此,行走机构的两个驱动轮需要时刻保持平衡,即需要通过驱动轮的移动去抵消倾斜角度和倾斜趋势(角速度),从而使行走机构可以直立不倒(见图 2-1)。可见,倾斜角度和角速度是双轮消防机器人保持平衡移动的关键。

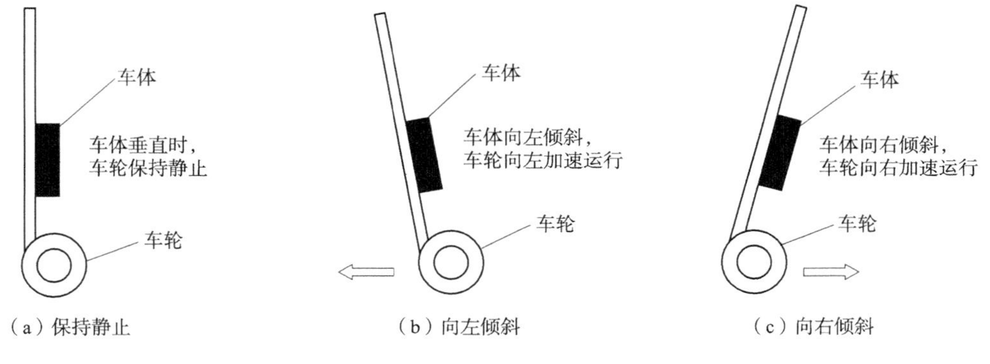

图 2-1 双轮移动平衡原理

事实上,双轮消防机器人行走的控制过程就是采用负反馈机制来实现对倾斜角度和角速度的控制,通过负反馈实现平衡的过程。一般地,双轮消防机器人行走机构两个轮子着地,车体只会在轮子滚动的方向上发生倾斜。因此控制轮子转动,抵消在一个维度上倾斜的趋势便可以保持车体平衡。

根据上述原理,可以通过测量双轮消防机器人行走机构的倾角和倾角速度,控制机器人车轮的加速度来消除行走机构的倾角。因此,机器人行走机构的倾角及倾角速度的测量成为控制小车直立的关键。在实际应用中,可以使用测量倾角和倾角速度的集成传感器——陀螺仪来获取这些数据(见图 2-2)。

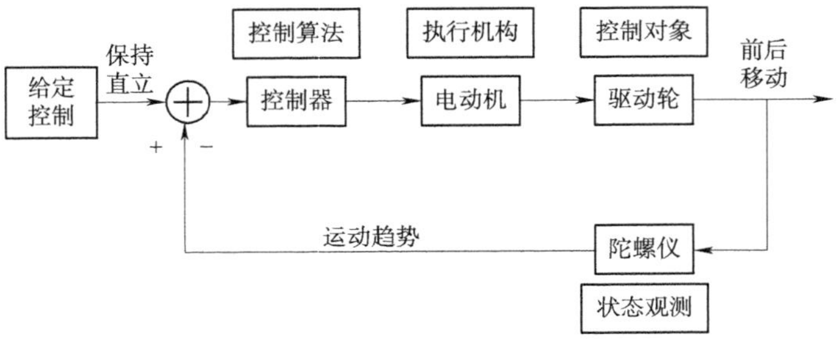

图 2-2　双轮平衡控制原理示意图

2. 双轮消防机器人角度控制

由双轮消防机器人的平衡原理可以知道，要保持双轮消防机器人的平衡直立，需要动态地控制机器人行走机构做前后的加速运动。设双轮行走机构的倾斜角度为 θ，质量为 m，运动的加速度为 a，重力加速度为 g，则双轮行走机构的角度控制力学分析如图 2-3 所示。以车轮作为坐标原点，分析倒立摆受力。它在行走中会受到额外的惯性力，该力与车轮的加速度方向相反，大小成正比。由此可以得到倒立摆的回复力为

$$F = mg\sin\theta - ma\cos\theta \approx mg\theta - mk_1\theta \tag{2-1}$$

式(2-1)中，由于角度 θ 很小，所以进行了线性化处理。设负反馈控制是车轮加速度 a 与偏角 θ 成正比，比例为 k_1，g 为重力加速度。若 $k_1 > g$，则回复力方向与位移方向相反。

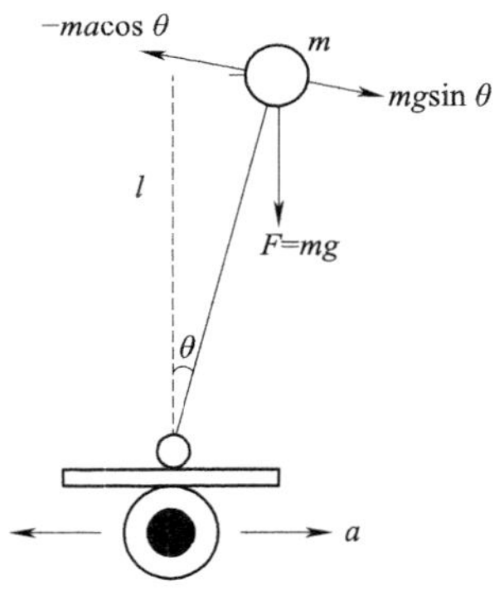

图 2-3　双轮平衡角度控制力学分析

如图 2-4 所示，为了让倒立摆能够尽快回到垂直位置稳定下来，还需要增加阻尼力。增加的阻尼力与偏角的速度成正比，方向相反，即

$$F = mg\theta - mk_1\theta - mk_2\theta' \tag{2-2}$$

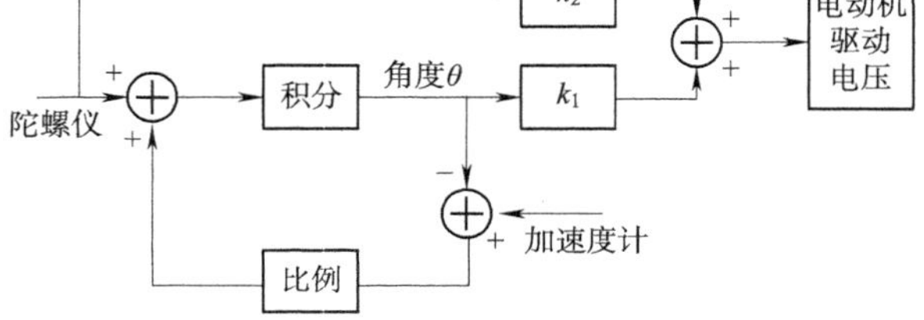

图 2-4　双轮平衡角度控制原理示意图

按照上述倒立摆的模型，可得出控制双轮机器人行走机构车轮加速度的算法，即

$$a = k_1\theta + k_2\omega' \tag{2-3}$$

式中，θ 为双轮机器人角度；ω'为阻尼力角速度；k_1，k_2 为比例系数。

根据上述内容，建立速度的比例微分负反馈控制。如图 2-5 所示，设外力干扰引起双轮机器人产生角加速度 $x(t)$。沿着垂直于机器人行走方向进行受力分析，可以得到机器人行走机构倾角与车轮运动加速度 $a(t)$，以及外力干扰引起的角加速度 $x(t)$ 之间的运动方程

$$L\frac{\mathrm{d}^2\theta(t)}{\mathrm{d}t^2} = g\sin[\theta(t)] - a(t)\cos[\theta(t)] + Lx(t) \tag{2-4}$$

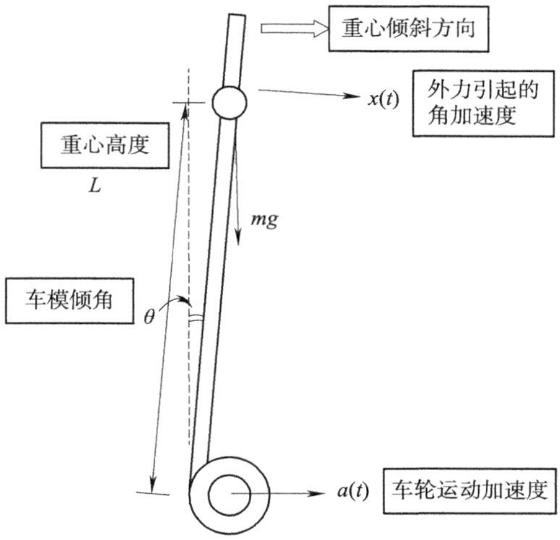

图 2-5　沿机器人行走方向进行的受力分析

当角度 θ 很小时，式(2-4)可以简化为

$$L\frac{\mathrm{d}^2\theta(t)}{\mathrm{d}t^2} = g\theta(t) - a(t) + Lx(t) \tag{2-5}$$

当静止时，$a(t)=0$，式(2-5)转变为

$$L\frac{\mathrm{d}^2\theta(t)}{\mathrm{d}t^2} = g\theta(t) + Lx(t) \tag{2-6}$$

在角度反馈控制中，与角度成比例的控制量称为比例控制；与角速度成比例的控制量称为微分控制（角速度是角度的微分）。因此，系数 k_1，k_2 分别称为比例和微分控制参数，其中微分参数相当于阻尼力，可以有效抑制车体振荡。由此可知，双轮机器人直立平衡控制可以通过测量车体倾角的大小和角速度的大小，从而控制车轮的加速度来实现。

实际上，双轮机器人与地面并不是严格垂直的，而是存在一个对应的倾角，在重力的作用下，机器人双轮会朝着一个方面加速前进。为了保持双轮机器人的静止或者匀速运动需要消除这个倾角，这需要通过车轮移动速度来控制，使得车轮在倾斜的方向上产生加速，以此控制机器人的平衡。

3. 双轮消防机器人测速控制

虽然双轮机器人在直立平衡控制调节下已经能够保持一定平衡，但是由于可能存在装配误差，传感器实际测量的角度与机器人直立角度存在偏差，因此，双轮机器人实际上不是时刻

保持与地面垂直,而是存在一定倾角。在重力的作用下,双轮机器人就会朝倾斜的方向加速前进。有鉴于此,控制速度只要通过控制双轮机器人的倾角即可实现。具体实现需要解决双轮机器人速度测量、通过直立控制实现双轮机器人倾角的改变、根据速度误差控制双轮机器人倾角三个问题。其中双轮机器人速度测量一般可以通过安装在电动机输出轴上的霍尔测速装置来测量得到左右两车轮的速度;通过直立控制实现双轮机器人倾角的改变,可以用角度控制给定值来解决,给定双轮机器人直立控制的设定值,在角度控制调节下,双轮机器人将会自动维持在一个角度,由前面双轮机器人直立控制分析可知,双轮机器人倾角是重力加速度 z 轴的角度有关,可以将倾角给定值与重力加速度 z 轴角度相减,便可以最终决定双轮机器人的倾角;根据速度误差控制双轮机器人倾角相对比较复杂,一般通过与角度控制相结合进行修正改进。

4. 双轮消防机器人行走机构

双轮消防机器人行走机构主要由车身和双动力轮构成,机器人两轮参数(质量、转动惯量、半径)相同、共轴、独立驱动,机器人重心置于车轮轴上方,通过运动保持平衡,实现直立行走。两动力轮不但受电动机的输出转矩、地面支持力、摩擦力的影响,同时还通过电动机轴受到机器人平台作用力。如图 2-6 所示,双轮消防机器人行走机构主要由主控机、测量装置(如陀螺仪、倾角传感器、编码器等)、运动控制器、伺服电动机、电源模块等主要控制及执行模块组成。其中电源模块提供各部分装置所需电压电流;测量装置包括倾角传感器、陀螺仪、编码器等,分别用于测量机器人竖直倾斜角度、竖直水平转动角速度和两个电动机各自的位置和转速,并将测量数据传入运动控制器,以此驱动和控制伺服电动机运行。

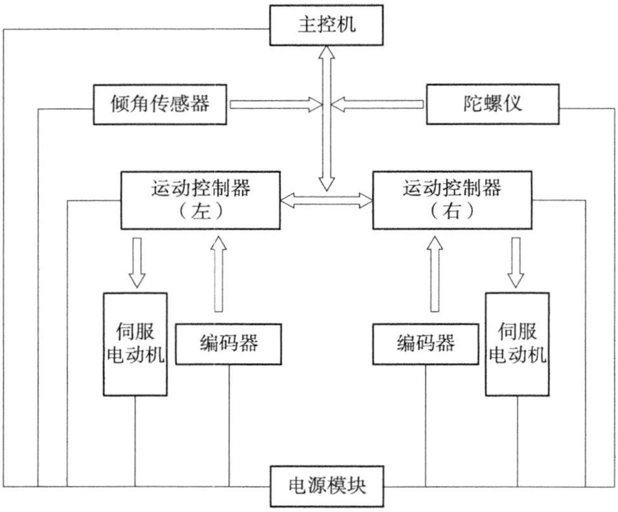

图 2-6　双轮消防机器人行走机构原理图

如图 2-7 所示,双轮消防机器人行走机构硬件结构一般由主控板、行走机构底板、车轮电动机驱动模块、驱动电动机及车轮、陀螺仪、通信模块(蓝牙模块)等组成。其中主控板包含有可编程控制器,是双轮机器人主要控制部分;行走机构底板、车轮电动机驱动模块(编码器)、驱动电动机及车轮等组成了机器人行走机构的机械控制部分;陀螺仪是双轮机器人平衡控制部分的主要传感器;蓝牙模块用于机器人的遥控通信。

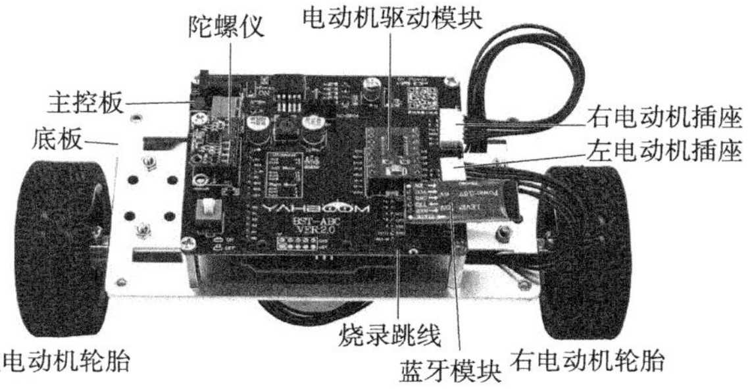

图 2-7　双轮消防机器人行走机构硬件结构

2.1.2　轨道交通双轮消防机器人运动模型分析

双轮消防机器人运动模型可以简化为图 2-8 所示的示意图。设双轮机器人左边动力轮的线速度为 v_l，右边动力轮的线速度为 v_r，左右两个动力轮轮子之间的轴距为 l，双轮机器人中心线速度为 v_x 和角速度为 w_z，运动瞬间 t（t 为运动瞬间的时间）的转角为 θ，由图 2-8 所示的简化模型分析，可以得到机器人左右动力轮线速度 v_l 和 v_r 与线速度 v_x 和角速度 w_z 之间的几何关系。

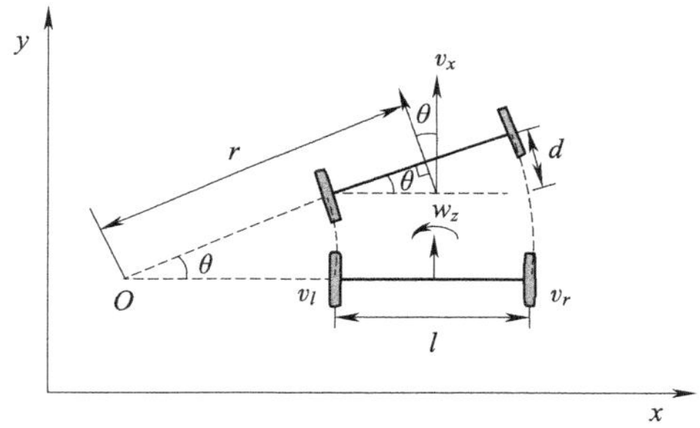

图 2-8　双轮机器人运动模型分析示意图

在双轮机器人运动瞬间的时间 t 内，机器人移动可以看成是绕某一中心 O 点做圆周运动，设机器人中心到 O 点的距离为 r（即圆周半径），则双轮机器人左右两个动力轮中心至 O 点的距离分别为 $r-l/2$ 和 $r+l/2$。设时间 t 内双轮机器人移动的距离为 S，左右动力轮移动的距离分别为 S_l 和 S_r，则 S_l 和 S_r 可以通过式（2-7）计算出来。

$$\begin{cases} S_l = \theta \cdot \left(r - \dfrac{l}{2}\right) = v_l \cdot t \\ S_r = \theta \cdot \left(r + \dfrac{l}{2}\right) = v_r \cdot t \end{cases} \tag{2-7}$$

在式（2-7）的基础上，利用 S_r 和 S_l 相减，可以求出 θ，继而得到 S，如式（2-8）所示。

$$\begin{cases} \theta = \dfrac{S_r - S_l}{l} = \dfrac{v_r - v_l}{l} \cdot t \\ S = \theta \cdot r = \dfrac{S_r - S_l}{l} \cdot \dfrac{(S_r + S_l) \cdot l}{2 \cdot (S_r - S_l)} = \dfrac{S_r + S_l}{2} = \dfrac{v_r + v_l}{2} \cdot t \end{cases} \tag{2-8}$$

(1)正运动学模型

双轮机器人正运动学模型是指利用左右两个动力轮的速度求解机器人中心移动的线速度和角速度。由于运动瞬间时间 t 很小,利用导数和极限的思想,可知 θ 趋近于0,S 也趋近于0,那么 S 可以认为是双轮机器人运动瞬间的轨迹是沿圆周切线方向的一小段位移,这时用 S 和 θ 除以 t 就可以计算出双轮机器人中心的线速度 v_x 和角速度 w_z,由此得到的式(2-9)即为双轮机器人的正运动学模型计算公式。

$$\begin{bmatrix} v_x \\ w_z \end{bmatrix} = \begin{bmatrix} \frac{1}{2} & \frac{1}{2} \\ -\frac{1}{l} & \frac{1}{l} \end{bmatrix} \begin{bmatrix} v_l \\ v_r \end{bmatrix} \tag{2-9}$$

(2)逆运动学模型

双轮机器人逆运动学模型是指利用机器人中心移动的线速度和角速度求解左右动力轮的线速度,它是正运动学模型的逆过程。因此,运用式(2-9)进行矩阵求逆运算得到的式(2-10)即为双轮机器人的逆运动学模型计算公式。

$$\begin{bmatrix} v_l \\ v_r \end{bmatrix} = \begin{bmatrix} 1 & -\frac{l}{2} \\ 1 & \frac{l}{2} \end{bmatrix} \begin{bmatrix} v_x \\ w_z \end{bmatrix} \tag{2-10}$$

2.1.3 轨道交通双轮消防机器人设计

双轮消防机器人具有灵活小巧、移动迅速的特点,适用于消防巡逻或侦察作业,因此,双轮机器人常被用于消防巡逻机器人的选型设计与研究。

1. 双轮消防巡逻机器人功能模块设计

双轮消防巡逻机器人功能模块如图2-9所示,其由主控机构、行走机构和巡查机构三部分组成。其中,主控机构包括主控板、通信装置和电源装置,是机器人平台的主要控制部分;行走机构包括拓展控制板和两组驱动轮(含轮胎),是机器人平台的主要行走部分;巡查机构是机器人平台执行消防安全作业的主要设备,包括摄像装置、舵机云台等,用于消防安全巡逻作业,并可以根据需要安装其他传感器装置,如超声波、温湿度、气体、烟雾、火焰等传感器。

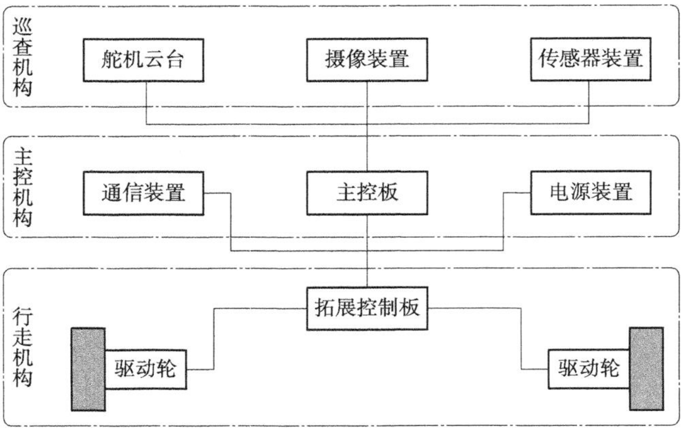

图2-9 双轮消防巡逻机器人功能模块

2. 双轮消防巡逻机器人硬件结构设计

双轮消防巡逻机器人的硬件结构包括主控板、拓展控制板、摄像装置、舵机云台、通信装置、电源装置、机器人底板等部分，其硬件结构如图 2-10 所示。其中，主控板为可编程逻辑控制器，是机器人平台的中央控制部分；拓展控制板在主控板上方，与主控板连接在一起，是机器人平台行走机构移动驱动的主要控制部分，内置陀螺仪等测量装置，用于机器人双轮平衡移动的测量控制，并为主控板提供了更多拓展接口，以便能够连接不同的传感器装置；拓展控制板下方连接着两组驱动轮装置，驱动轮装置是行走机构移动的主要执行部分，安装有带橡胶钉的防打滑轮胎，由拓展控制板驱动控制执行行走功能；通信装置与拓展控制板通过 USB 接口连接，为主控板和拓展控制板提供无线 Wi-Fi 通信功能，用于传送数据；机器人底板是机器人平台行走机构的连接支架，下方连接着驱动轮并安装有电源装置，上方为主控板、拓展控制板、通信装置、舵机云台和摄像装置提供了安装支撑；舵机云台安装在机器人底板上面，设置有两组舵机，拥有两个自由度，为摄像装置提供左右和上下转动控制，增大了设置装置的视觉空间和巡查范围；摄像装置是机器人主要的巡查装备，为机器人提供了机器视觉视频监控功能和图像识别功能；电源装置位于底板下方，为机器人平台各个部分提供充足的电压电流。

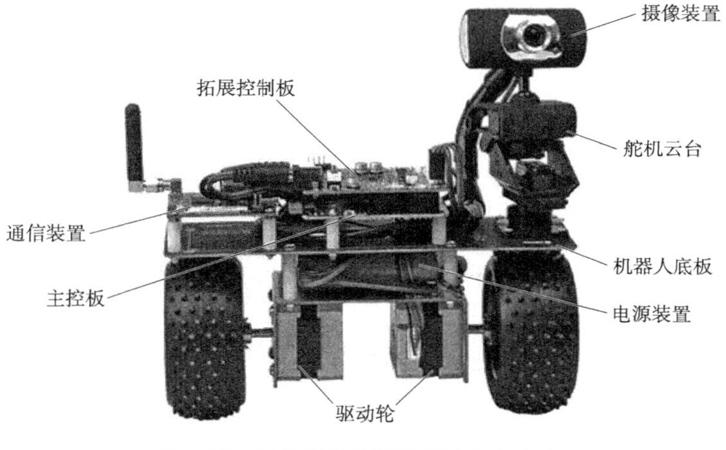

图 2-10　双轮消防巡逻机器人硬件结构

2.1.4　轨道交通双轮消防机器人图像识别应用

实际应用中，可以利用双轮消防机器人移动灵活、便捷的特点，将其作为消防侦察巡逻机器人进行使用。最为常见的应用是为双轮消防机器人增设视频摄像装置，通过视频摄像头对消防隐患区域进行巡检侦察。

以下展示了轨道交通双轮消防机器人使用 Python 程序设计语言获取视频摄像装置数据用，以及使用图像颜色空间模型的转换实现对目标图像中某些颜色特征进行查找和追踪，并实现在 HSV 颜色模型下，通过调节颜色信息 H、饱和度 S、亮度 V 的区间值，在机器人视觉视频中对选定的颜色进行追踪标示的应用程序。

1. 实现对视频图像的获取

程序 2-1 展示了使用 Python-OpenCV 应用程序读取机器人视频摄像装置的视频数据并显示。

```
#程序 2-1:读取机器人摄像装置的视频数据显示
import numpy as np
import cv2 as cv
cap = cv.VideoCapture(0)
if not cap.isOpened():
    print('Cannot open camera')
    exit()
while True:
    ret,frame = cap.read()
    if not ret:
        print("can't receive frame.")
        break
    cv.imshow('frame',frame )
    if cv.waitKey(20) == = 27:
        break
cap.release()
cv.destroyAllWindows()
```

程序运行结果如图 2-11 所示。

图 2-11　读取机器人摄像装置视频数据

2. 实现对视频中某一颜色的跟踪

程序 2-2 展示了使用图像颜色模型转换来实现对机器人视觉视频中某一颜色的跟踪效果。

```
#程序 2-2:对视觉视频中某一颜色的识别跟踪
import cv2 as cv
import numpy as np
def trace_color_demo():
    capture = cv.VideoCapture(0)
    while True:
        ret, frame = capture.read()
        if ret = = False:
            break
        hsv = cv.cvtColor(frame, cv.COLOR_BGR2HSV)
```

```
        lower_hsv = np.array([0, 0, 221])
        upper_hsv = np.array([180, 30, 255])
        mask = cv.inRange(hsv, lower_hsv, upper_hsv)
        cv.imshow("video", frame)
        cv.imshow("mask", mask)
        ifcv.waitKey(20) == 27:
            break
trace_color_demo()
cv.waitKey(0)
cv.destroyAllWindows()
```

程序运行结果如图 2-12 所示。

（a）原图　　　　（b）结果

图 2-12　实现对视频图像中某一颜色的识别

3. 实现对图像中多种颜色的捕捉分析

程序 2-3 展示了通过图像颜色模型转换实现对视觉视频图像中多种颜色的捕捉分析效果。

```
#程序 2-3:对视觉视频中多个颜色的捕捉识别
import numpy as np
import cv2 as cv
font = cv.FONT_HERSHEY_SIMPLEX
lower_red = np.array([0, 127, 128])
higher_red = np.array([10, 255, 255])
lower_green = np.array([35, 110, 106])
higher_green = np.array([77, 255, 255])
cap = cv.VideoCapture(0)
if (cap.isOpened()):
    while (True):
        ret, frame = cap.read()
        img_hsv = cv.cvtColor(frame, cv2.COLOR_BGR2HSV)
        mask_red = cv.inRange(img_hsv, lower_red, higher_red)
        mask_green = cv.inRange(img_hsv, lower_green, higher_green)
        mask_green = cv.medianBlur(mask_green, 7)
        mask_red = cv.medianBlur(mask_red, 7)
        mask = cv.bitwise_or(mask_green, mask_red)
          image1, cnts1, hierarchy1 = cv.findContours(mask_red, cv.RETR_EXTERNAL,
cv.CHAIN_APPROX_NONE)
```

```
    image2, cnts3, hierarchy3   = cv.findContours(mask_green, cv.RETR_EXTERNAL,
cv.CHAIN_APPROX_NONE)
        for cnt in cnts1:
            (x, y, w, h) = cv.boundingRect(cnt)
            cv.rectangle(frame, (x, y), (x + w, y + h), (0, 0, 255), 2)
            cv.putText(frame, 'red', (x, y-5), font, 0.7, (0, 0, 255), 2)
        for cnt in cnts3:
            (x, y, w, h) = cv.boundingRect(cnt)
            cv.rectangle(frame, (x, y), (x + w, y + h), (0, 255, 0), 2)
            cv.putText(frame, 'green',(x, y-5), font, 0.7, (0, 255, 0), 2)
        cv.imshow('frame', frame)
        k = cv.waitKey(20) & 0xFF
        if k == 27:
            break
cv.waitKey(0)
cv.destroyAllWindows()
```

程序运行结果如图 2-13 所示。

图 2-13　实现对图像中多种颜色的分析

从程序运行结果可以看出，通过颜色空间模型变换，可以实现视频图像获取多个目标物体的多种颜色捕捉。

2.2　轨道交通三轮消防机器人

轨道交通三轮消防机器人是指应用于轨道交通消防安全领域，拥有三轮行走机构的移动机器人。三轮消防机器人由于采用呈三角平面分布的三轮轮式行走机构，因此比双轮消防机器人平稳，同时又具有双轮机器人的灵活性和速度优势。三轮轮式行走机构是目前轮式移动机器人广泛采用的行走机构之一。由于轮式行走机构适合在平坦的道路区域行驶移动，因此轨道交通三轮消防机器人适用于车站大厅、候车站台、乘客通道、列车车厢等场所，常被用于消防宣传、消防疏导、乘客指引、场所巡查、喷雾消杀等场景。

2.2.1　轨道交通三轮消防机器人概述

由于三轮行走机构能够保证机器人移动平衡，且移动转向灵活便捷，因而可以适用于大多数平坦的工作场所。同时，由于它的结构简单、成本低廉，从而被广泛应用于智能服务机器人领域，如家用清洁机器人、导游迎宾机器人、宾馆送餐机器人、安防巡逻机器人、医用送药机器人等。目前三轮机器人多采用两轮差速的三轮行走机构，从驱动构型及运动模型分类，生活中常见的扫地机器人、餐饮服务机器人、迎宾机器人等，大多属于采用两轮差速驱动类型的三轮机器人。这种两轮差速的三轮机器人在消防安全机器人应用研究领域深受开发者的喜爱。

轨道交通三轮消防机器人的三轮轮式行走机构多数采用的是两动力驱动轮在前的配置方式，即用两个驱动轮作为前轮，用一个万向轮作为后面的支撑轮。与两驱动轮在后的三轮轮式行走机构相比，两驱动轮在前的轮式行走机构结构组成简单，操控便捷。

根据三轮机器人行走机构的结构特点，轨道交通三轮消防机器人常被放置在车站站厅、列车站台，用于消防宣传、消防巡逻、消防疏导、乘客指引、喷雾消杀等应用场景。图 2-14 展示了一款消防宣传机器人和一款消防巡逻机器人。其中图 2-14(a)是一款消防宣传机器人，用于消防宣传和知识讲解；图 2-14(b)是一款消防巡逻机器人，配置有视频设备，可以应用于消防巡逻。

三轮消防机器人行走机构模型如图 2-15 所示。可以看出，三轮消防机器人行走机构主要由左右两侧的驱动轮和一个万向轮组成。两侧驱动轮分别由两个电动机驱动，通过调节左右驱动电动机的转速，可以控制机器人运动形式；若左右驱动轮的速度相同，则机器人直线运动；若左右驱动轮速度不同(有差异)，则机器人做回转运动。这类采用两侧驱动轮移动方式的机器人又被称为两轮差速驱动机器人。

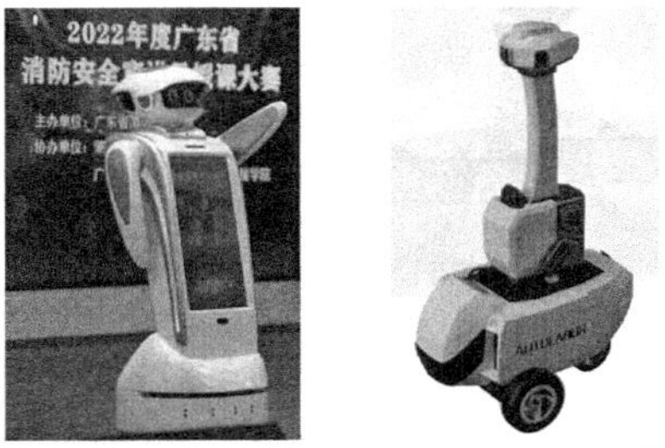

(a) 消防宣传机器人　(b) 消防巡逻机器人

图 2-14　三轮轮式行走机构车轮配置方式

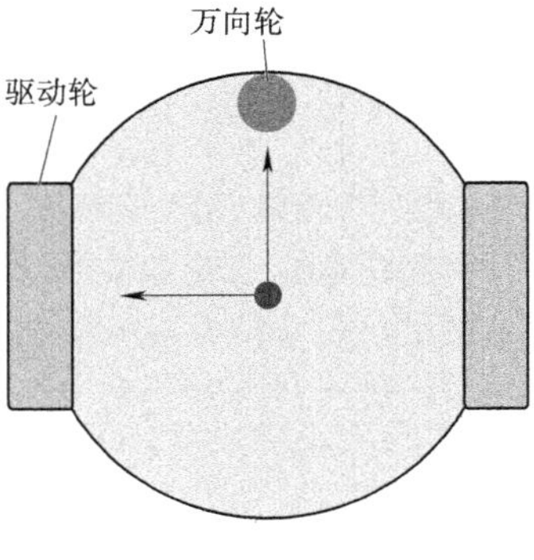

图 2-15　三轮消防机器人行走机构模型

2.2.2　轨道交通三轮消防机器人运动模型分析

两轮差速的驱动轮在电动机驱动过程中存在差异，常常会导致行走偏移，这就需要对差速平台进行运动学分析建模。一般地，机器人行走机构运动学模型包含正运动学模型和逆运动学模型。正运动学模型是已知左右驱动轮的速度，计算机器人几何中心点的速度；而逆运动学模型则是已知中心点的速度，计算左右驱动轮的速度。这两种模型对研究机器人行走移动具有分析参考价值，有着不同的实际应用。

(1)运动模型坐标系设定

设定三轮消防机器人运动模型坐标系，如图2-16所示，并确定机器人移动速度、方向等基本信息，在速度空间 Ovw 各象限中描述其运动轨迹及方向。以机器人中心为原点，机器人前进方向设为 x 轴正方向，与之垂直向左设为 y 轴正方向，z 轴垂直于纸面向外，满足右手定则，以此建立机器人中心坐标系。其中机器人中心是机器人行走机构的几何中心，也是行走机构两驱动轮连线的中点。实线箭头指向机器人前进方向，原点为圆心，虚线箭头表示运动轨迹与方向。

设机器人几何中心的速度信息为 $[v_c\ w]^{\mathrm{T}}$，线速度 v_c 方向与 x 轴方向同向时为正，反之为负；机器人逆时针旋转的时候，角速度 w 为正，反之为负。从图2-16中可以看出，机器人驱动轮按照不同的速度运动，其运动轨迹（虚线箭头）也是有差异的，且对应的转向半径也是有正负的。

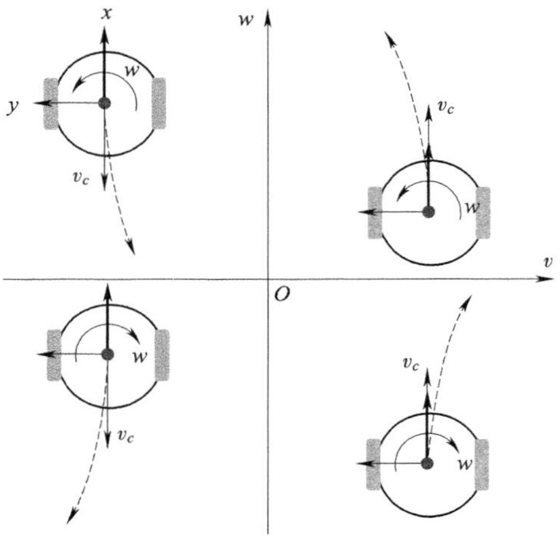

图2-16 机器人坐标系及运动方向

(2)三轮消防机器人运动分析

采用两轮差速的三轮消防机器人可以近似简化为图2-17所示的理想模型。其中瞬时旋转中心ICR（Instantaneous Center of Rotation）表示机器人左右驱动轮绕着该点做差速移动。

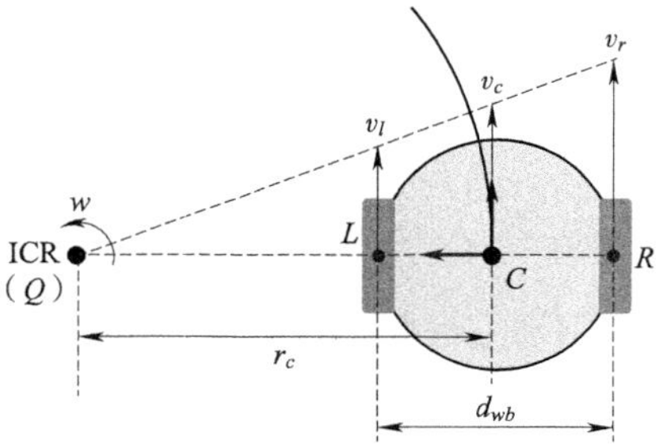

图2-17 两轮差速的三轮机器人运动模型分析

三轮消防机器人运动可分解为平移和旋转两种运动。平移运动包含 x-y 两个方向的运动，当左右驱动轮速度不同的时候，除平移外，机器人还会产生旋转移动，受车轮约束，机器人平移是沿着车轮前进的 x 轴方向运动，不沿 y 轴方向移动。这时候机器人中心可以使用角速度 w 和沿着 x 轴的线速度 v_c 描述。当角速度 w 不为 0 时，机器人做回转运动；当角速度 w 为 0 时，左右驱动轮速度相同，机器人沿直线运动。

机器人左右驱动轮的线速度方向与 x 轴相同，且线速度方向与旋转半径呈垂直关系，则 Q 的位置位于点 L 和 R 的连线上。事实上，Q 在直线 LR 上的具体位置可由左右驱动轮速度 $[v_l\ v_r]$ 确定。

设机器人的外轮廓为圆形，机器人外圆直径为 d_{wb}，Q 表示瞬时旋转中心，圆弧表示机器人运动路径，r_c 表示机器人中心点 C 的转向半径，$[v_c\ w]^{\mathrm{T}}$ 描述中心点 C 的速度。点 L 和 R 分别为左右轮与地面的接触点。由于 $v = w \cdot r$，所以 w 一定时，v 和 r 呈正比，因此，点 L、R、C 三点的速度可表示为

$$w = \frac{v_c}{r_c} = \frac{v_r}{r_c + d_{wb}/2} = \frac{v_l}{r_c - d_{wb}/2} \tag{2-11}$$

从式(2-11)可以看出，由于 L-R-C-Q 四点共线，因此点 L、R 和 C 的速度满足图 2-17 中的相似三角形关系，即速度满足相似三角形关系，则 w 的几何意义为顶点 Q 处正切值。

根据式(2-11)可以得到角速度 w 的数学表达式，即

$$w = (v_r - v_l)/d_{wb} \tag{2-12}$$

其中，当 $v_l < v_r$ 时，$w > 0$；反之，$w < 0$。由此可知，角速度 w 也是有方向的。

由式(2-12)可以计算点 C 的线速度 v_c 与左右驱动轮速度 $[v_l\ v_r]$ 的关系为

$$v_c = (v_l + v_r)/2 \tag{2-13}$$

其中，$[v_l\ v_r]$ 分别表示梯形的上下底，v_c 表示该梯形的中位线，所以 v_c 的长度就是梯形上下底之和除以 2，正好是求梯形中位线的长度。

由式(2-11)～式(2-13)，点 C 的转向半径 r_c 可表示为

$$r_c = \frac{v_c}{w} = \frac{(v_l + v_r)d_{wb}}{2(v_r - v_l)} \tag{2-14}$$

由此，基于点 C 沿 LR 直线方向确定 Q 的具体位置，表明 Q 在直线 LR 上的具体位置由左右驱动轮速度 $[v_l\ v_r]$ 确定。点 C 的转向半径 r_c 有正负之分，当 r_c 为正时，则 $[v_c\ w]^{\mathrm{T}}$ 同号，Q 在点 C 左侧，对应图 2-16 中第一、三象限，运动路径圆弧在机器人左侧；当 r_c 为负时，则 $[v_c\ w]^{\mathrm{T}}$ 异号，Q 在点 C 右侧，对应图 2-16 中第二、四象限，运动路径圆弧在机器人右侧。

(3) 三轮消防机器人运动学模型

基于上述运动学模型分析，可以得出两轮驱动的三轮消防机器人的正运动学模型和逆运动学模型公式。

三轮消防机器人的正运动学模型是基于左右驱动轮的速度来计算几何中心点 C 的速度。由式(2-12)和式(2-13)可以得到三轮消防机器人的正运动学模型方程，即

$$\begin{bmatrix} v_c \\ w \end{bmatrix} = \begin{bmatrix} \dfrac{v_r + v_l}{2} \\ \dfrac{v_r - v_l}{d_{wb}} \end{bmatrix} = \begin{bmatrix} \dfrac{1}{2} & \dfrac{1}{2} \\ \dfrac{1}{d_{wb}} & -\dfrac{1}{d_{wb}} \end{bmatrix} \begin{bmatrix} v_r \\ v_l \end{bmatrix} \tag{2-15}$$

正运动学模型应用:用于计算机器人 C 的速度。差速机器人的两个驱动轮会安装编码器,可以计算出两个驱动轮的线速度 $[v_l \ v_r]$,基于式(2-15)就可以计算得到机器人 C 的速度,用于表示机器人当前的运动速度。

三轮消防机器人的逆运动学模型是基于几何中心点 C 的速度分解出左右驱动轮的速度。其逆运动学模型方程可以表示为

$$\begin{bmatrix} v_r \\ v_l \end{bmatrix} = \begin{bmatrix} v_c + \dfrac{d_{wb}}{2}w \\ v_c - \dfrac{d_{wb}}{2}w \end{bmatrix} = \begin{bmatrix} 1 & \dfrac{d_{wb}}{2} \\ 1 & -\dfrac{d_{wb}}{2} \end{bmatrix} \begin{bmatrix} v_c \\ w \end{bmatrix} \tag{2-16}$$

逆运动学模型应用:用于控制机器人运动。如控制机器人 C 以设定的速度 $[v_c \ w]^{\mathrm{T}}$ 运动时,可以通过式(2-16)计算得到两个驱动轮的理论速度,再采用 PID 算法控制驱动轮精确转动,实现机器人的控制运动。

式(2-15)和式(2-16)同样满足当 $w=0$ 的情况;而当 $v_c=0$ 且 $w \neq 0$ 时,机器人处于自旋状态。

2.2.3 轨道交通三轮消防机器人设计

1. 三轮消防机器人功能模块设计

轨道交通三轮消防机器人作为一种轮式机器人,其整体功能模块结构依然由行走机构、驱动系统、控制系统、遥控系统、电源系统及感知系统等部分组成,如图 2-18 所示。

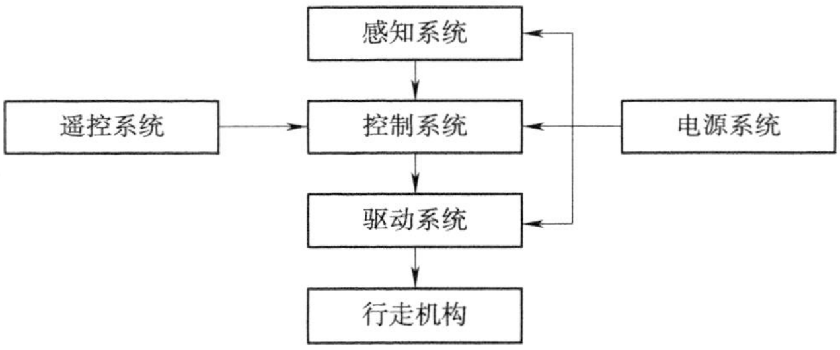

图 2-18　轨道交通三轮消防机器人整体功能模块结构

行走机构是移动式机器人的重要执行部件,三轮消防机器人采用的是呈等腰三角形平面分布的三轮轮式行走机构;驱动系统用于驱动行走机构的驱动轮电动机;控制系统是机器人的主要控制中枢,一般使用微处理器控制,通过程序实现对机器人驱动系统自动控制;感知系统是机器人采集周围环境信息和自身数据的重要部分;电源系统是机器人的动力供电装置,采用移动电源,分别为控制系统、驱动系统及感知系统供电;遥控系统则是远程控制消防机器人的主要组成部分。

轨道交通三轮消防机器人使用的三轮行走机构是一种最基本的稳定性结构方式常采用两个动力驱动轮和一个方向轮。如图 2-19 所示,车轮的配置方式有两种:一种是配置两个前轮、一个后轮,如图 2-19(a)所示,前面两轮为动力驱动轮,后轮为万向轮,起支承作用,还能够灵活的在任意方向移动;另一种是配置一个前轮、两个后轮,如图 2-19(b)所示,前轮作为操纵舵,用来改变方向,两个后轮用来驱动。三轮轮式行走机构一般依靠两驱动轮的转速差或转向

来改变移动方向,从而实现整体灵活的、小范围的移动。但是,三轮轮式行走机构在进行较长距离的直线移动时,由于两驱动轮转动差异,常常会影响前进的方向。因此,需要在行进中采取一定的措施来实现对移动方向的控制。

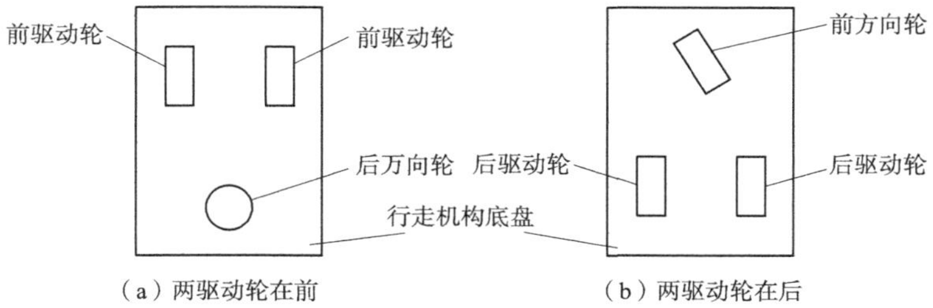

图 2-19　三轮轮式行走机构车轮配置方式

2. 三轮消防机器人硬件结构设计

三轮消防机器人的硬件结构由主控板、行走机构底板、驱动模块及电源装置、驱动轮(含电动机)、万向轮、摄像装置等组成,如图 2-20 所示。其中,主控板包含可编程逻辑控制器,是三轮机器人行走的主要控制部分;行走机构底板、驱动轮、万向轮等组成了机器人行走机构的机械部分;驱动模块及电源装置为机器人提供了行走动力;摄像设备用于机器人的视觉侦察。

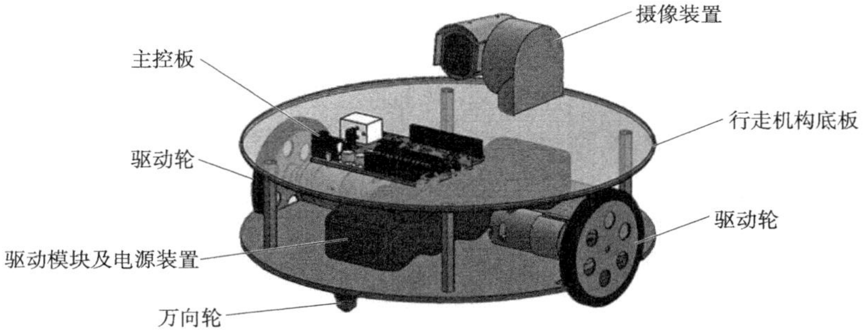

图 2-20　三轮消防机器人硬件结构

2.2.4　轨道交通三轮消防机器人图像识别应用

在轨道交通消防机器人图像识别技术中,图像直方图分析是机器人视觉图像像素数据分析的一种实用且有效的方法。借助直方图分析,可以对图像数据信息进行剖析,从而根据直方图中像素值的分布将图像中感兴趣的目标区域提取出来,去除冗余数据。当图像像素的灰度级不明显时,可以通过基于直方图分析的图像处理技术和变换算法,将这些图像像素的灰度级范围扩大,从而使这些灰度级所表示的目标图像信息更为清晰。

1. 使用直方图均衡化处理技术识别灰暗图像

直方图均衡化处理是一种基于图像直方图分析技术的图像增强识别方法。直方图均衡化处理的原理是借助图像直方图分析与变换技术将原图像通过某种变换,得到一幅灰度直方图为均匀分布的新图像。直方图均衡化处理能够增加图像目标区域像素灰度值的动态范围，从而达到增强图像目标区域的对比度效果，使得图像更为清晰，更便于识别分析。

直方图均衡化处理的变换算法可以分为三步：第 1 步，通过直方图分析统计原图像像素按每个灰度级出现的数量；第 2 步，计算并归一化直方图的灰度级；第 3 步，计算新的像素值。变换算法为

$$S_k = \sum_{j=0}^{k} \frac{n_j}{n}, \quad k = 0,1,2,\cdots,L-1 \tag{2-17}$$

其中，n 表示原图图像中像素个数的总和；n_k 表示原图当前灰度级 k 的像素个数；L 表示图像中灰度级总数；S_k 表示新图像的各灰度级。

直方图均衡化处理的变换算法实现步骤如下：

①基于直方图分析计算原图像的归一化灰度级及其分布概率。

②通过式(2-17)计算变换函数的各灰度级值 S_k。

③把得到的各灰度级值转化成标准的灰度级值。

④计算新图像各灰度级的像素数目和分布概率。

⑤绘制经均衡化处理后的新图像及其直方图。

一般地，对于彩色图像，直方图均衡化处理不直接对 R、G、B 三个分量分别进行上述操作，而是将 RGB 颜色模式转换成 HSV 颜色模式，再对其 V 分量进行直方图均衡化处理和变换操作。

程序 2-4 展示了轨道交通三轮消防机器人视觉对彩色图像的直方图均衡化处理操作。

```
#程序 2-4:使用图像直方图分析调整图像的对比度
import cv2 as cv
def imageGlobalEqualizeHist(image):
    gray = cv.cvtColor(image, cv.COLOR_RGB2GRAY)
    cv.namedWindow('origin', cv.WINDOW_NORMAL)
    cv.imshow('origin', gray)
    dst = cv.equalizeHist(gray)
    cv.namedWindow("Global", cv.WINDOW_NORMAL)
    cv.imshow("Global", dst)
def imageLocalEqualizeHist(image):
    gray = cv.cvtColor(image, cv.COLOR_RGB2GRAY)
    clahe = cv.createCLAHE(5, (8,8))
    dst = clahe.apply(gray)
    cv.namedWindow("Local", cv.WINDOW_NORMAL)
    cv.imshow("Local", dst)
img = cv.imread('filename.jpg')
imageGlobalEqualizeHist(img)
imageLocalEqualizeHist(img)
cv.waitKey(0)
cv.destroyAllWindows()
```

程序运行结果如图 2-21 所示。

（a）原图　　（b）全局直方图均衡化　　（c）局部直方图均衡化

图 2-21　直方图均衡化处理

2. 使用直方图反向投影技术识别特定图像

基于图像直方图均衡化处理可以改善目标图像的清晰度。除此之外，在轨道交通消防机器人图像识别中，还可以使用图像直方图分析实现对目标图像中感兴趣部分的检索和提取，这就是直方图反向投影技术。借助直方图反向投影技术，可以将反向投影用于在机器人视觉图像中查找特定图像（模板图像）最匹配的点或区域，以及定位模板图像出现在目标图像的位置。

程序 2-5 展示了图像直方图反向投影技术在轨道交通三轮消防机器人视觉图像识别火焰的应用。

```
#程序 2-5:直方图反向投影识别火焰图像
import cv2 as cv
defback_projection_demo():
    sample = cv.imread("sample.png")
    target = cv.imread("target.png")
    roi_hsv = cv.cvtColor(sample, cv.COLOR_BGR2HSV)
    target_hsv = cv.cvtColor(target, cv.COLOR_BGR2HSV)
    cv.namedWindow("sample", cv.WINDOW_NORMAL)
    cv.imshow("sample", sample)
    cv.namedWindow("target", cv.WINDOW_NORMAL)
    cv.imshow("target", target)
    roiHist = cv.calcHist([roi_hsv], [0, 1], None, [32, 30], [0, 180, 0, 256])
    cv.normalize(roiHist, roiHist, 0, 255, cv.NORM_MINMAX)
    dst = cv.calcBackProject([target_hsv], [0,1], roiHist, [0, 180, 0, 256], 1)
    cv.namedWindow("back_projection_demo", cv.WINDOW_NORMAL)
    cv.imshow("back_projection_demo", dst)
back_projection_demo()
cv.waitKey(0)
cv.destroyAllWindows()
```

程序运行结果如图 2-22 所示。

（a）火焰样本　　（b）火警视频图像　　（c）直方图反向投影火焰识别

图 2-22　彩色图像直方图反向投影处理

2.3　轨道交通四轮消防机器人

轨道交通四轮消防机器人是指应用在轨道交通消防安全领域，采用四轮行走机构的一种移动式机器人。四轮行走机构是目前消防巡检机器人广泛采用的行走机构之一。四轮消防机器人比双轮消防机器人和三轮消防机器人更为平稳，行走动力与负重能力更强，从而能够装载更多传感仪器与消防装备，并且具备一定越野爬坡能力，适用于车站广场、设备间、变电站等场所，常用于消防安全巡检、设备检查等应用场景。

2.3.1　轨道交通四轮消防机器人概述

轨道交通四轮消防机器人整体结构与三轮消防机器人类似，主要区别在于行走机构采用四轮轮式结构。四轮行走机构也是一种应用广泛的行走机构，其基本原理类似于三轮式行走机构，是在三轮式行走机构的基础上发展而来的。四轮消防机器人根据行走机构底盘设计的差异，可以分为阿克曼轮式机器人和四轮驱动机器人两种。其中，阿克曼轮式机器人前两轮具有转向功能，因此具有转向便捷与灵活的特点；四轮驱动机器人则采用了四驱驱动轮的底盘结构，行驶动力更为强劲，越野爬坡性也更好。

轨道交通四轮消防机器人相比于三轮消防机器人，更为稳定，载重能力更好，并且有一定越野爬坡性能，因此可以被应用于室外进行消防巡逻、灭火、救援和巡检作业。不同种类的四轮消防机器人如图 2-23 所示。

（a）四轮消防巡检机器人　　（b）四轮消防灭火机器人　　（c）四轮消防救援机器人

图 2-23　不同种类的四轮消防机器人

在消防机器人四轮轮式行走机构中，常用结构是阿克曼结构和四轮驱动结构。以下是对这两种结构的特点分析。

1. 阿克曼轮式消防机器人行走机构分析

阿克曼轮式消防机器人是指采用阿克曼转向结构底盘的四轮消防机器人。阿克曼结构类似于四轮汽车的转向结构，其示意图如图 2-24 所示。其中，行走机构的前两轮用于控制机器人平台的运动方向，后两轮是驱动轮，用于控制机器人平台的动力与速度。阿克曼轮式机器人又被称为 Car-like robot，即类车机器人。它的运动原理与四轮汽车行走机构相近，只是体型偏小、运动速度偏低，一般不载人，但是可以自动驾驶，实现自主运动。相较于双轮消防机器人与三轮消防机器人多应用于室内，阿克曼轮式消防机器人多应用于室外，范围涵盖消防安全巡逻、物资配送、设施巡检、人员救援等方面，主要应用于变电站、车站、厂区、校园等封闭场所。

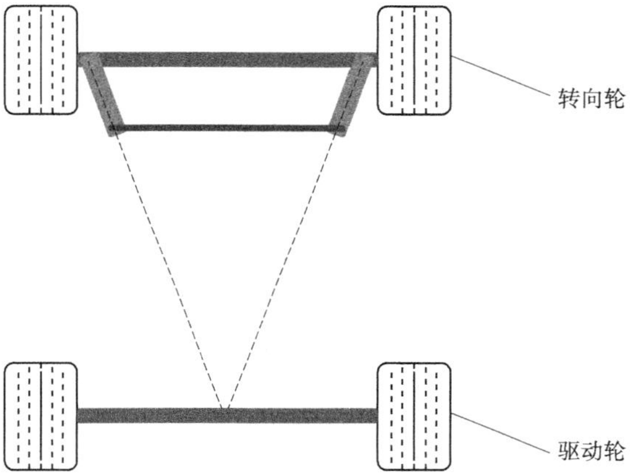

图 2-24　阿克曼结构示意图

阿克曼轮式消防机器人的前两轮通过一个连杆连接，用于控制车轮运行的方向，其结构及转向运动示意图如图 2-25 所示。通过对连杆的操作移动，可以控制转向轮的方向位置状态，从而实现机器人平台的直行、左转和右转的转向控制。一般地，机器人平台可以采用舵机来实现对转向轮连杆的转向驱动来控制阿克曼轮式消防机器人的移动方向。

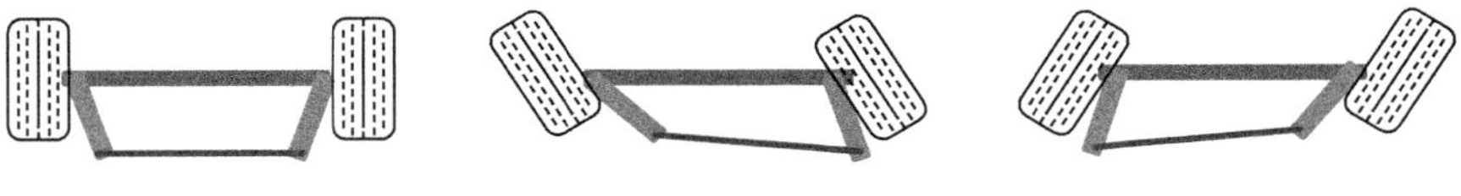

（a）直行　（b）左转　（c）右转

图 2-25　阿克曼结构转向运动示意图

2. 四轮驱动消防机器人行走机构分析

四轮驱动消防机器人是指机器人行走机构四个轮子都是独立驱动轮的轮式消防机器人。这种行走机构能够提供强劲的驱动动力，其越障能力和越野性能较强，可以适应一定的野外非结构化场景。一般情况下，四轮驱动机器人采用的是四轮驱动滑动转向方式，四个驱动轮使用普通轮胎，其结构示意图如图 2-26 所示。通过控制四个驱动轮驱动电动机转动，就可以实现机器人灵活转向运动。

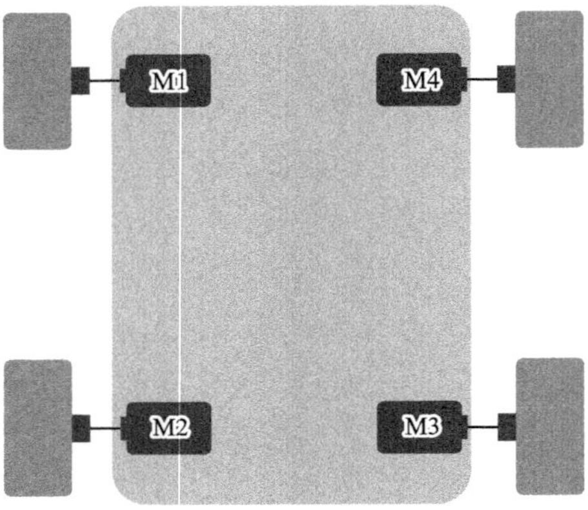

图 2-26　四轮驱动消防机器人行走机构示意图

2.3.2　轨道交通四轮消防机器人运动模型分析

通过对阿克曼轮式消防机器人和四轮驱动消防机器人行走机构的特点分析可以知道,阿克曼轮式消防机器人与四轮驱动消防机器人的行走机构存在着差异,并且二者移动及转向运动方式也存在差别,由此也可以知道,二者运动模型存在不同。下面分别对这两种四轮消防机器人的运动模型进行分析。

1. 阿克曼轮式消防机器人运动模型分析

阿克曼轮式消防机器人运动模型的简化如图 2-27 所示。由图 2-27 可以看出,阿克曼轮式消防机器人转向运动包括两大核心部分:一是转向机构,用于控制转向轮转向;二是差速器,用于驱动与控制驱动轮实现差速运动。在阿克曼轮式行走机构简化模型中,转向机构简化为一个等腰梯形 *ABCD*,它表示的是一个常规的四连杆机构,连杆 *AB* 是基座(用于固定转向轮),连杆 *CD* 可以左右摆动移动,从而带动连杆 *AC* 和 *BD* 转动。其中,连杆 *CA* 围绕 *A* 点转动,连杆 *BD* 围绕 *B* 点转动。*A* 点和 *B* 点分别连着轮轴,轮轴连接着轮胎。当连杆 *CA* 和 *BD* 转动时,转向轮左轮和右轮也同时转动。转向轮左右两轮的转向是联动的,而且都是被动轮,仅有一个自由度,因此仅使用一个驱动装置就可以实现转向操作。这种转向机构称为阿克曼转向机构。

差速器用于控制驱动轮,它的输入端连接着驱动电动机,输出端连接着左右后轮。差速器的作用是将电动机输出功率自动分配到左右轮,能够根据转向轮转向角自动调节驱动轮的速度,因此驱动轮是主动轮。

分析简化模型可以知道,阿克曼行走机构采用前轮(转向轮)转向、后轮(驱动轮)驱动的方式运动。这说明阿克曼轮式消防机器人做直线运动还是圆周运动是由转向轮的转向机构决定的,而驱动轮的驱动电动机决定了动力与转速,从而决定了机器人的运动速度。因此,需要联动控制机器人的转向机构和差速器这两个关键核心部分。显而易见,这与双轮机器人和三轮机器人行走机构的两轮差速运动原理与运动模型是不同的。接下来进行阿克曼轮式消防机器人运动学模型分析。

(1)阿克曼轮式消防机器人坐标系建立

阿克曼轮式机器人也是通过线速度、角速度来描述运动模型,其运动模型使用了两个坐标系：一是以差速器 E 为原点的 BASE 坐标系；二是以机器人几何中心 C'（AG 和 BF 的交点）为原点的 CENTER 坐标系，如图 2-28 所示。其中机器人前向运动方向为 x 轴正方向（过 C' 点，垂直向上箭头方向），与之垂直向左为 y 轴正方向（过 C' 点，水平向左箭头方向），z 轴垂直于纸面向外，满足右手定则。

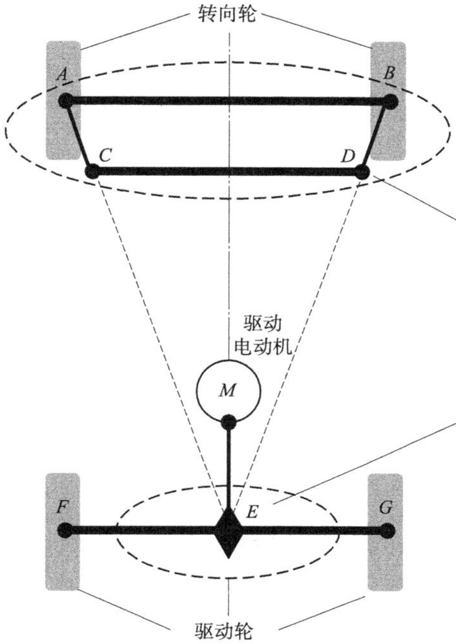

图 2-27　阿克曼轮式行走机构简化模型

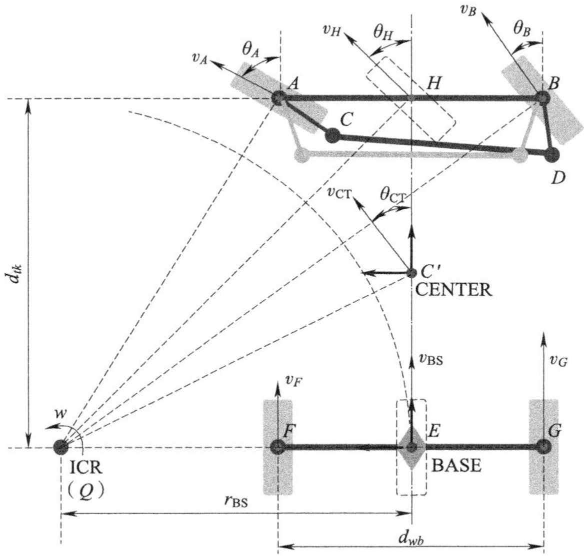

图 2-28　阿克曼轮式消防机器人运动模型简图

阿克曼轮式机器人使用两个坐标系，是因为其旋转中心、几何中心、质量重心（质心）这三个中心点一般不重合，无法仅使用一个中心点来准确描述的机器人运动。如图 2-28 所示，阿克曼轮式消防机器人旋转中心在点 E，几何中心在点 C'，而质心由机器人实际构型及负载决定，不一定与旋转中心、几何中心重合。

(2)运动模型规律分析

阿克曼轮式机器人转向运动的运动学模型也是圆周运动，且瞬时旋转中心 Q 位置确定方法与两轮差速机器人类似。如图 2-28 所示，阿克曼轮式消防机器人转向做圆周运动时，整体可视为单刚体，处于对称状态的梯形转向机构发生变形，转向轮呈左转状态，且转动的角度不同；而驱动轮则在差速器的分配下处于不同的转速。对应的瞬时旋转中心 Q 位于驱动轮轴线 FG 上，位置由转向轮转向角决定。

①转向轮转向角关系分析。

将轮胎与地面的接触简化为点接触，由此可以将图 2-28 中点 A 和点 B 视为轮胎与地面的接触点，则对应的转向轮左前和右轮的线速度为 $[v_A\ v_B]$，转向角为 $[\theta_A\ \theta_B]$，其速度方向为轮子的滚动方向，而轮子线速度的法线需要与轴线 FG 交于同一点，即点 Q，则点 A 的转弯半径为线段 AQ，而点 B 的转弯半径为线段 BQ。

在 RT△AFQ 和 RT△BGQ 中，由三角函数变化关系可得到

$$\begin{cases} r_A = l_{AQ} = d_{tk}/\sin\theta_A \\ r_B = l_{BQ} = d_{tk}/\sin\theta_B \end{cases} \tag{2-18}$$

式中，$r_A(l_{AQ})$ 和 $r_B(l_{BQ})$ 分别表示点 A 和点 B 的转弯半径；d_{tk} 表示机器人轴间距。

同理，转向轮左右两轮的线速度分别表示为

$$\begin{cases} v_A = wl_{AQ} = wd_{tk}/\sin\theta_A \\ v_B = wl_{BQ} = wd_{tk}/\sin\theta_B \end{cases} \tag{2-19}$$

式中，v_A，v_B 分别表示转向轮左轮、右轮的线速度；w 表示机器人转弯状态时的角速度。

使用 RT△AFQ 和 RT△BGQ 的关系，可得

$$\begin{cases} l_{FQ} = d_{\mathrm{tk}}/\tan\theta_A \\ l_{GQ} = d_{\mathrm{tk}}/\tan\theta_B \\ d_{wb} = l_{GQ} - l_{FQ} \end{cases} \tag{2-20}$$

式中，d_{wb} 表示机器人的左右轮间距。

将式(2-20)中的前两个式子带入最后一个式子，简化后得

$$\frac{1}{\tan\theta_B} - \frac{1}{\tan\theta_A} = d_{wb}/d_{tk} \tag{2-21}$$

从式(2-21)可知，θ_A 与 θ_B 之间大小关系与 d_{wb} 和 d_{tk} 的比值存在非线性约束关系，只有满足该约束方程，才能使四个轮子在转向时的线速度法线交于一点。

通过上述分析，机器人在转向过程中，转向轮的左右两轮转向角需要满足式(2-21)，否则会出现轮胎异常磨损的情况，因此设计梯形转向机构要实现满足式(2-21)的约束，即梯形结构的尺寸设计是有约束的，这要求机器人转向轮回正状态下，线段 AC 和 BD 同时交于 E。

②驱动轮运动情况分析。

在阿克曼轮式消防机器人运动时，差速器可将功率自动分配到驱动轮的左右两轮，其数学关系表达式为

$$v_{bs} = (v_F + v_G)/2 \tag{2-22}$$

式中，v_{bs}表示点 E 的速度。

差速器的功能作用保证了式(2-22)的约束。而驱动轮左右两轮的线速度大小$[v_F\ v_G]$由转向轮转向角决定。这是因为转向轮转向角决定了点 Q 的位置(即旋转半径)，这决定了驱动轮两轮的线速度大小比例，由此得到

$$w = \frac{v_F}{r_{bs} - d_{wb}/2} = \frac{v_G}{r_{bs} + d_{wb}/2} \tag{2-23}$$

式中，r_{bs}表示点 E 的旋转半径，即点 E 到点 Q 的距离，由转向轮转向角确定。因此，根据对应的转弯半径成比例关系和式(2-23)，即可计算出$[v_F\ v_G]$的大小。

③最小转弯半径约束分析。

在运动模式上，阿克曼轮式消防机器人存在最小转弯半径，它不能进行零半径转弯(自旋转弯)。这是因为阿克曼转向机构是四连杆机构，存在机构死点，当 A、C、D(或点 B、D、C)共线时，会导致连杆 AC(或连杆 BD)运动状态存在不确定性，存在逆时针或顺时针转动两种可能。因此在实际应用中，会设计限位机构，限制转向机构接近 A、C、D(或 B、D、C)共线状态，这使得转向轮存在转向范围，无法整周运动。这种约束方式可表示为

$$\{\{\theta_A, \theta_B\} \mid \theta_A \in [\theta_{\min}, \theta_{\max}] \cap \theta_B \in [\theta_{\min}, \theta_{\max}]\} \tag{2-24}$$

式中，$[\theta_{\min}, \theta_{\max}]$表示转向轮转向角的转动范围，$\theta_A$，$\theta_B$ 需同时满足该约束条件。

(3)运动学模型介绍

阿克曼轮式机器人运动规律分析模型如图 2-29 所示，其中机器人的控制参数为$[\theta_H\ v_{bs}]$；θ_H 表示转向轮虚拟转向角，它和$[\theta_A\ \theta_B]$存在一定几何关系，决定了机器人的转弯半径；v_{bs}表示驱动轮差速器的中心速度，决定了机器人的运动快慢。使用这两个参数可控制阿克曼轮式机器人的准确运动。

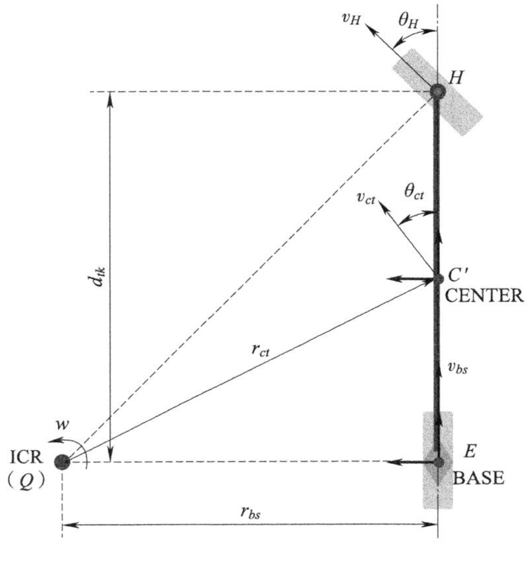

图 2-29　运动规律分析

在阿克曼轮式消防机器人转向运动状态时，点 E 和点 C'处的转弯半径分别可表示为

$$\begin{cases} r_{bs} = d_{tk}/\tan\theta_H \\ r_{ct} = \sqrt{r_{bs}^2 + (d_{tk}/2)^2} \end{cases}, \quad \theta_H \in [\theta_{H\min}, \theta_{H\max}] \tag{2-25}$$

此时,点 C'位于线段 HE 的中点。

由此,计算角速度 w,可以得到

$$w = \frac{v_{bs}}{r_{bs}} = \frac{v_{bs}\tan\theta_H}{d_{tk}} \tag{2-26}$$

已知控制参数$[\theta_H\ v_{bs}]$,通过式(2-25)可计算得到转弯半径,由式(2-26)可得到角速度,这时可以基于某一个点来描述阿克曼轮式消防机器人的运动状态,这个点就是 CENTER 坐标系的原点 C',该原点是机器人的几何中心,可以选用该点来描述机器人的运动状态。

阿克曼轮式消防机器人正运动学模型是基于控制参数$[\theta_H\ v_{bs}]$来计算几何中心点 C'的速度,使用式(2-25)和式(2-26)及三角函数关系,可以得到阿克曼轮式消防机器人正运动学模型公式,即

$$\begin{bmatrix} v_{ct} \\ \theta_{ct} \\ w \end{bmatrix} = \begin{cases} \begin{bmatrix} v_{bs} d_{tk} \tan\theta_H \sqrt{\dfrac{1}{4} + \dfrac{1}{\tan^2\theta_H}} \\ \arctan[\tan\theta_H/2] \\ v_{bs}\tan\theta_H/d_{tk} \end{bmatrix}, & \theta_H \neq 0 \\ \begin{bmatrix} v_{bs} \\ 0 \\ 0 \end{bmatrix}, & \theta_H = 0 \end{cases} \tag{2-27}$$

式中,θ_{ct}为 v_{ct}与主轴 HE 的夹角。

阿克曼轮式消防机器人逆运动学模型是基于几何中心点 C'的速度分解出控制参数$[\theta_H\ v_{bs}]$,可表示为

$$\begin{bmatrix} \theta_H \\ v_{bs} \end{bmatrix} = \begin{bmatrix} \arctan(2\tan\theta_{ct}) \\ v_{ct}\cos\theta_{ct} \end{bmatrix} \tag{2-28}$$

式(2-28)同样满足当 $\theta_{ct}=0$ 的情况。

(4)运动学模型应用

①正运动学模型应用:计算阿克曼轮式机器人 C'的速度。

阿克曼轮式机器人通过转向轮转向角安装的角位移传感器,可以测量左/右前轮的转角,通过驱动轮两轮安装的编码器,可以计算出左右后轮的线速度$[v_F\ v_G]$,通过式(2-22)可以计算得到机器人 BASE 的速度,通过式(2-27)可以计算得到机器人 C'的速度信息$[v_{ct}\ \theta_{ct}\ w]$,从而能够得到机器人的当前里程和运动速度。

②逆运动学模型应用:用于控制阿克曼轮式消防机器人运动。

通过控制机器人 CENTER 以设定的速度$[v_{ct}\ \theta_{ct}\ w]$运动,就可以通过式(2-28)计算得到转向轮虚拟转向角 θ_H,根据梯形四杆机构计算出转向轮左/右轮的转向角,从而计算得到的 v_{bs},输入到驱动电动机控制器,再采用 PID 算法控制驱动轮精确转动,实现控制机器人运动。

2. 四轮驱动消防机器人运动模型分析

四轮驱动消防机器人采用四轮驱动方式,四个驱动轮都是动力轮。一般情况下,四轮驱动

消防机器人没有设计转向轮，因此它做直线或转向运动都是由四个轮子的转速共同决定的，即需要联合控制四个电动机转动。

(1)四轮驱动消防机器人坐标系建立

考虑到四轮驱动轮式机器人通过滑动摩擦实现转向运动的，所以机器人质量分布对机器人运动有一定影响。为了简化四轮驱动轮式机器人运动模型，假设机器人轮子滚动时不产生空转现象，同时机器人本体质量分布均匀，且质心 COM(Center of Mass)位于机器人几何纵向对称线上，以此构建四轮驱动轮式机器人的运动学模型，如图 2-30 所示，该运动学模型包含 $xC'y$ 和 xMy 两个坐标系。

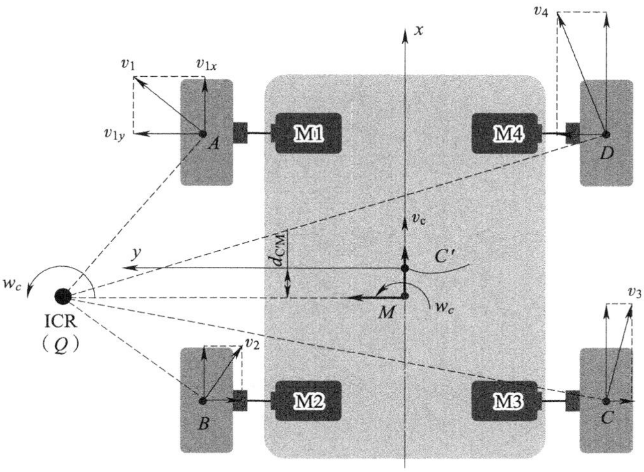

图 2-30　四轮驱动消防机器人坐标系及运动方向

其中，$xC'y$ 坐标系是机器人的几何中心坐标系，以机器人几何中心为原点，xMy 坐标系是机器人的质心坐标系，以质心 M 为原点。两个坐标系 x 轴重合，y 轴平行，点 M 到点 C'的距离为 $d_{C'M}$。机器人前向运动方向为 x 轴正方向，与之垂直向左为 y 轴正方向，z 轴垂直于纸面向外，满足右手定则。点 A、B、C 和 D 分别表示轮胎与地面的理想接触点。

(2)运动模型规律分析

与阿克曼轮式消防机器人、两轮差速驱动消防机器人类似，四轮驱动消防机器人也存在非全向约束，也是通过线速度、角速度$[v_c\ w_c]^T$ 来描述其运动，二者的速度空间也相近，因此坐标系的建立方式、速度空间的定义和速度方向的约定是一致的。

①左侧轮纵向分速度分析。

从图 2-31 可以知道，点 M 只有沿 x 轴方向的线速度及角速度，且 Q 位于坐标系 xMy 的 y 轴上。车轮与地面的理想接触点(A、B、C 和 D)的合速度方向均垂直于旋转半径的径向方向，并可被分解为沿着轮子滚动方向的纵向分速度和沿着电动机轴向的横向分速度。即左(右)侧轮的 v_x 是相同的，前(后)端轮的 v_y 是相同的。

因此，如图 2-31 所示，两个左侧轮与地面接触点的速度可表示为

$$w_c = \frac{v_1}{r_1} = \frac{v_2}{r_2} \tag{2-29}$$

式中，v_1 和 v_2 分别为点 A 和点 B 的线速度；r_1 和 r_2 分别为其转弯半径。

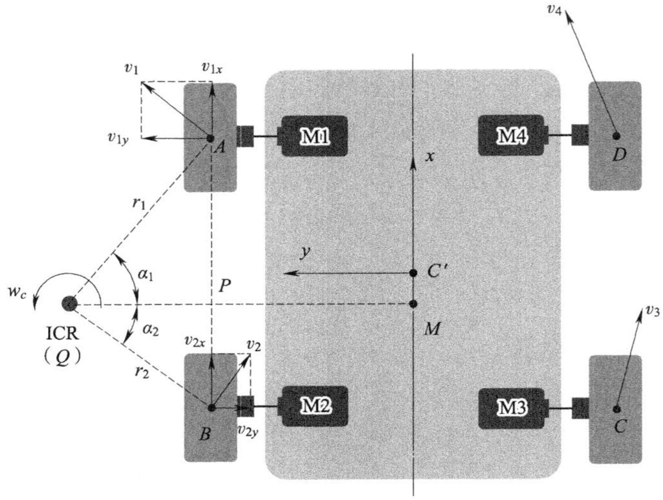

图 2-31　左侧轮纵向分速度示意图

而在 RT△APQ 和 RT△BPQ 中，使用三角变换对式(2-29)进行转换，得到

$$\frac{v_1}{\overline{PQ}/\cos\alpha_1}=\frac{v_2}{\overline{PQ}/\cos\alpha_2} \tag{2-30}$$

式中，α_1 和 α_2 分别表示 AQ、BQ 与 PQ 的夹角。

进一步对式(2-30)化简，得到

$$v_{1x}=v_1\cos\alpha_1=v_2\cos\alpha_2=v_{2x} \tag{2-31}$$

式中，v_{1x}和 v_{2x}分别表示 v_1 和 v_2 的纵向分速度。

由式(2-31)可以知道，点 A 和点 B 的纵向分速度是相同的，同理可知，点 C 和点 D 的纵向分速度是相同的，但左侧轮和右侧轮的纵向分速度是不同的。

②前端轮横向分速度分析。

采用以上两侧轮纵向分速度分析方法相同的思路，如图 2-32 所示，两个前端轮与地面接触点的速度可表示为

$$w_c=\frac{v_1}{r_1}=\frac{v_4}{r_4} \tag{2-32}$$

式中，v_4 表示点 D 的线速度，r_4 为其转弯半径。

而在 RT△APQ 和 RT△DTQ 中，使用三角变换对式(2-29)进行转换，得到

$$\frac{v_1}{\overline{AP}/\sin\alpha_1}=\frac{v_4}{\overline{DT}/\sin\alpha_4} \tag{2-33}$$

式中，α_1 和 α_4 分别表示 AQ、DQ 与 PQ 的夹角。

因为 AP 和 DT 长度相同，再进一步对式(2-33)化简，得到

$$v_{1y}=v_1\sin\alpha_1=v_4\sin\alpha_4=v_{4y} \tag{2-34}$$

式中，v_{1y}和 v_{4y}分别表示 v_1 和 v_4 的横向分速度。

由式(2-34)可以知道，点 A 和点 D 的横向分速度是相同的，同理可知，点 B 和点 C 的横向

分速度是相同的,但前端轮和后端轮的横向分速度是不同的。

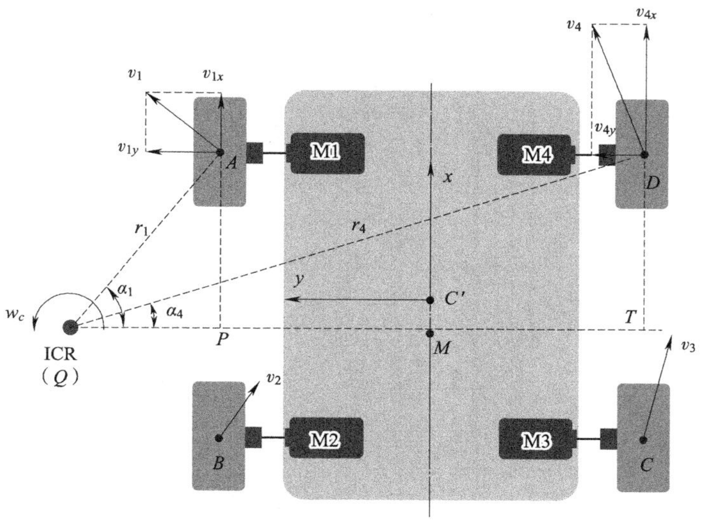

图 2-32　前端轮横向分速度示意图

③运动规律总结。

通过上述左侧轮纵向分速度和前端轮横向分速度分析,可以得到四轮驱动消防机器人运动规律方程,即

$$\begin{cases} v_l = v_{1x} = v_{2x} \\ v_r = v_{3x} = v_{4x} \\ v_f = v_{1y} = v_{4y} \\ v_b = v_{2y} = v_{3y} \end{cases} \tag{2-35}$$

式中,v_l 和 v_r 分别表示左侧和右侧轮子的纵向分速度,v_f 和 v_b 分别表示前端和后端轮子的横向分速度。

(3)运动学模型分析

以 MQ 为横轴线,以 MC' 为纵轴线,设虚拟左右轮的位置分别位于点 L 和点 R。将四轮驱动消防机器人的运动模型简化为两轮差速驱动消防机器人的运动模型,如图 2-33 所示。

则四轮驱动消防机器人的运动学模型可以转换为如图 2-34 所示的简化模型,从而得到

$$r_c = \frac{v_c}{w_c} = \frac{(v_l + v_r)d_{lr}}{2(v_r - v_i)} \tag{2-36}$$

式中,d_{lr}表示虚拟轮间距。

据此,可以得到四轮驱动轮式机器人简化的正运动学模型和逆运动学模型计算公式。

①简化正运动学模型。

简化正运动学模型是基于虚拟左右驱动轮的速度来计算几何质心 M 的速度,可表示为

$$\begin{bmatrix} v_c \\ w_c \end{bmatrix} = \begin{bmatrix} \dfrac{v_r + v_l}{2} \\ \dfrac{v_r - v_l}{d_{lr}} \end{bmatrix} = \begin{bmatrix} \dfrac{1}{2} & \dfrac{1}{2} \\ \dfrac{1}{d_{lr}} & -\dfrac{1}{d_{lr}} \end{bmatrix} = \begin{bmatrix} v_r \\ v_l \end{bmatrix} \tag{2-37}$$

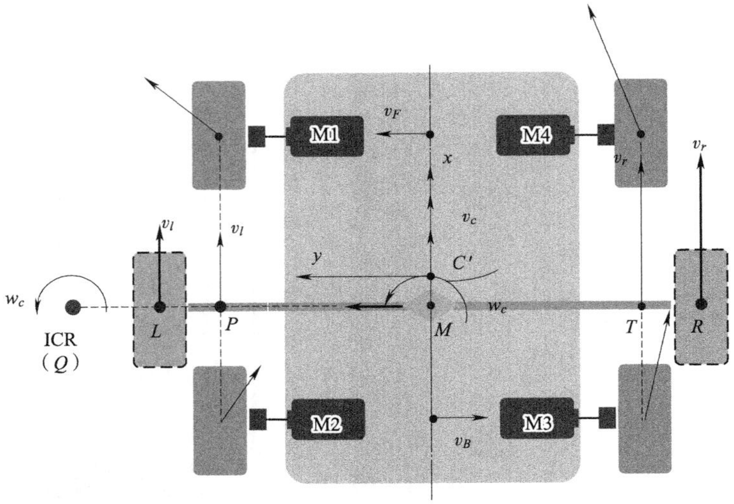

图 2-33　四轮驱动消防机器人模型简化等效示意图

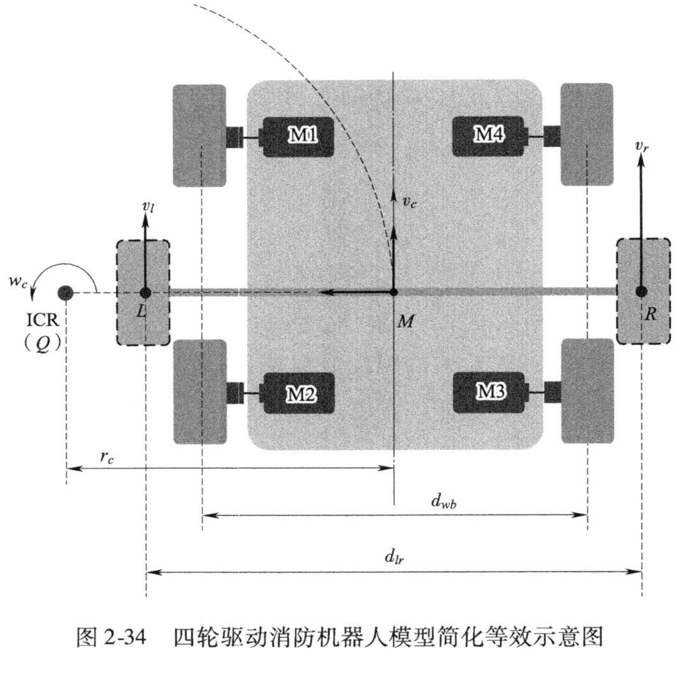

图 2-34　四轮驱动消防机器人模型简化等效示意图

式中，v_l 和 v_r 可以使用式(2-38)来计算得到。

$$\begin{cases} v_l = w_{M1}R_{M1} = w_{M2}R_{M2} \\ v_r = w_{M3}R_{M3} = w_{M4}R_{M4} \end{cases} \tag{2-38}$$

式中，$[w_{M1}\ w_{M2}\ w_{M3}\ w_{M4}]$ 表示对应轮子的转动角速度，$[R_{M1}\ R_{M2}\ R_{M3}\ R_{M4}]$ 表示对应的轮子的半径。

引入无量纲参数 γ，使用式(2-39)计算 d_{lr}，即

$$d_{lr} = \gamma d_{wb} \tag{2-39}$$

式中，d_{wb}表示机器人的轮间距，参数 γ 与机器人的总负载、轮胎与地面的相对摩擦系数、转弯半径及质心位置相关，可以通过实验拟合估算获取。

正运动学模型可以表示为

$$\begin{bmatrix} v_c \\ w_c \end{bmatrix} = \begin{bmatrix} \frac{1}{2} & \frac{1}{2} \\ \frac{1}{[\gamma d_{wb}]} & -\frac{1}{[\gamma d_{wb}]} \end{bmatrix} \begin{bmatrix} w_{M1} R_{M1} \\ w_{M3} R_{M3} \end{bmatrix} \tag{2-40}$$

②简化逆运动学模型。

简化逆运动学模型是基于几何质心 M 的速度分解出左右驱动轮的速度，可表示为

$$\begin{bmatrix} v_r \\ v_l \end{bmatrix} = \begin{bmatrix} v_c + \frac{d_{lr}}{2} w_c \\ v_c - \frac{d_{lr}}{2} w_c \end{bmatrix} = \begin{bmatrix} 1 & \frac{d_{lr}}{2} \\ 1 & -\frac{d_{lr}}{2} \end{bmatrix} \begin{bmatrix} v_c \\ w_c \end{bmatrix} \tag{2-41}$$

使用式(2-39)计算 d_{lr}。则逆运动学模型可以表示为

$$\begin{bmatrix} v_r \\ v_l \end{bmatrix} = \begin{bmatrix} 1 & \frac{[\gamma d_{wb}]}{2} \\ 1 & -\frac{[\gamma d_{wb}]}{2} \end{bmatrix} \begin{bmatrix} v_c \\ w_c \end{bmatrix} \tag{2-42}$$

2.3.3　轨道交通四轮消防机器人设计

相较于大型四轮消防机器人，小型四轮消防机器人更为灵活，更适用于狭窄空间，并具有结构简单、制作简易、成本低廉的优势，因此这里介绍一款小型四轮驱动消防巡查机器人的设计与制作。

1. 四轮消防巡查机器人功能模块设计

四轮消防巡查机器人的功能模块如图 2-35 所示，其由主控机构、行走机构和巡查机构三部分组成。其中，主控机构包括主控装置、通信装置和电源装置，是四轮消防机器人的主要控制部分；行走机构包括驱动模块和四组驱动轮（含轮胎），是四轮消防机器人的主要行走装置；巡查机构是四轮消防巡查机器人执行消防安全作业的主要装备，包括摄像装置、舵机云台、传感器模块等，主要用于消防安全视频图像侦察、环境数据采集等作业，传感器模块根据消防作业需要可以选择安装如超声波测距、温湿度监测、气体检测、烟雾探测、火焰识别等各类消防探测传感器。

2. 四轮消防巡查机器人硬件结构设计

四轮消防巡查机器人的硬件结构包括主控装置、行走机构底板、驱动模块、驱动轮（含电动机和轮胎）、摄像装置、电源装置、传感器模块等，如图 2-36 所示。其中，主控装置为可编程逻辑控制器，是四轮消防巡查机器人行走的中央控制部分；行走机构底板、驱动轮及驱动模块组成了四轮消防巡查机器人平台的行走机构；驱动模块连接着主控装置，与主控装置一起安装在行走机构底板上方，是机器人行走机构的主要驱动装置，接受主控装置指令来实现对四组驱动轮的联动运行控制，完成前进、后退、左转、右转等移动行走动作；驱动轮是机器人行走的主要执行装置，受驱动模块控制来完成驱动轮电动机旋转驱动；电源装置为机器人各部分装置提

供所需的电压电流；摄像装置是机器人消防巡查作业的主要装备，通过机器视觉和视频图像来检查和巡视消防工作场所，完成消防安全工作中的图像识别与分析作业。

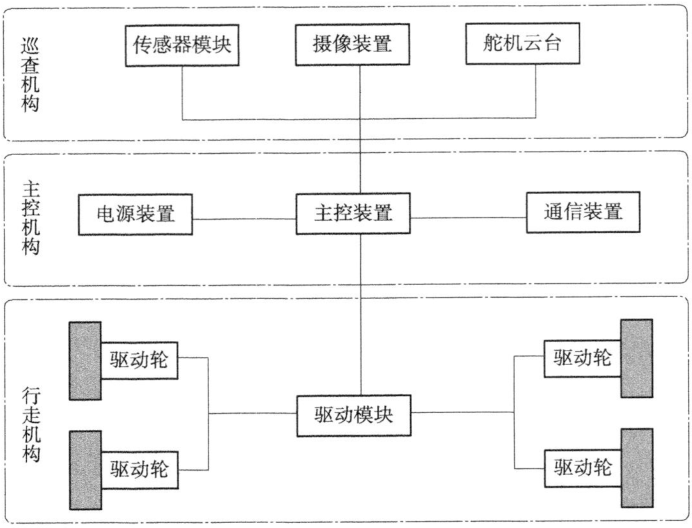

图 2-35　四轮消防巡查机器人功能模块设计

图 2-36　四轮消防巡查机器人硬件结构设计

2.3.4　轨道交通四轮消防机器人图像识别应用

图像骨架提取也称二值图像细化，实际上就是提取目标在图像上的中心像素轮廓，即以目标中心为准，对目标进行细化。这种图像处理技术采用图像形态学的算法将一个连通区域细化成一个像素的宽度，用于特征提取和目标拓扑表示。图像骨架是描述目标图像的集合形状及其拓扑性质的重要特征之一。抽取图像骨架的目的是表达目标的形状结构，它有助于突出和分析识别目标的形状特点并减少冗余的信息量。因此，图像骨架抽取在轨道交通消防图像识别应用研究中有着重要的应用。在轨道交通消防图像识别应用研究中，可以利用图像骨架提取技术来获取轨道交通消防安全领域中具有异常行为人员的行为、姿势等图像的骨架，以此通过骨架分析来判断和识别该人员的异常行为属于何种异常行为类型。

1. 骨架提取原理

图像骨架抽取算法从形态学的角度定义如下：设目标图像 A 的骨架为 $S(A)$，$S_n(A)$ 为骨架子集，则图像 A 的骨架 $S(A)$ 可以使用数学形态学腐蚀与开运算获得，即

$$\begin{cases} S(A)=\bigcup_{n=0}^{N} S_n(A) \\ S_n(A)=(A\Theta nB)-(A\Theta nB)\circ B \end{cases} \tag{2-43}$$

其中，B 为结构元素；$A\Theta B$ 表示使用结构元素 B 对图像 A 做腐蚀运算；$A\Theta nB$ 表示对 A 连续腐蚀 n 次，N 为 A 被腐蚀为空集前的最后一次迭代；$(A\Theta nB)\circ B$ 表示每次腐蚀运算完成后将该次腐蚀结果图像再做开运算。N 值的确定条件是在最后一次腐蚀迭代运算之后使得 A 为空集，即

$$N=\max\{A\ominus nB\neq\varnothing\} \tag{2-44}$$

2. 骨架提取方法

骨架提取可以把一个平面图形简化成点线形状结构，因此它是一种重要的结构形状表示法，对后续图像识别与分析非常有用。从上述原理可以得知，所谓骨架提取就是经过一层层的腐蚀剥离，从原图中去掉多余的像素点，并保持原来的姿态结构形状，直到得到目标图像的骨架。这种方式得到的骨架可以理解为该目标物体的中轴。例如，矩形的骨架是它的长方向上的中轴线；正方形的骨架是它的中心点；圆的骨架是它的圆心，直线的骨架是它自身，孤立点的骨架也是其自身，这种方式提取的骨架称为中轴变换。

中轴变换（Medial Axis Transform，MAT）是一种用来确定物体骨架的细化技术方法。其变换算法如下：对于具有边界 B 的区域 R，对每个 R 中的点 P，在 B 中搜寻与它最近的点，如果对 P 能找到多于一个这样的点（即有两个及以上的 B 中的点与 P 同时最近），就可认为 P 属于 R 的中线或骨架，或者说 P 是一个骨架点。

骨架提取得到的一般是细化后的目标骨架，它呈现为单层像素宽度。得到这些骨架，就相当于获取了目标物体的主要结构和形状信息，并去除了原目标物体图像的多余信息，根据这些信息可以实现图像上特征点的检测，如端点、交叉点和拐点等。这为后续的判断、分析和识别提供了更多有用的特征信息和数据。

从理论上讲，每个骨架点保持了其与边界距离最小的性质，所以，如果以每个骨架点为中心的圆的集合，运用适当量距，就可以恢复出原始的目标图像区域。具体操作可以以每个骨架点为圆心，以适当距离为半径作圆周，以此构成区域的边界和填充圆周，这些圆的并集就可近似地复原原来的目标图像区域。

3. 骨架提取应用

在轨道交通消防机器人视觉图像识别中，骨架提取常常被用于识别目标物体的形态和姿态骨架，并以此来分析和判断该物体形态或姿态行为类别。

程序 2-6 展示了轨道交通四轮消防机器人运用视觉图像识别程序对目标物体姿态图像的骨架提取。

```
#程序 2-6:骨架提取
import cv2 as cv
import numpy as np
defgetSkeleton(img):
    canvas = np.zeros(img.shape, dtype=np.uint8)
    kernel = cv.getStructuringElement(cv.MORPH_CROSS, (3, 3))
    while img.any():
        img_open = cv.morphologyEx(img, cv.MORPH_OPEN, kernel)
        img_diff = img-img_open
        canvas = cv.bitwise_or(canvas, img_diff)
        img = cv.erode(img, kernel)
    dst = canvas
    return dst.astype(np.uint8)
img = cv.imread('filename.png', 0)
t, img_bin = cv.threshold(img, 0, 255, cv.THRESH_OTSU)
ret =getSkeleton(img_bin.copy())
cv.imshow('img', np.hstack((img_bin,ret)))
cv.waitKey()
cv.destroyAllWindows()
```

程序运行结果如图 2-37 所示。

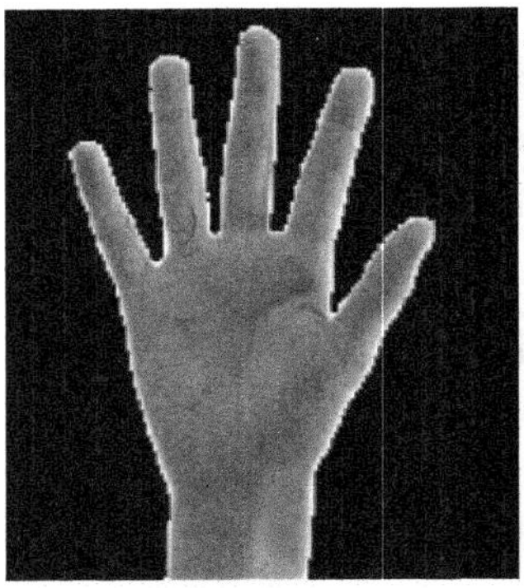

(a) 原图

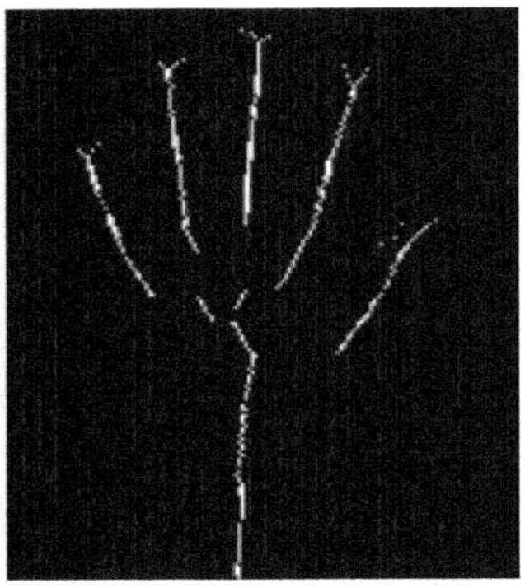

(b) 结果

图 2-37　骨架提取

2.4　轨道交通麦轮消防机器人

轨道交通麦轮消防机器人是指应用在轨道交通消防领域,采用麦克纳姆轮式行走机构的移动式机器人。与采用差分驱动方式的传统双轮、三轮及四轮移动机器人相比较,麦轮式机器人不仅能够实现前后移动,还可以左右侧移,可以在平移的同时完成旋转,而不需要先旋转,然后进行移动,因此麦轮式行走机构又被称为全向轮。具备麦轮式行走机构的麦轮消防机器人具有移动灵活平稳和多方向行驶的优势,从而使整体移动便捷且精准,非常适合室内的消防安全侦察与巡检。轨道交通麦轮消防机器人适用于车站站厅、地铁站台、列车车厢、客流通道等场所,用于消防安全巡检、火灾隐患侦察等应用场景。

2.4.1 轨道交通麦轮消防机器人概述

麦轮消防机器人是一种采用麦轮的四轮轮式机器人系统。与普通四轮消防机器人相比,麦轮消防机器人不仅能够实现前后移动,还能够完成左右直线侧移运动,以及侧向移动。这些功能的实现是通过控制四个麦轮的精密协作来完成的。传统普通四轮消防机器人只能前后移动,需要通过转弯才能切换移动方向,而麦轮消防机器人则通过调节四个麦轮的转动方向与速度,无须转弯即可实现八个方向的移动。由此可见,使用麦轮的消防机器人具有多方向移动的便捷性和灵活性,其便捷灵活性有助于消防现场救援、搬运、侦察、灭火等作业。

麦克纳姆轮是瑞典麦克纳姆公司研制的一种车轮,简称麦轮。麦轮与传统普通橡胶车轮不同,它在中心轮的轮周上设计有滚轮,这些滚轮以45°围绕中心轮周围成一圈,如图2-38所示。由于采用这种独特的结构设计,麦轮能够以独特的运行方式,在任意方向上实现平移和原地旋转,使得拥有四个麦轮的机器人行走机构具有全方位移动的运动特点。使得机器人在不转弯的情况下,也可以轻松实现左右移动。

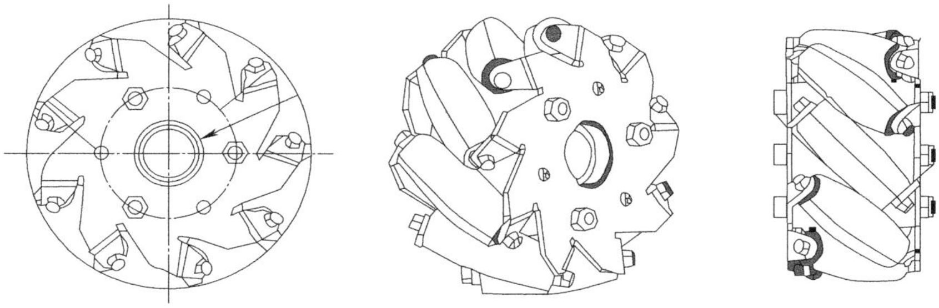

(a)侧面图　　(b)立体图　　(c)正面图

图2-38　麦轮结构示意图

麦轮是由轮毂和围绕轮毂的辊子组成的,如图2-39所示。辊子是一种没有动力的从动小滚轮,麦轮的辊子轴线和轮毂轴线夹角是45°,并且有互为镜像关系的A、B轮两种,或者会被称为左旋轮和右旋轮。一般地,麦轮会在轮毂上面有标识A和B或者L和R。

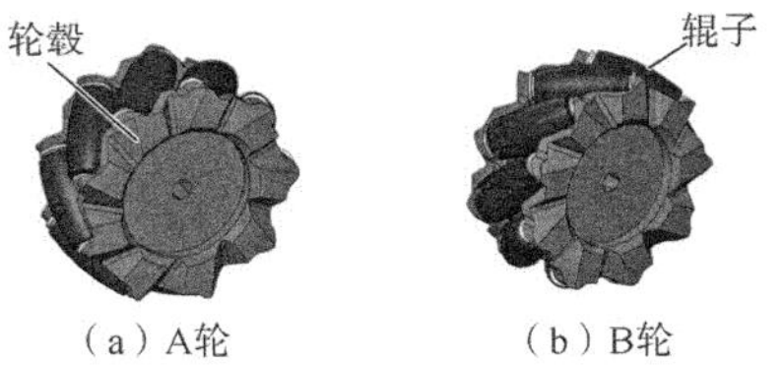

(a)A轮　　(b)B轮

图2-39　麦轮A轮与B轮

麦轮的这种独特设计使得地面对麦轮的作用力方向,形成了沿着麦轮与地面接触部位处辊子的轴向方向,这使得麦轮的移动方式比传统车轮的移动方式更为灵活。通过麦轮A轮和B轮的组合,使得机器人平台可以更灵活方便地实现全方位移动功能。

与双轮、三轮、四轮行走机构相比,使用麦轮的四轮行走机构具有全方位移动的优势,而且有一定的载重能力,稳定性能与载重性能更佳,因此可以应用于全方位移动平台装置设备,如搬运机器人、升降机器人、负重机器人等，也可以应用于消防救援领域。不同种类的麦轮消防机器人如图 2-40 所示。

（a）麦轮搬运机器人　（b）麦轮升降机器人　（c）麦轮负重机器人

图 2-40　不同种类的麦轮消防机器人

2.4.2　麦轮运动特性分析

麦轮是一种可全方位移动的全向轮，由轮毂和围绕轮毂一圈的辊子组成，辊子轴线和轮毂轴线夹角成 45°。在轮毂的轮缘上斜向分布的许多辊子，使得麦轮可以横向滑移。辊子没有动力，其母线很特殊。当辊子绕着固定的心轴转动时，各个辊子的包络线为圆柱面，所以麦轮能够连续地向前滚动。由四个麦轮加以组合，可以使机构实现全方位移动功能。麦轮因其优异的机动性而深受轮式机器人设计爱好者的喜爱，这归功于它独特的构型和运动特性。近年来麦轮轮式机器人备受关注，并在中小型移动机器人上获得广泛应用。

1. 麦轮构型分析

相比常见的普通橡胶车轮，麦轮造型显得非常特别，如图 2-41 所示。其中，图 2-41（a）是普通橡胶车轮，它由轮毂与轮胎组成；图 2-41（b）是麦轮，由轮毂和一系列辊子组成。轮毂是整个轮子的主体支架，辊子则是安装在轮毂上的鼓状物（小滚子），是被动轮。一系列辊子按一定角度排列整齐安装在轮毂上，由此组成一个完整的麦轮。

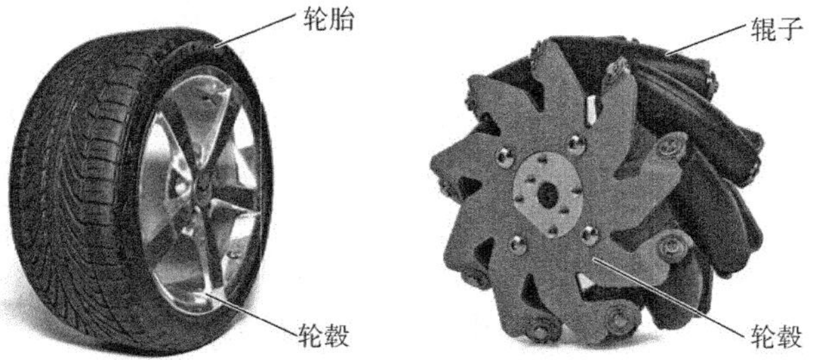

（a）普通橡胶车轮　（b）麦轮

图 2-41　普通橡胶车轮与麦轮结构示意图

从图 2-41（b）可以看出，轮毂轴线与辊子转轴夹角呈 45°。为满足该角度，一般地，麦轮的轮毂边缘都会采用折弯工艺，并为辊子的转轴提供安装孔，以便安装辊子。

2. 麦轮受力分析

麦轮结构及受力分析如图 2-42 所示。其中图 2-42（a）中坐标系水平向右表示 x 轴，垂直向内表示 y 轴，垂直向上表示 z 轴，图 2-42（b）与图 4-42（c）中，辊子坐标系用虚线表示，轮毂坐标系用实线表示；F_f、$F_{//}$、$F_\perp$ 箭头表示麦轮和辊子的受力分析；v 箭头表示速度方向。

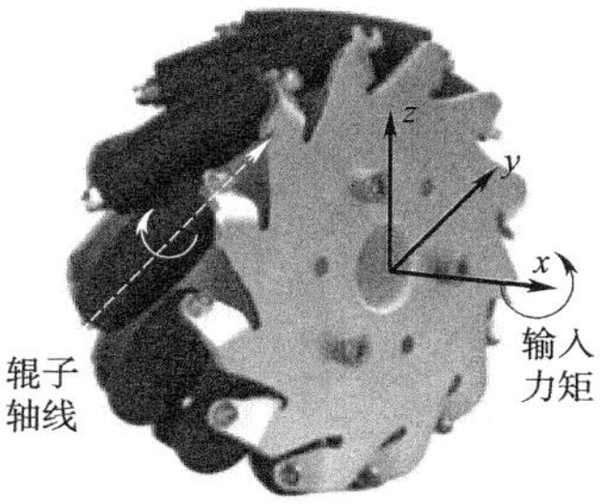

（a）麦轮结构分析

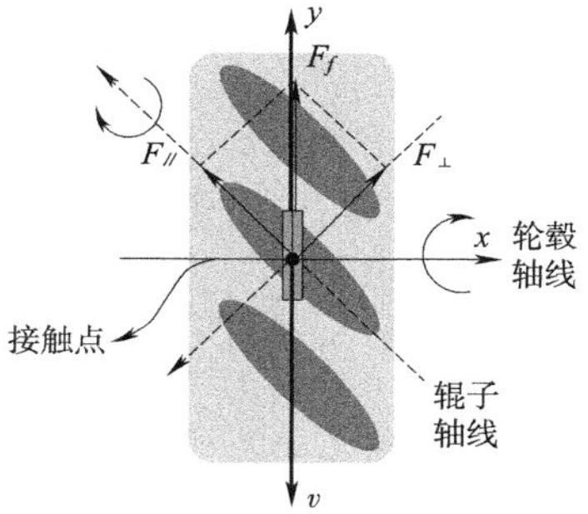

（b）辊子受力分析

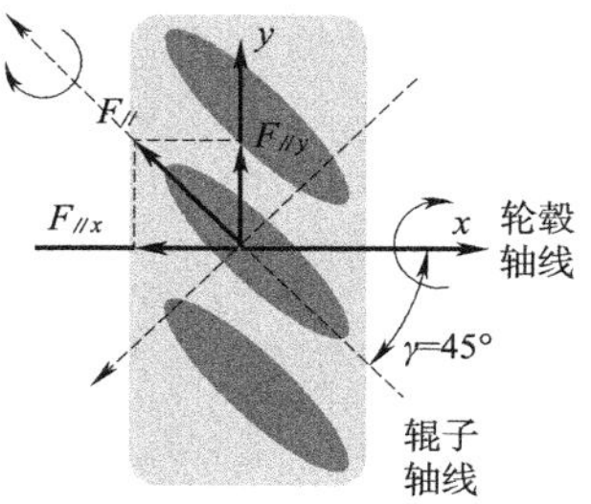

（c）麦轮受力分析

图 2-42　麦轮结构及受力分析示意图

（1）接触点摩擦力分析

由图 2-42（a）可知，麦轮外围的辊子是与地面接触的，当麦轮绕轮毂轴转动时，辊子会与地面产生摩擦力 F_f，其作用方向为轮毂坐标系 y 轴正方向。当轮毂前向（绕轮毂轴线逆时针）转动时，如图 2-42（b）所示，辊子被动与地面接触，而辊子与地面接触可视为点接触。该接触点在“碰到”地面瞬间会受到与其运动方向相反的作用力，接触点的“运动方向”为正向（图 2-42（b）中蓝色箭头所示方向）后，所以摩擦力方向为正向前（图 2-42（b）中轮毂坐标系 y 轴正向）。

（2）摩擦力分解分析

在图 2-42（b）中，将地面摩擦力 F_f 沿着垂直和平行于辊子轴线方向进行力分解，由于辊子是被动轮，因此会受到垂直于轮毂轴线的分力 $F_\perp$ 作用而被动转动。分力 $F_\perp$ 是滚动摩擦力，对辊子产生的磨损较大；平行于轮毂轴线的分力 $F_{//}$ 也会迫使辊子运动，由于受到辊子被轴线两侧轮毂限制，所以分力 $F_{//}$ 是静摩擦力。

由此可知，地面作用于辊子的摩擦力分解为滚动摩擦力和静摩擦力，滚动摩擦力促使辊子转动，属于无效运动；静摩擦力促使辊子相对地面运动，而辊子被轮毂“卡住”，因而带动整个麦轮沿着辊子轴线运动，当轮毂逆时针旋转时，运动方向为左上 45°；当轮毂顺时针旋转时，运动方向为右下 45°。当麦轮运动时，电动机输入轮毂的扭矩，一部分被辊子自转抵消掉，另一部分形成静摩擦驱动麦轮整体运动；单个麦轮实际受力方向为辊子轴向方向，因此改变辊子轴线和轮毂轴线的夹角，就可以改变麦轮实际运动方向。

3. 运动方向分析

与普通轮式机器人车轮安装不同，麦轮机器人行走机构需要将四个麦轮按照一定排布方式进行安装，如图 2-43 所示。四个麦轮分为两组，其中一组两个为 A 轮，另外一组两个为 B 轮，每组麦轮呈对角线分布安装，构成了经典的麦轮机器人行走机构平台。

以麦轮机器人几何中心为原点建立坐标系，前向运动方向为 x 轴正方向，与之垂直向左为 y 轴正方向，z 轴垂直于纸面向外，满足右手定则。基于此建立麦轮机器人运动学模型，对麦轮运动速度进行分析。以麦轮机器人右前轮的子系统为例，如图 2-44 所示。其中，v_4 表示麦轮在麦轮机器人平台中的实际运动速度；v_{w4} 表示辊子外侧与地面接触点的线速度，即麦轮悬空转动时最外侧边界的线速度，w_4 表示轮毂转动角速度，$v_{//4}$表示平行于辊子轴线的速度，即单个转动的麦轮在地面上的实际运动速度。假设右前轮子系统是一套独立系统，由电动机 M4 转动带动轮毂转动，当麦轮悬空未与地面接触（辊子未绕辊子轴线转动），则辊子外侧速度方向与 x 轴平行，其大小为

$$v_{w4} = w_4 R \tag{2-45}$$

式中，w_4 表示轮毂转动角速度；R 表示麦轮半径，即辊子外侧到轮毂轴线的距离；v_{w4}表示辊子外侧与地面接触点的线速度。

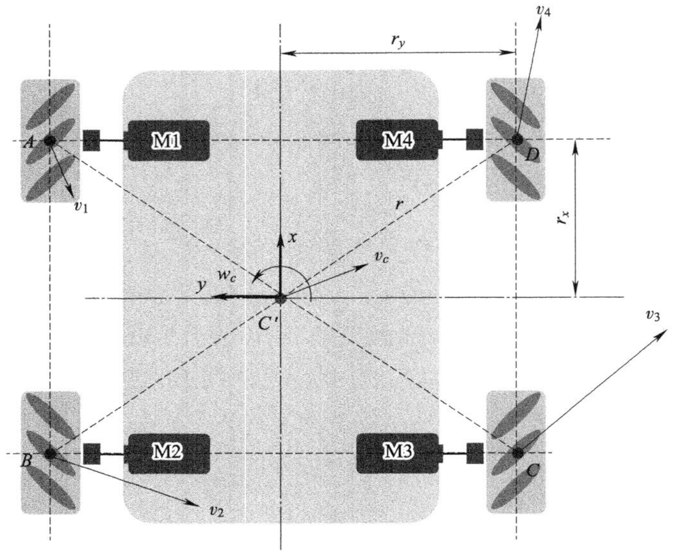

图 2-43　麦轮运动方向分析

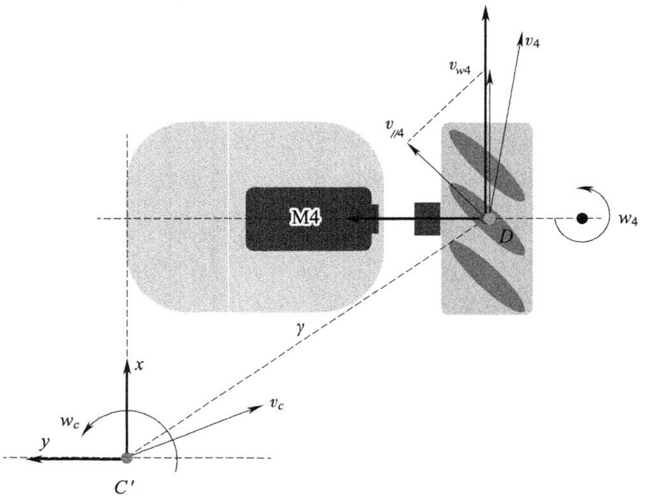

图 2-44　右前轮速度分解

考虑到平行于辊子轴线的速度是有效速度，而垂直于辊子轴线的速度是被动的无效速度。当麦轮与地面接触时，摩擦力会使辊子绕辊子轴线转动，电动机扭矩提供的主动力则会产生分

解，而有效转换的静摩擦力是分力 $F_{//4}$（分力 $F_{//4}$是促使麦轮平台有效运动的主动力）。当麦轮在地面运动，电动机以速度 w_4 转动时，则麦轮将以分速度 $v_{//4}$沿着辊子轴线主动运动，而辊子将自动适应以某一速度绕自身轴线被动旋转，所以平行于辊子轴线的分速度 $v_{//4}$与电动机转速的关系可表示为

$$v_{//4} = v_{w4}\cos 45° = w_4 R\cos 45° \tag{2-46}$$

式中，w_4 表示电动机输出轴的实际角速度；R 表示麦轮的实际半径。

由式（2-46）可以看出，麦轮旋转角速度与其沿着辊子轴线运动的速度（实际有效速度）是呈正比关系的，且与轮毂轴线和辊子轴线夹角有关。改变辊子轴线与轮毂轴线的夹角就能够改变式（2-46）的比例关系。电动机输出轴转速与麦轮分速度 $v_{//4}$呈固定比例关系。而垂直于辊子轴线的速度用于提供辊子自身旋转，并没有对麦轮实际运动提供有效推动作用。因此通过控制四个麦轮以不同的速度旋转，麦轮机器人行走机构就能够实现不同的运动效果。

同时可知，麦轮运动过程中存在较大滚动摩擦，辊子的磨损会比普通轮胎严重，因此麦轮适用于比较平滑的路面，若运行在粗糙复杂的地面或地形时，麦轮辊子容易磨损。此外，由于辊子之间的非连续性，因此麦轮运动过程总存在连续微小振动，需要考虑设计悬挂机构等辅助机构来减缓或消除，也可改变辊子材料属性使得辊子变软来减小振动幅度。然而，由于麦轮轮毂结构较为复杂，单个轮子的零部件较多，因此生产制造成本也较高。

2.4.3　轨道交通麦轮消防机器人运动模型分析

虽然与普通车轮相比，麦轮结构较为复杂，制造成本较高，但是它的运动模式非常丰富，除了前行、旋转等移动方式，还包括横移、斜行等多种特别的运动方式。从运动空间分类，轮式移动机器人可分为非全向移动类型和全向移动类型。与双轮、三轮消防机器人，阿克曼轮式消防机器人、四轮驱动消防机器人等非全向移动类型机器人不同，麦轮消防机器人是一种全向移动类型机器人。因此，麦轮消防机器人的运动模型也有异于非全向移动类型机器人的运动模型。

1. 麦轮行走机构平台分析

一般情况下，麦轮行走机构平台就是由四个麦轮按照一定规律排布组成的移动平台，这个平台能够实现全向移动主要依赖于四个麦轮的排布和对四个麦轮的联动控制。根据麦轮受力特点，麦轮行走机构平台四个麦轮的排布方式是可以有多种构型的。图 2-45 所示是两种常见的麦轮行走机构平台构型，图 2-45（a）是麦轮行走机构平台“外八”构型，它的特点是两前轮的辊子是朝向外开的，呈倒“八”字形状；图 2-45（b）是麦轮行走机构平台“内八”构型，它的两前轮辊子是朝向内闭的，呈正“八”字形状。

无论是“外八”构型还是“内八”构型，麦轮行走机构平台构型都是有规律的。其中，两前轮和两后轮关于横向中轴线上下对称，两左侧轮和两右侧轮关于纵向中轴线左右对称。这种对称与全向移动有关，因为这样对称才能平衡纵向或横向上的分力。

2. 运动模型分析

尽管麦轮行走机构平台的实际构型随着应用场景需求的不同而有相应的变化，但运动模型原理及分析方法都是一致的。接下来以常用的“内八”构型为例来进行麦轮消防机器人的运动模型分析，以此构建麦轮行走机构平台的正逆运动学模型。

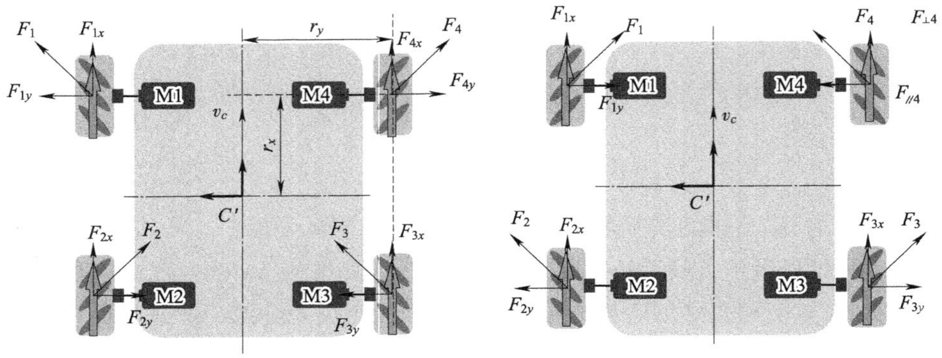

(a)“外八”构型　　(b)“内八”构型

图 2-45　麦轮行走机构平台构型

(1)建立麦轮消防机器人坐标系

建立以麦轮消防机器人几何中心(AC 与 DB 的交点)C'为原点的坐标系,如图 2-46 所示。麦轮消防机器人前向运动方向为 x 轴正方向,与之垂直向左为 y 轴正方向,z 轴垂直于纸面向外,满足右手定则。

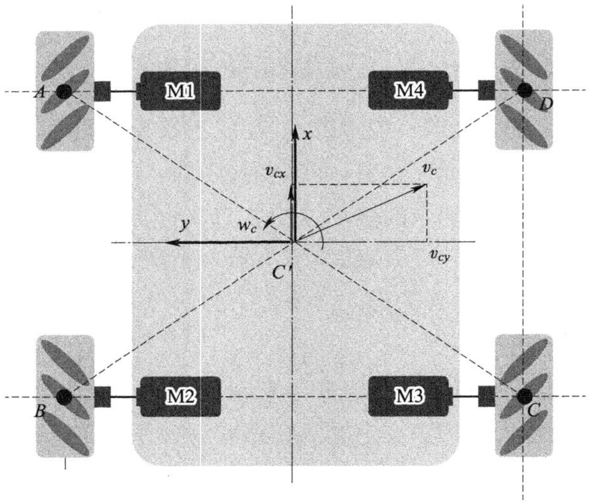

图 2-46　“内八”构型麦轮消防机器人坐标系示意图

麦轮消防机器人之所以能够实现全向移动是因为它拥有 3 个自由度,因此可以在平面内做出任意方向平移同时自旋的动作。如图 2-46 所示,使用任意方向的线速度及角速度$[v_c\ w]^T$来描述 C'的速度,而 v_c 沿着坐标轴分解为两个分速度,可表示为$[v_{cx}\ v_{cy}\ w]^T$。线速度$[v_{cx}\ v_{cy}]^T$方向为沿着坐标轴正方向为正,反方向为负;当麦轮消防机器人逆时针旋转的时候,角速度 w 为正,反之为负。

(2)运动模型规律分析

设麦轮平台运动过程中,轮子不会悬空而发生空转现象;同时麦轮平台质量分布均匀,且质心位置在几何中心点 C'处,以保证四个轮子在地面接触点受到的支撑力相同,确保四个等转速的轮子受到地面作用的摩擦力大小相同。基于上述假设,按照一定规律联动控制四个轮子等速转动,便可实现机器人的全向移动。这是因为轮毂轴与辊子转轴夹角呈 45°,能够保证左右和前后对称位置的等速麦轮在轮毂轴向及径向上的分力可以恰好相互抵消,进而形成合力而实现全向运动。此外,要满足上述的分力能够相互抵消的条件还需要麦轮(或电动机)转速大小相同,因为每个麦轮受到的地面支持力相同,四个电动机又匀速等速转动,这表明电动机输出扭矩与地面作用于麦轮的摩擦力是平衡的,四个麦轮摩擦力在轮毂轴向和径向上分解的大小是相同的,因而四个麦轮沿轮毂轴向和径向的分速度大小是相同的。在此基础上,通过联动控制麦轮消防机器人四个麦轮的旋转方向,就可以实现机器人的各种全向运动模式。图 2-47 展示了麦轮消防机器人六种常规的运动模式。表 2-1 描述了麦轮消防机器人六种运动模式里四个麦轮的联动控制方式。

表 2-1　运动模式及规律分析

模　式	左 前 轮	左 后 轮	右 后 轮	右 前 轮
(a)	+	+	+	+
(b)	−	−	−	−
(c)	0	+	0	+
(d)	−	+	−	+
(e)	+	+	−	−
(f)	−	−	+	+

注:+表示轮子正转(前向滚动),−表示轮子反转(后向滚动),0 表示轮子不转动;左前轮对应电动机 M1,左后轮对应电动机 M2,右后轮对应电动机 M3,右前轮对应电动机 M4,且四个电动机的转速大小相同。

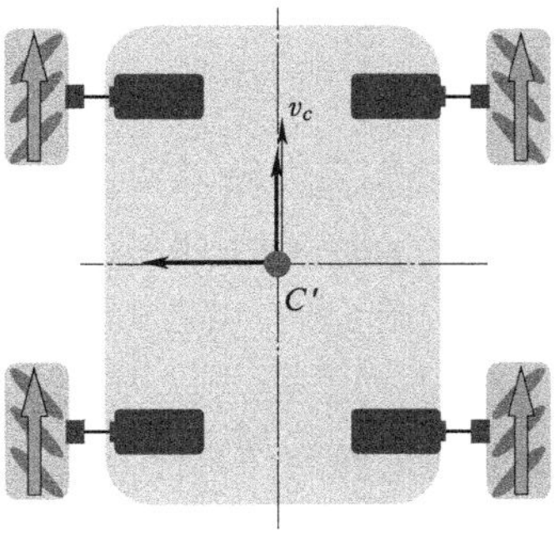

(a) 前向运动

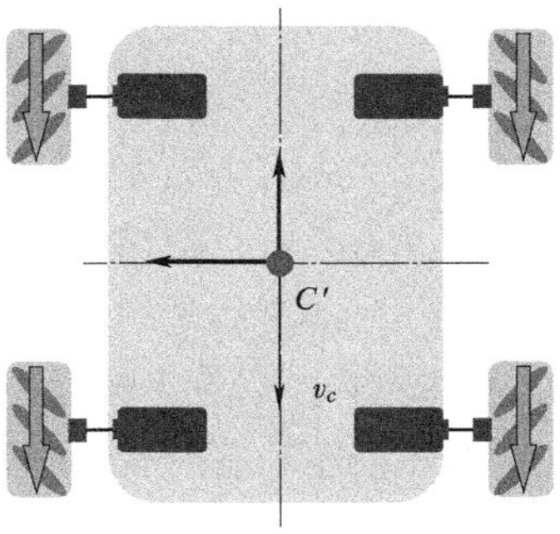

(b) 后向运动

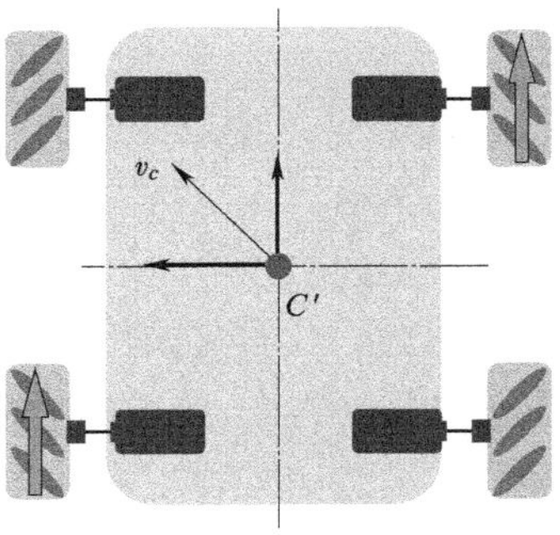

(c) 斜向运动

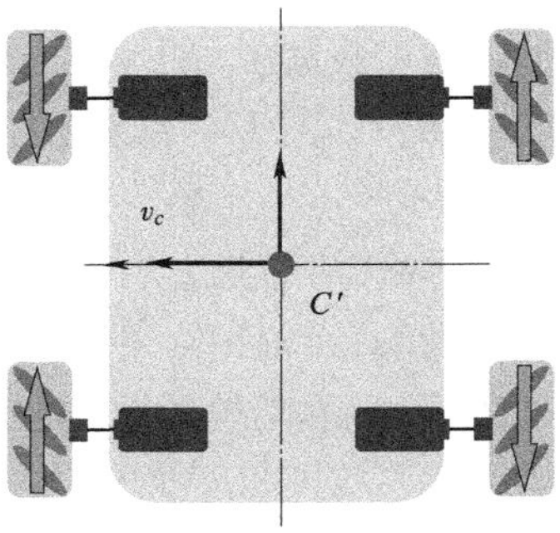

(d) 左向运动

图 2-47　运动模式示意图

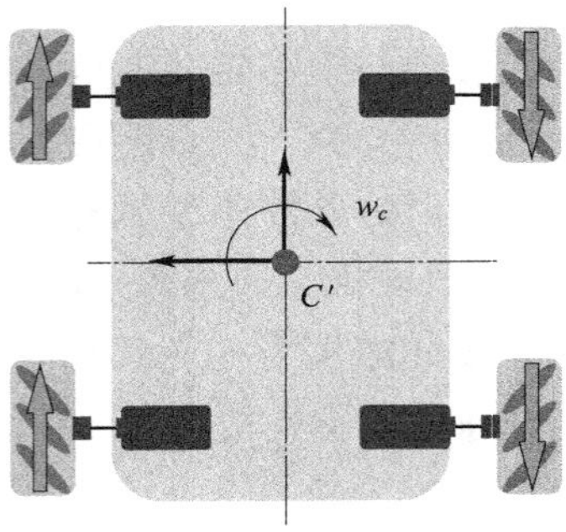

(e) 顺时针自旋运动

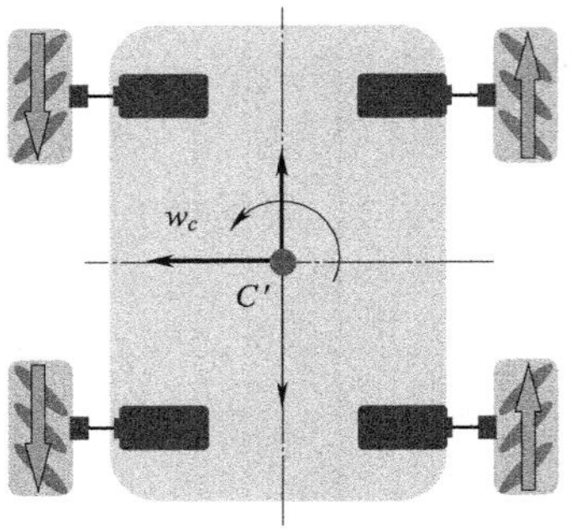

(f) 逆时针自旋运动

图 2-47　运动模式示意图(续)

①纵向直线运动。如图 2-47(a)所示,四个麦轮均做前向运动,根据麦轮的受力分析,当四个麦轮同向等速转动时,横向分力相互抵消,纵向分力形成合力,驱动麦轮消防机器人向前,其数学表达式为

$$\begin{cases} F_{1y} + F_{4y} = 0 \\ F_{2y} + F_{3y} = 0 \\ F_{\sum x} = F_{1x} + F_{2x} + F_{3x} + F_{4x} \end{cases} \tag{2-47}$$

式中,$[F_{1x}\ F_{2x}\ F_{3x}\ F_{4x}]$和$[F_{1y}\ F_{2y}\ F_{3y}\ F_{4y}]$分别表示四个麦轮静摩擦力$[F_1\ F_2\ F_3\ F_4]$对应的纵向分力和横向分力; $F_{\sum x}$ 表示麦轮平台受到的纵向合力。

如图 2-47(b)所示,四个麦轮均做后向运动,形成的合力驱动麦轮消防机器人向后移动,其数学表达式与式(2-47)一致。可见,当四个麦轮同向等速转动时,麦轮平台做前进/后退的纵向直线运动。

②斜向直线运动。如图 2-47(c)所示,当左后轮和右前轮前向转动,且右后轮和左前轮不转动时,根据麦轮的受力分析,仅有斜向力$[F_2\ F_4]$,且二者方向平行,形成的合力驱动麦轮消防机器人斜向左上运动;若左后轮和右前轮后向转动,形成反向合力,驱动麦轮消防机器人斜向右下运动。若右前轮和左后轮不转动,左前轮和右后轮前向转动,则合力驱动麦轮消防机器人斜向右上运动;若左前轮和右后轮后向转动,则合力驱动麦轮消防机器人斜向左下运动。

③横向直线运动。如图 2-47(d)所示,其分析方式和纵向直线运动相似,纵向分力相互抵消,横向分力形成合力,驱动麦轮消防机器人向右运动;若四个麦轮均反向转动,则横向合力驱动麦轮消防机器人向左运动。

④自旋旋转运动。如图 2-47(e)和图 2-47(f)所示,四个麦轮按照设定的方向转动,对应的受力分析如图 2-48 所示。需要注意的是,作用力$[F_1\ F_2\ F_3\ F_4]$方向并不一定是圆的切线方向,当且仅当四边形 *ABCD* 为正方形时,麦轮作用力方向为圆的切线方向。这是因为麦轮作用力方向平行于辊子轴线,而辊子轴线方向呈斜向 45°(或 135°),只有当四边形 *ABCD* 为正方形时,对角线 *AC* 与左前轮、右后轮的辊子轴线垂直,对角线 *BD* 与右前、左后轮的辊子轴线垂直,所以麦轮作用力方向平行于辊子轴线也就意味着麦轮作用力方向垂直于正方形 *ABCD* 的对角线,即麦轮所受作用力方向就是正方形 *ABCD* 外接圆的切线方向。由此也可以知道,四边形 *ABCD* 不为正方形时,麦轮所受作用力方向就与四边形 *ABCD* 外接圆切线不重合。

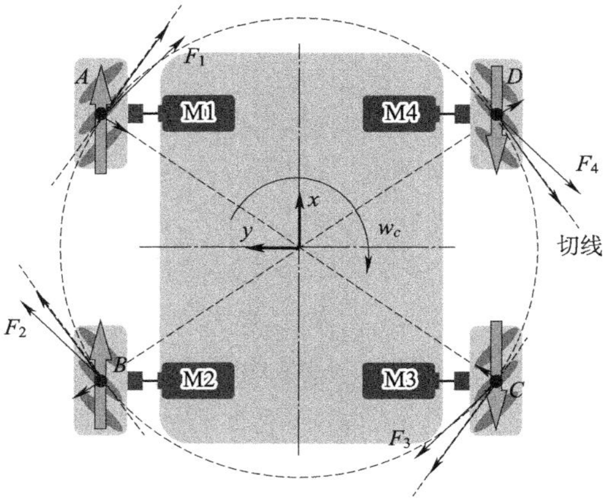

图 2-48　麦轮消防机器人自旋受力分析示意图

当四边形 $ABCD$ 为普通矩形时,对四个麦轮作用力$[F_1\ F_2\ F_3\ F_4]$做分解。如图 2-48 所示,将麦轮所受作用力沿四边形 $ABCD$ 外接圆的切向和径向分解,则对角的两个麦轮作用力($[F_1\ F_3]$和$[F_2\ F_4]$)方向平行反向,大小相等;左前轮和右后轮的径向分力相互抵消,右前轮和左后轮的径向分力相互抵消;而剩下的四个麦轮作用力的切向分力,大小相同,且均为顺时针方向,则形成合力驱动麦轮消防机器人顺时针旋转。同理,当四个麦轮转向均反向,则麦轮消防机器人逆时针旋转。由此可知,通过联合控制四个麦轮的转动,便可驱动麦轮消防机器人按照不同的模式运动。

3. 运动学模型建立

麦轮消防机器人运动学模型就是要建立四个麦轮转速与几何中心速度之间的关系,如图 2-49 所示。其正运动学模型是已知四个麦轮的转速,计算麦轮消防机器人几何中心点 C' 的速度;逆运动学模型是已知麦轮平台几何中心点 C'的速度,计算四个麦轮的转速。

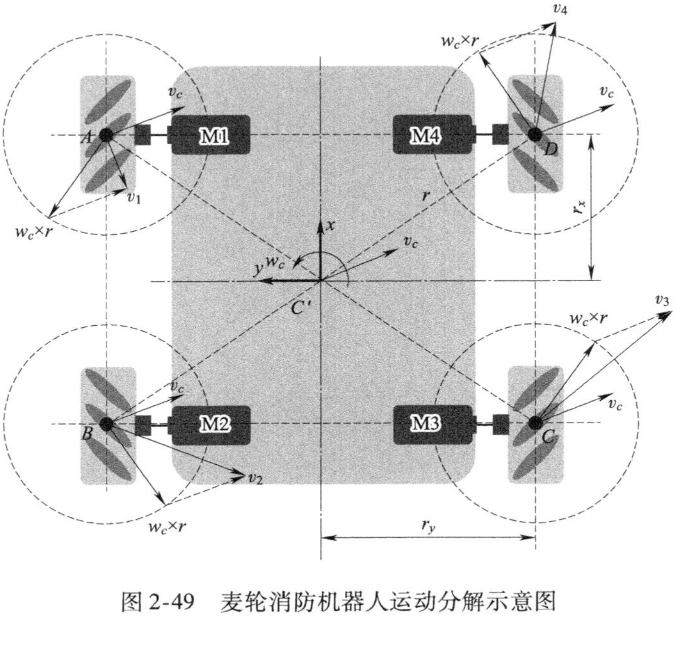

图 2-49　麦轮消防机器人运动分解示意图

图 2-49 中，r 表示几何中心点 C'到麦轮与地面接触点之间的距离；r_x 和 r_y 分别表示 r 在 x 轴和 y 轴上的投影距离。

先从逆运动模型开始：已知点 C'速度$[v_c\ w_c]^{\mathrm{T}}$，分解到各个麦轮上，采用平面刚体运动规律分析方法，单个麦轮的速度是由点 C'速度及角速度共同作用合成的，可表示为

$$\boldsymbol{v}_i=\boldsymbol{v}_c+\boldsymbol{w}_c\times\boldsymbol{r}_i(i=1,2,3,4) \tag{2-48}$$

式中，v_i 表示第 i 个麦轮的合速度；v_c 表示点 C'的线速度；w_c 表示点 C'的角速度，r 表示点 C'到麦轮与地面接触点的矢量，因此 $\boldsymbol{w}_c\times\boldsymbol{r}$ 表示由麦轮平台按角速度 w_c 自旋产生的速度，该分速度方向及大小满足叉乘计算规则（右手定则），且公式中均为矢量运算，遵循平行四边形法则。

①麦轮 M4 速度分析。

计算电动机输出轴转速，以右前轮为例进行分析，将点 D 的合速度沿着坐标系 xDy 分解，其数学表达式可表示为

$$\begin{bmatrix}\boldsymbol{v}_{4x}\\ \boldsymbol{v}_{4y}\end{bmatrix}=\begin{bmatrix}\boldsymbol{v}_{cx}+w_cr_y\\ \boldsymbol{v}_{cy}+w_cr_x\end{bmatrix} \tag{2-49}$$

且有

$$\begin{bmatrix}\boldsymbol{v}_c\\ \boldsymbol{v}_4\\ \boldsymbol{w}_c\times\boldsymbol{r}\end{bmatrix}=\begin{bmatrix}\boldsymbol{v}_{cx}+\boldsymbol{v}_{cy}\\ \boldsymbol{v}_{4x}+\boldsymbol{v}_{4y}\\ \boldsymbol{w}_c\times\boldsymbol{r}_x+\boldsymbol{w}_c\times\boldsymbol{r}_y\end{bmatrix} \tag{2-50}$$

式中，$[\boldsymbol{v}_{4x}\boldsymbol{v}_{4y}]^{\mathrm{T}}$ 表示$\boldsymbol{v}_4$ 在坐标系 xDy 的分速度；$[\boldsymbol{v}_{cx}\boldsymbol{v}_{cy}]^{\mathrm{T}}$ 表示$\boldsymbol{v}_c$ 的分速度；$[\boldsymbol{r}_x\ \boldsymbol{r}_y]^{\mathrm{T}}$ 表示 $\boldsymbol{r}$ 在坐标系 xDy 对应坐标轴下的分量。

将右前轮的速度$\boldsymbol{v}_4$ 沿着辊子轴线方向（$v_{//4}$）及辊子滚动方向（$v_{\perp4}$）进行速度分解，分解效果如图 2-50（c）所示，其数学表达式可以表示为

$$\begin{bmatrix}v_{//4}\\ v_{\perp4}\end{bmatrix}=\begin{bmatrix}\boldsymbol{v}_4\cdot\boldsymbol{e}_{//4}\\ \boldsymbol{v}_4\cdot\boldsymbol{e}_{\perp4}\end{bmatrix} \tag{2-51}$$

式中，$\boldsymbol{e}_{//4}$和 $\boldsymbol{e}_{\perp4}$分别表示平行于辊子轴线及垂直于轴线的单位矢量。

基于坐标系 xDy 对 $v_{//4}$进行分析得到

$$v_{//4}=\boldsymbol{v}_4\cdot\boldsymbol{e}_{//4}=(v_{4x}\boldsymbol{i}+v_{4y}\boldsymbol{j})\cdot\left(\boldsymbol{i}\cos\frac{\pi}{4}+\boldsymbol{j}\sin\frac{\pi}{4}\right)=\frac{\sqrt{2}}{2}v_{4x}+\frac{\sqrt{2}}{2}v_{4y}=\begin{bmatrix}\frac{\sqrt{2}}{2} & \frac{\sqrt{2}}{2}\end{bmatrix}\begin{bmatrix}v_{cx}+w_cr_y\\ v_{cy}+w_cr_x\end{bmatrix} \tag{2-52}$$

式中，i 和 j 分别表示沿坐标系 xDy 的坐标轴的单位矢量。

简化后得

$$v_{//4}=\frac{\sqrt{2}}{2}v_{cx}+\frac{\sqrt{2}}{2}v_{cy}+\frac{\sqrt{2}}{2}w_c(r_x+r_y) \tag{2-53}$$

垂直于辊子轴线的速度 $v_{\perp4}$是由辊子被动滚动产生的，由两种作用力共同产生：一是电动机轴主动转动带动轮毂转动，轮毂带动辊子运动；二是麦轮平台其他麦轮转动的相互影响力。

如图 2-50（d）所示，辊子外侧与地面接触点的线速度 v_{w4}和轮毂转动角速度 w_4 的关系可表示为

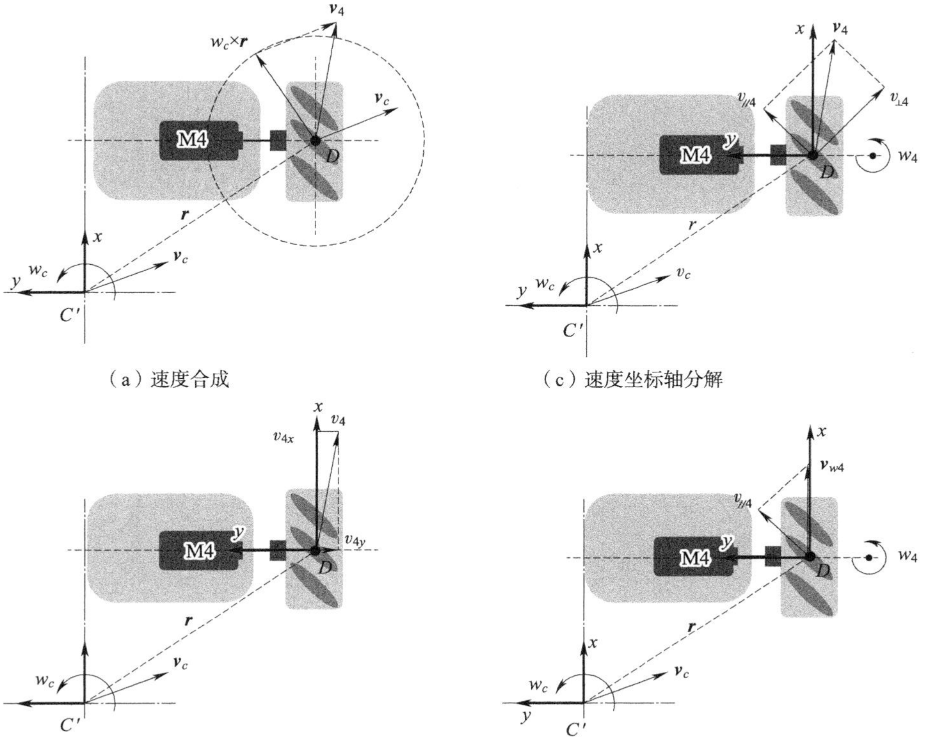

（a）速度合成　（c）速度坐标轴分解

（b）速度横纵向分解　（d）有效速度分解

图 2-50　右前轮运动分解分析

$$v_{w4} = w_4 R \tag{2-54}$$

式中，R 表示麦轮等效半径。

平行于辊子轴线的速度 $v_{//4}$ 与电动机转速（也是轮毂转动角速度）w_4 的关系可表示为

$$v_{//4} = v_{w4}\cos 45° = w_4 R\cos 45° \tag{2-55}$$

由此可见，电动机输出轴转速 w_4 与麦轮分速度 $v_{//4}$ 呈固定比例关系。

由此可知，在麦轮消防机器人运动过程中，电动机输出轴转速 w_4 与麦轮消防机器人几何中心点 C' 的速度关系可表示为

$$\frac{\sqrt{2}}{2}v_{cx} + \frac{\sqrt{2}}{2}v_{cy} + \frac{\sqrt{2}}{2}w_c(r_x + r_y) = \frac{\sqrt{2}}{2}w_4 R \tag{2-56}$$

简化后得

$$w_4 = \frac{1}{R}(v_{cx} + v_{cy} + w_c[r_x + r_y]) \tag{2-57}$$

②麦轮 M1 速度分析。

如图 2-51 所示，对左前轮的运动情况进行分析。将点 A 的合速度沿着坐标系 xAy 分解，表示为

$$\begin{bmatrix} v_{1x} \\ v_{1y} \end{bmatrix} = \begin{bmatrix} v_{cx} - w_c r_y \\ v_{cy} + w_c r_x \end{bmatrix} \tag{2-58}$$

式中，$[v_{1x}\ v_{1y}]^{\mathrm{T}}$ 表示$\boldsymbol{v}_1$ 在坐标系 xAy 的分速度。

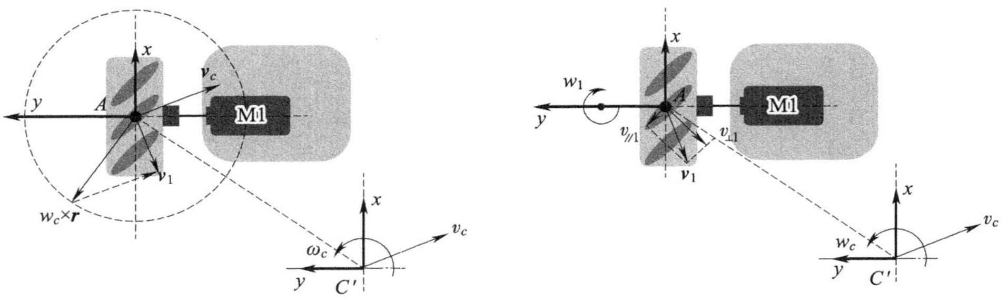

（a）速度合成　　（b）速度横纵向分解

图 2-51　左前轮运动分解

将速度$\boldsymbol{v}_1$ 沿着辊子轴线方向（$v_{//1}$）及辊子滚动方向（$v_{\perp 1}$）进行速度分解，分解效果如图 2-51（b）所示，用数学公式可以表示为

$$\begin{bmatrix} v_{//1} \\ v_{\perp 1} \end{bmatrix} = \begin{bmatrix} \boldsymbol{v}_1 \cdot \boldsymbol{e}_{//1} \\ \boldsymbol{v}_1 \cdot \boldsymbol{e}_{\perp 1} \end{bmatrix} \tag{2-59}$$

式中，$\boldsymbol{e}_{//1}$和 $\boldsymbol{e}_{\perp 1}$分别表示平行于辊子轴线及垂直于轴线的单位矢量。

基于坐标系 xAy 对 $v_{//1}$进行分析，得到

$$\begin{aligned} v_{//1} &= \boldsymbol{v}_1 \cdot \boldsymbol{e}_{//1} = (v_{1x}\boldsymbol{i} + v_{1y}\boldsymbol{j}) \cdot \left(-\boldsymbol{i}\cos\frac{\pi}{4} + \boldsymbol{j}\sin\frac{\pi}{4} \right) = -\frac{\sqrt{2}}{2}v_{1x} + \frac{\sqrt{2}}{2}v_{1y} \\ &= \begin{bmatrix} -\frac{\sqrt{2}}{2} & \frac{\sqrt{2}}{2} \end{bmatrix} \begin{bmatrix} v_{cx} - w_c r_x \\ v_{cy} + w_c r_y \end{bmatrix} \end{aligned} \tag{2-60}$$

式中，i 和 j 分别表示沿坐标系 xAy 的坐标轴的单位矢量。

简化后得

$$v_{//1} = -\frac{\sqrt{2}}{2}v_{cx} + \frac{\sqrt{2}}{2}v_{cy} + \frac{\sqrt{2}}{2}w_c(r_x + r_y) \tag{2-61}$$

平行于辊子轴线的速度 $v_{//1}$与电动机转速 w_1 的关系可表示为

$$v_{//1} = -v_{w1}\cos 45° = -w_1 R\cos 45° \tag{2-62}$$

式中，w_1 表示电动机输出轴的实际角速度，v_{w1}表示麦轮悬空的实际线速度。

将式（2-61）代入式（2-62），化简得

$$w_1 = \frac{1}{R}(v_{cx} - v_{cy} - w_c[r_x + r_y]) \tag{2-63}$$

③麦轮消防机器人的速度分解与合成。

如图 2-52 所示，结合麦轮 M1 和 M2 速度分析，可以将四个麦轮速度分解方程写成矩阵形式，得到麦轮机器人的逆运动学模型方程，即

$$\begin{bmatrix} w_1 \\ w_2 \\ w_3 \\ w_4 \end{bmatrix} = \frac{1}{R}\begin{bmatrix} 1 & -1 & -[r_x + r_y] \\ 1 & +1 & -[r_x + r_y] \\ 1 & -1 & +[r_x + r_y] \\ 1 & +1 & +[r_x + r_y] \end{bmatrix} \begin{bmatrix} v_{cx} \\ v_{cy} \\ w_c \end{bmatrix} \tag{2-64}$$

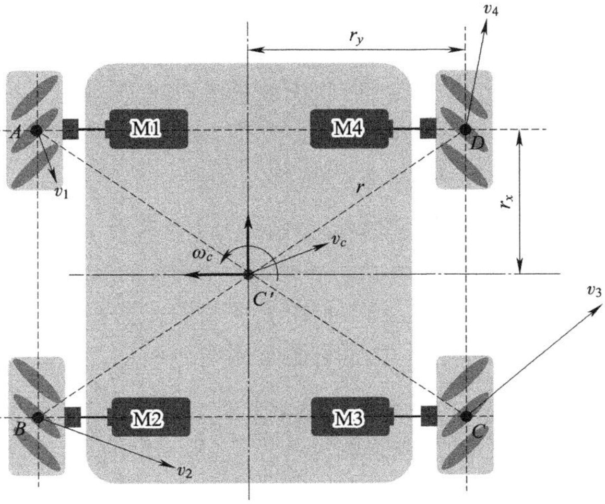

图 2-52　运动分解示意图

麦轮机器人的正运动学模型就是基于四个麦轮的转速计算点 C' 的速度，将逆运动学模型式(2-64)进行逆变换，可以得到麦轮机器人的正运动学模型方程，即

$$\begin{bmatrix} v_{cx} \\ v_{cy} \\ w_c \end{bmatrix} = \frac{R}{4} \begin{bmatrix} +1 & +1 & +1 & +1 \\ -1 & +1 & -1 & +1 \\ \dfrac{-1}{r_x + r_y} & \dfrac{-1}{r_x + r_y} & \dfrac{1}{r_x + r_y} & \dfrac{1}{r_x + r_y} \end{bmatrix} \begin{bmatrix} w_1 \\ w_2 \\ w_3 \\ w_4 \end{bmatrix} \tag{2-65}$$

4. 运动学模型应用

正运动学模型应用：四个麦轮通过编码器测量各自的轮转速，基于式(2-64)便可计算得到麦轮消防机器人几何中心 C' 的速度信息[v_{cx} v_{cy} w_c]，可用于计算麦轮机器人的里程。

逆运动学模型应用：控制麦轮机器人平台 C' 以设定的速度[v_{cx} v_{cy} w_c]运动，可通过式(2-73)计算得到四个麦轮的转速，将其转化的控制信号，输入驱动电动机控制器，再采用 PID 算法控制驱动轮精确转动，用于实现控制机器人运动。

2.4.4　轨道交通麦轮消防机器人设计

考虑到小型麦轮机器人移动灵活便捷、适合在狭矮空间移动、结构简单、易于设计制作，这里介绍一款小型麦轮消防监测机器人的设计与制作。

1. 麦轮消防监测机器人功能模块设计

麦轮消防监测机器人的功能模块如图 2-53 所示，其由主控机构、行走机构和监测机构三部分组成。其中，主控机构包括主控装置、通信装置和电源装置，是麦轮消防监测机器人的主要控制部分；行走机构包括驱动模块和四组驱动轮(含麦轮)，是麦轮消防监测机器人的主要行走装置；监测机构是麦轮消防监测机器人执行消防安全作业的主要装备，包括摄像装置、电动云台等，主要用于消防安全视频图像识别与监测作业。

2. 麦轮消防监测机器人硬件结构设计

麦轮消防监测机器人的硬件结构包括主控板(主控装置)、驱动模块、行走机构底板、麦克纳姆驱动轮(含电动机和麦轮)、摄像装置(含电动云台)、电源装置等,如图 2-54 所示。其中,主控板为可编程逻辑控制器,内置通信模块,是麦轮消防监测机器人的中央控制部分;底板、驱动模块及麦轮组成了机器人的行走机构;驱动模块位于主控板下方,与主控板相连接,是机器人行走移动的主要驱动装置,接受主控板指令来实现四组麦克纳姆驱动轮的联动运行,完成前进、后退、侧移、旋转等移动行走方式;麦克纳姆驱动轮是机器人行走的主要执行装置,受驱动模块控制;行走机构底板为主控板、驱动模块、麦克纳姆驱动轮、电源装置等安装提供了支撑,并与这些硬件结构一起构成了机器人移动平台底盘;电源装置为机器人各部分装置提供所需的电压电流;摄像装置是机器人消防监测作业的主要装备,通过机器视觉和视频图像来监视和巡查消防工作场所,完成消防安全工作中的图像监测与分析作业。

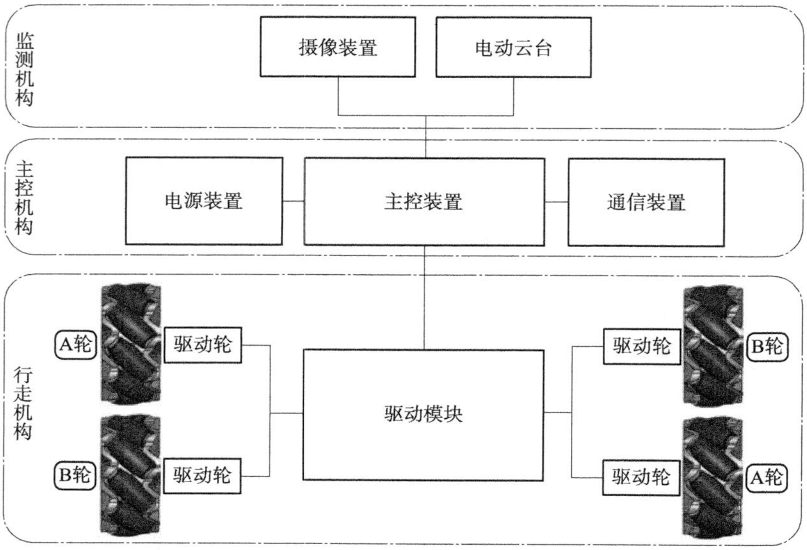

图 2-53　麦轮消防监测机器人功能模块

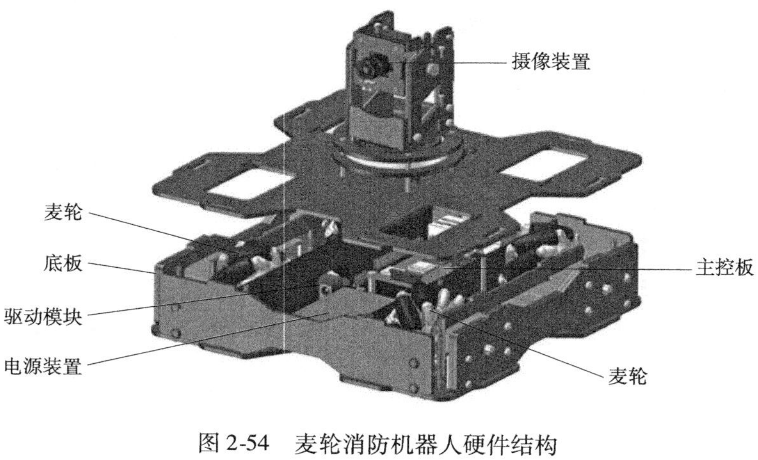

图 2-54　麦轮消防机器人硬件结构

麦轮消防监测机器人中麦轮的安装方式如图 2-55 所示。其中,A 轮与 B 轮按对角线的方式进行安装。

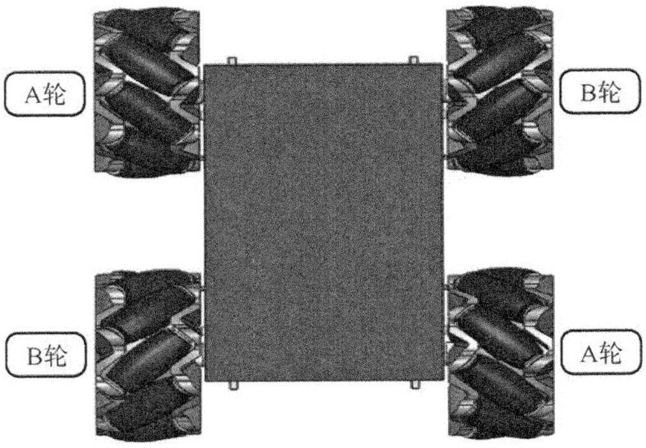

图 2-55　麦轮安装示意图

2.4.5　轨道交通麦轮消防机器人图像识别应用

在轨道交通消防机器人图像识别领域，对消防机器人视觉图像目标区域的边缘检测是后续图像分割、识别与分析的基础。其中基于分水岭算法的图像边缘检测方法是常见且较好的一种图像识别与分析技术。基于分水岭算法的边缘检测方法是基于拓扑理论的数学形态学图像分析技术，其优点是简单便捷、速度快、复杂度低，且提取出的目标图像轮廓边缘线是封闭的，能够比较准确地定位目标物体。

1. 基于分水岭算法的图像边缘检测原理

分水岭算法是一种图像区域分割法，被广泛应用于视频图像处理、医学图像处理等领域。基于分水岭算法的图像边缘检测原理是根据图像数据的像素值和位置，将一幅图像看成自然地貌中的地形表面，地形表面由图像数据中每一个像素组成，像素的坐标位置即是该像素在地形表面的位置，像素的灰度值就是该像素在地形表面的高度；由此把像素数据形成不同的地形谷地区域称为汇水盆地，区域间的界限称为脊线，每个汇水盆地的底部对应于图像的一个极小值像素或一个极小值连通区域；如果在每个汇水盆地的底部区域最小值的位置上用水以均匀的速率上升，从底部到顶部逐渐淹没整个地形，当出现当处在不同汇水盆地中的水将要汇合淹没地形顶部时，修建大坝阻止其汇合，使得水只能到达大坝顶部处于水线之上的程度，则这些大坝边界对应于分水岭的分割线，即是由分水岭算法提取出来的目标图像区域的连续边界线。

设原图像为 $f(x,y)$，其梯度图像为 $g(x,y)$，分水岭的计算是在梯度空间进行的。用 M_1，M_2，…，M_R 表示 $g(x,y)$ 中各局部极小值的像素位置，$C(M_i)$ 为与 M_i 对应的区域中的像素坐标集合。用 n 表示当前的梯度阈值，$T[n]$ 代表像素 (u,v) 的集合，$g(u,v)$，即

$$T[n]=\{(u,v)\,|\,g(u,v)<n\} \tag{2-66}$$

灰度阈值从图像灰度范围的最低值整数增加。在灰度阈值为 n 时，统计处于平面 $g(x,y)=n$ 以下的像素集合 $T[n]$。对 M_i 所在区域，其中满足条件的坐标集合 $C_n(M_i)$ 可看作一幅二值图像

$$C_n(M_i)=C(M_i)\cap T[n] \tag{2-67}$$

即在 $(x,y)\in C_n(M_i)$ 且 $(x,y)\in T[n]$ 的地方，有 $C_n(M_i)=1$，其他地方 $C_n(M_i)=0$。

可见，在分水岭算法中，如果能确定出分水岭的位置，就能将图像用一组各自封闭的曲线

分割成不同的区域。传统分水岭算法是一个对于梯度图像按照从低位（低像素值）到高位（高像素值）的顺序进行处理的算法。在传统分水岭算法中，每一个极小值对应一个区域，也就是说，梯度图像中有多少个极小值，那么图像就会被分割成多少个区域。因此，传统分水岭算法对图像的灰度变化高度敏感，能够迅速定位边缘，具有运算简单、易于并行化处理等优点。但是，传统分水岭算法存在一些缺陷：①对图像中的噪声极为敏感，由于输入图像往往是梯度图像，原始图像中的噪声会直接影响图像的梯度，易于造成分割的轮廓偏移；②容易导致过分割，由于受噪声和平坦区域内部细密纹理的影响，传统算法检测的局部极值过多，在分割中出现大量的细小过分割区域。

2. 基于标记分水岭算法的图像边缘检测方法

解决传统分水岭分割算法的边缘检测过分割问题可以采用两个步骤：一是先进行平滑滤波处理消除噪声，减少噪声对分割脊线影响；二是先标记后分割，在分水岭分割之前，先设定一些标记，标记是图像中的一个连通组元，每个标记标志着一个物体的存在。把这些标记强制性地作为梯度图像的极小值，同时屏蔽掉梯度图像的其他极小值，以此为基础，再做分水岭分割。

使用标记可以有效地控制过分割，因此，可以利用标记对分水岭算法进行改进。改进的基本思路是：除了对输入图像中的轮廓进行增强以获取分割函数图像外，还借助特征检测确定一个标记函数，这个标记函数标记出目标和对应的背景，将这些标记强制加到分割函数中作为极小值，然后计算分水岭。整个设计思路如图 2-56 所示。

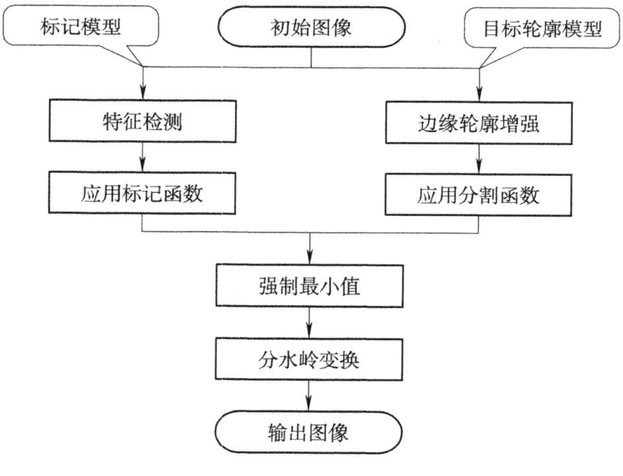

图 2-56　基于标记的分水岭算法设计思路

采用基于标记的分水岭算法来实现对目标图像的边缘检测，关键在于选择标记。标记的选择有许多方法，可以考虑灰度值和连通性，还可以考虑尺寸、形状、位置、距离、纹理等。这里采用内部标记和外部标记，前者对应目标而后者对应背景。内部标记选用具有相同灰度的像素所组成的一个连通的深局部极小值区域，然后运用分水岭算法，将得到的分水岭作为外部标记。这些外部标记将图像分成多个区域，每个区域仅包含一个目标和一部分背景。算法流程如图 2-57 所示。

具体算法实现如下：

①采用数学形态学开运算非线性滤波方法进行图像平滑与边缘增强处理。

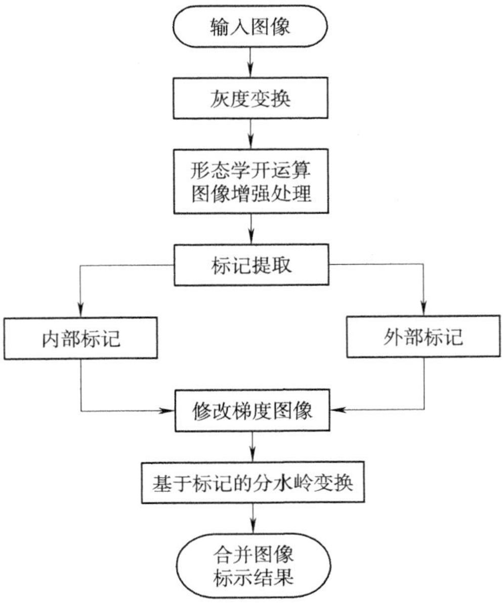

图 2-57　基于标记的分水岭算法流程图

②标记提取：首先计算图像中大量局部最小区域的位置，然后通过一个高度阈值计算图像中的“低点”集合（即比周围点更深的点的集合）作为内部标记集合（包含在目标图像内部），通过运用分水岭算法和距离变换选择外部标记集合（包含在背景中），最后将内部标记和外部标记作为标记准则集合。

③以内部标记和外部标记为标记修改梯度图像，进行基于标记的分水岭变换。

④合并边缘检测结果，输出目标图像的边缘标示图像。

与传统的分水岭边缘检测算法相比，本节基于标记分水岭算法的图像边缘检测方法是通过引入一个内部标记集合和一个外部标记集合来实现目标图像的边缘提取以及抑制过分割现象的产生。

3. 基于标记分水岭算法的图像边缘检测应用

在轨道交通消防机器人图像识别与分析领域，使用基于标记分水岭算法的图像边缘检测方法可以对图像中感兴趣的目标区域进行边缘检测和封闭边界提取。

程序 2-7 展示了使用基于标记分水岭算法的图像边缘检测方法应用于轨道交通消防安全监测中对遗失物品的图像识别分析，实现对样本图像中目标物体的检测及封闭边缘的提取。

```
#程序 2-7:基于标记分水岭算法的图像分割
import numpy as np
import cv2
from matplotlib import pyplot as plt
img = cv2.imread('filename.png')
gray = cv2.cvtColor(img,cv2.COLOR_BGR2GRAY)
ret, thresh = cv2.threshold(gray,0,255,
                                        cv2.THRESH_BINARY_INV + cv2.THRESH_OTSU)
kernel = np.ones((3,3),np.uint8)
```

```
opening = cv2.morphologyEx(thresh,cv2.MORPH_OPEN,kernel, iterations = 2)
sure_bg = cv2.dilate(opening,kernel,iterations=3)
dist_transform = cv2.distanceTransform(opening,cv2.DIST_L2,5)
ret, sure_fg = cv2.threshold(dist_transform,0.7* dist_transform.max(),255,0)
sure_fg = np.uint8(sure_fg)
unknown = cv2.subtract(sure_bg,sure_fg)
ret, markers = cv2.connectedComponents(sure_fg)
markers = markers+1
markers[unknown==255] = 0
markers = cv2.watershed(img,markers)
img[markers == -1] = [0,0,255]
cv2.imshow('img',img)
cv2.waitKey(0)
cv2.destroyAllWindows()
```

程序运行结果如图 2-58 所示。

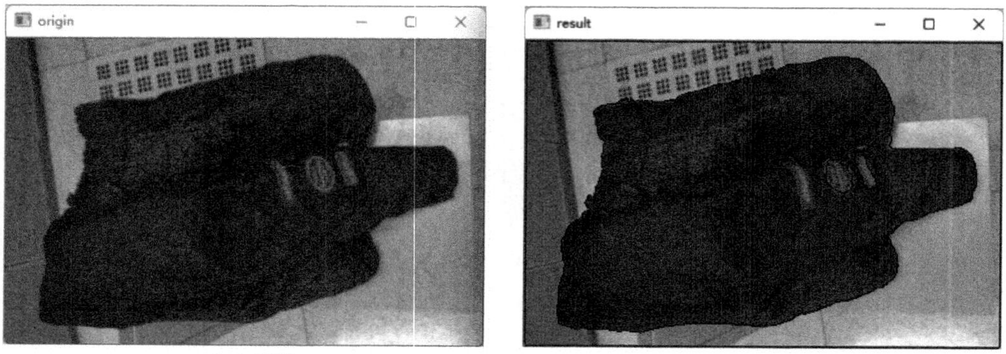

（a）原图　　（b）结果

图 2-58　基于标记分水岭算法的图像边缘检测

从图 2-58 可以看出，结果图像中衣物图像的边缘被清晰地检测出来，并且检测出来的边缘像素趋向均匀，目标衣物图像边缘亮度和边缘细节的清晰度得到了明显增强，此外衣物上的部分标牌也被标示出来。由此可知，基于标记分水岭算法的图像边缘检测方法可以检测和识别目标图像的边缘，改善图像的细节清晰度，让图像边缘像素灰度值趋向均匀，从而使目标图像边缘能够通过闭合曲线标示出来，为后续图像分割和图像分析创造了有利的条件。

第3章

轨道交通履带式消防机器人

【本章引言】

轨道交通履带式消防机器人是指采用履带式行走机构平台，能够实现自主移动的消防机器人。相对于传统差分轮式消防机器人，履带式消防机器人在越障能力、地形适应能力方面更强，并可实现原地转弯；适合野外作业，也适合在城市环境运行，在爬楼梯、越障等方面优于轮式消防机器人。此外，履带式行走机构由于在负重性能、平稳度和行驶动力上具有较强的优势，因此成为消防载具和消防装备重要搭载平台。轨道交通履带式消防机器人目前已成为消防机器人采用的主要方式。

本章介绍履带式消防机器人行走机构特点、分类、动力学模型等关键技术、理论方法和应用，提出履带式消防机器人行走机构平台及其各功能模块的技术和实现方法，并介绍履带式消防机器人常见应用技术，以及履带式消防机器人的图像识别技术应用。

【内容提要】

3.1 轨道交通履带式消防机器人概述

3.2 轨道交通履带式消防机器人运动模型分析

3.3 轨道交通履带式消防机器人设计

3.4 轨道交通履带式消防机器人图像识别应用

3.1 轨道交通履带式消防机器人概述

履带式消防机器人是指搭载履带式行走机构的消防机器人，可以搭载摄像头、探测器、传感器等仪器设备代替人类从事一些危险工作(如救援、破障、排爆、化学探测等)，减少不必要的人员伤亡。履带式消防机器人适用于车站建筑、野外消防搜救等场所，常用于消防灭火、消防救援等应用场景。

3.1.1 轨道交通履带式消防机器人特点

履带式消防机器人采用的是履带式行走机构，具有接地面积广、牵引力大、不易打滑、越野性能好等优点。它可以在野外和城市环境中使用,也可以在各种复杂的地面上运动,如沙土,但速度相对较低,移动噪声较大。履带式消防机器人具有以下特点。

1. 接地比压小

履带式行走机构与轮式行走机构相比,具有支撑面积大、接地比压小的优势,因此履带式消防机器人可以在松软或泥泞场地作业,并且具有下陷度小、动阻力小、通过性能好的优点。履带式消防机器人因其接地面积更大,附着力高、在相同马力时,牵引力大。相同机重下,牵引效率方面,理论上轮式消防机器人最大牵引效率是55%~65%,履带式消防机器人可达70%~80%,也就是说同马力的机器人,履带式机器人有效功率要比轮式机器人高15%。有试验表明在硬地面和耕地上,履带式与四轮驱动轮式牵引性能在相近条件下试验比较,履带式牵引效率高出10%~20%。

2. 越野机动性好

履带式消防机器人由履带接触地面,通过卷绕的环形履带支承在地面上。它的行驶是由驱动扭矩通过驱动轮使履带与地面间的相互作用而实现的。驱动轮在驱动扭矩的作用下,连续不断地把履带卷送到前方,再经导向轮将其铺在地面上,同时连续不断地把履带从后方卷起。驱动力克服滚动阻力和所带载具的牵引阻力,支重轮就可连续地在用履带铺设的轨道上滚动,从而使履带式消防机器人行驶。因此,履带式消防机器人越野机动性好,爬坡、越沟等性能均优于轮式消防机器人。

3. 牵引附着性强

履带式消防机器人履带支撑面上有履齿,不易打滑,牵引附着性能好,有利于发挥较大的牵引力。履带式消防机器人由于重心低、附着系数大,因此具有良好的抵抗翻倾和下滑的坡地稳定性,同时还具有转弯半径小、爬坡能力强等特点,对于山区和丘陵地带作业,它比轮式消防机器人有更好的适应性,尤其是四履带全地形消防机器人,属于全地形的作业机械。

3.1.2 轨道交通履带式消防机器人分类

履带式消防机器人由底架、履带装置、行走传动系统等组成。根据行走机构设计及行走方式,可以将履带式消防机器人分成倒梯形履带式消防机器人、三角形履带式消防机器人、四履带全地形消防机器人、位置可变履带消防机器人、形状可变履带消防机器人等。

1. 倒梯形履带式消防机器人

倒梯形履带式消防机器人是指机器人的履带行走机构呈现为倒梯形的履带式消防机器人,如图3-1所示。倒梯形履带翘起的前后两端,能让机器人更容易越过障碍物。倒梯形的履带对地接触面积比例变化不大,但是越野和越障性能却有较大的提高,是目前消防机器人常用的一种履带式行走机构。

图3-1 倒梯形履带式消防机器人

2. 三角形履带式消防机器人

三角形履带式消防机器人是指采用三角履带轮作为行走机构的履带式消防机器人,如图3-2所示。三角履带轮是为了更好地适应近代各种机器人对高通过性与高机动性等苛刻性能的要求,融合了轮胎与履带行走机构的优点而研发的新型行走机构。它是由履带、三角支架、驱动轮、支撑轮、张紧轮,以及防侧翻装置、连接盘装置组成。它的特点是能够实现全地形越野行走,无论是泥地、雪地、沼泽,或是石地、凹凸丘陵式地面等,它都可以行走自如,如履平地。一般情况下,这种三角形履带轮都选用橡胶履带,因为橡胶履带是高速行驶履带,质量小,不损坏路面,装卸方便。而金属履带大部分用在重型机器人平台上,因此质量大,装卸费力,而且对路面损坏严重。三角形履带对地接触面大,对地压强小,适合在雪地或沼泽行走。一般地,三角履带轮比较适合小型机器人平台。

图 3-2　三角形履带式消防机器人

3. 四履带全地形消防机器人

四履带全地形消防机器人是指使用四个履带轮作为行走机构的消防机器人,如图 3-3 所示。它采用四驱履带轮式全地形越野底盘,具有较强的上下楼梯平衡性能及良好的陡坡攀爬稳定性能。目前四履带全地形消防机器人主要用于扑救地形复杂、人员和常规消防机器人无法接近的火灾,也可用于地铁车站与隧道火灾,大跨度、大空间场所火灾,石化油库与炼制厂火灾,地下设施与货场火灾,以及危险火灾目标的灭火与消防救援。

图 3-3　四履带全地形消防机器人

4. 位置可变履带消防机器人

位置可变履带消防机器人是指履带相对于车体的位置可以发生变化的履带式消防机器人,如图 3-4 所示。这种位置的改变既可以是 1 个自由度的,也可以是 2 个自由度的。其中,2 自由度位置可变履带消防机器人,各履带能够绕车体的水平轴线和垂直轴线偏转,从而改变机器人的整体构形。位置可变履带消防机器人集履带式消防机器人和全方位轮式消防机器人的优点于一身。当其履带沿一个自由度方向变位时,可用于攀爬阶梯和跨越沟渠;当其履带沿另一个自由度方向变位时,可实现车体的全方位行走方式。

5. 形状可变履带消防机器人

形状可变履带消防机器人是指所用履带的构型可以根据地形条件和作业要求进行适当变化的履带式消防机器人,如图 3-5 所示。它的履带可以根据消防作业行驶移动需要改变形状,从而适应消防作业现场所遇到的不同运动和作业环境。

（a）消防灭火机器人

（b）消防侦察机器人

图 3-4　位置可变履带消防机器人

（a）消防灭火机器人

（b）消防侦察机器人

图 3-5　形状可变履带消防机器人

形状可变履带消防机器人的履带结构如图 3-6 所示。其主体部分是两条形状可变的履带，分别由两个主电动机驱动。当两条履带的速度相同时，机器人实现前进或后退移动；当两条履带的速度不同时，机器人实现转向运动。当主臂杆绕履带架上的轴旋转时，带动行星轮转动，从而实现履带的不同构形，以适应不同的运动和作业环境。在变形履带传动机构中，主电动机带动驱动轮运动，使履带转动。主臂电动机通过与电动机同轴的齿轮啮合，一方面带动主臂杆转动；另一方面通过齿轮啮合，带动链轮和曲柄旋转，从而改变履带形状。

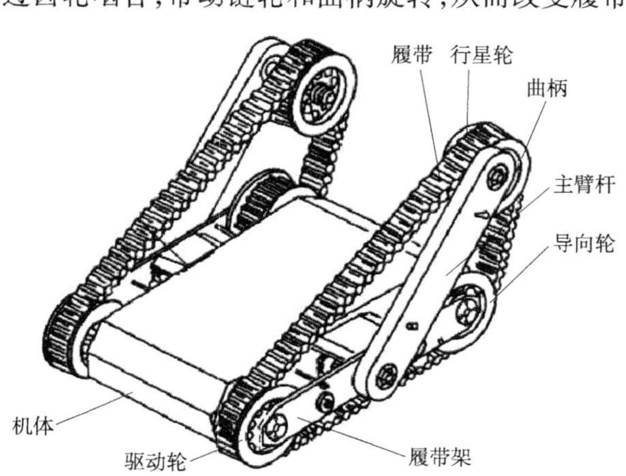

图 3-6　形状可变履带消防机器人的履带结构

3.2 轨道交通履带式消防机器人运动模型分析

可以说，在野外非结构化环境中，综合运动性能最强的非履带式机器人莫属，因此履带机器人常被应用于农业、搜救、军事、消防、林业、采矿和行星探索等领域。本节对履带式消防机器人的运动规律及特性进行了分析，构建其运动学模型；从实际应用角度对比分析履带式消防机器人和轮式消防机器人的优缺点及其适用范围。

3.2.1 构型分析

从运动原理分析，履带式消防机器人与四轮驱动消防机器人有较为相似的地方——二者都使用滑动转向。图 3-7 展示了基于滑动转向的机器人行走机构类型，其中包括四轮驱动消防机器人、六轮驱动消防机器人及履带式消防机器人。这些类型的机器人行走机构平台在滑动转向时，都可以使左(右)侧轮子转速保持一致。

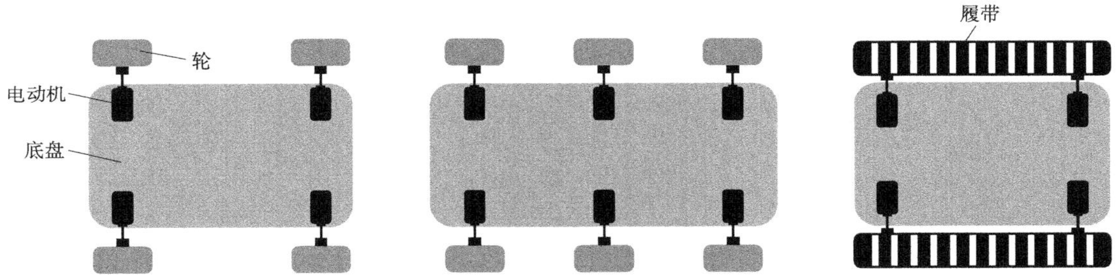

(a) 四轮驱动消防机器人　(b) 六轮驱动消防机器人　(c) 履带式消防机器人

图 3-7　基于滑动转向的消防机器人

可见，无论是四轮驱动消防机器人，还是六轮驱动消防机器人，其基本的运动原理是不变的，就是保持机器人同侧的轮子转速一致，就能达到稳定运动和滑动转向的效果。对于履带式消防机器人而言，可以将其单侧履带等效视为由“多个小轮子”组成，且这单侧的“多个小轮子”的“转速”是一致的。所以，履带式消防机器人的转向方式和四轮驱动消防机器人的转向方式是一致的，也可以采用滑动转向。二者均可以通过控制两侧履带(或轮子)的相对速度来实现。但是，履带式消防机器人和四轮驱动消防机器人也有区别：履带对地面产生的摩擦力和压力分布，是不同于轮子的。所以，履带式消防机器人的运动模型与四轮驱动消防机器人既有相似之处也有区别。

事实上，不同类型履带式消防机器人的运动控制是一个非常复杂的问题。这里主要讨论经典基础构型的履带式消防机器人的运动模型，如图 3-7(c)所示。图中单侧绘制了两个电动机仅作为示意。实际上，履带式消防机器人做直线或圆周运动是由两侧履带速度共同决定的，因此需要联合控制两侧履带转动。这就需要对履带式消防机器人进行运动学分析建模，尽管机器人的实际构型随着应用场景需求的不同而有相应的变化，但其基本运动模型原理是一致的。因此，本节将以图 3-7(c)中的机器人构型进行运动模型分析，并将其抽象简化为等效模型，构建履带式消防机器人的正逆运动学模型，对比分析履带式消防机器人与轮式消防机器人的特点。

3.2.2 运动模型分析

1. 建立履带式消防机器人坐标系

根据以上构型分析，由于履带式消防机器人和四轮驱动消防机器人的基本运动原理相似，所以可以借鉴四轮驱动消防机器人坐标系建立方式，建立履带式消防机器人的坐标系。

四轮驱动消防机器人运动模型采用了以质心 M 为原点的坐标系，所以履带式消防机器人也以质心为原点建立坐标系，如图 3-8 所示。履带式消防机器人前向运动方向为 x 轴正方向，与之垂直向左为 y 轴正方向，z 轴垂直于纸面向外，满足右手定则。图中 M 表示质心，C'表示机器人的几何中心，Q 表示机器人的瞬时旋转中心。

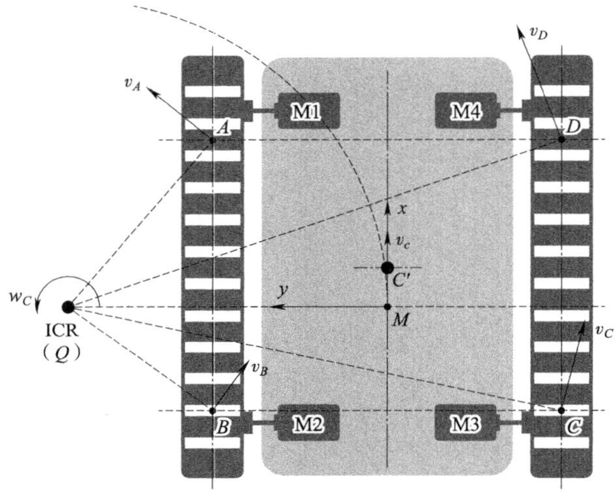

图 3-8　履带式消防机器人运动模型

为简化运动模型，假设机器人履带运动时不产生空转现象，同时六足型机器人本体质量分布均匀，且质心 M 位于机器人几何纵向对称线上，但不一定位于几何横向对称线上，即几何中心点 C'和 M 不一定重合。

2. 运动模型规律分析

与两轮差速驱动消防机器人、四轮驱动消防机器人均存在非全向约束类似，履带式消防机器人也是通过线速度、角速度$[v_c\ w_c]^T$ 来描述其运动，二者的速度空间也相近，因此坐标系的建立方式、速度空间的定义和速度方向的约定是一致的。

如图 3-9 所示，履带式消防机器人采用“机械手段”实现了“左(或右)侧的轮子的转速一致”，可以简单地将履带看成同步带，保证了“转速”相同的要求，即

$$\begin{cases} v_A \neq v_B \\ v_{Ax} = v_{Bx} \end{cases} \tag{3-1}$$

式中，v_A 和 v_B 分别表示点 A 和点 B 相对于地面的线速度；v_{Ax}和 v_{Bx}分别对应点 A 和点 B 的纵向分速度。

只要点 A 和点 D 在坐标系 xMy 中的纵坐标(y 值)相同，则它们的横向分速度相同，即

$$v_{Ay} = v_{Dy} \tag{3-2}$$

式中，v_D 表示点 D 相对于地面的线速度；v_{Ay} 和 v_{Dy} 分别对应点 A 和点 D 的横向分速度。

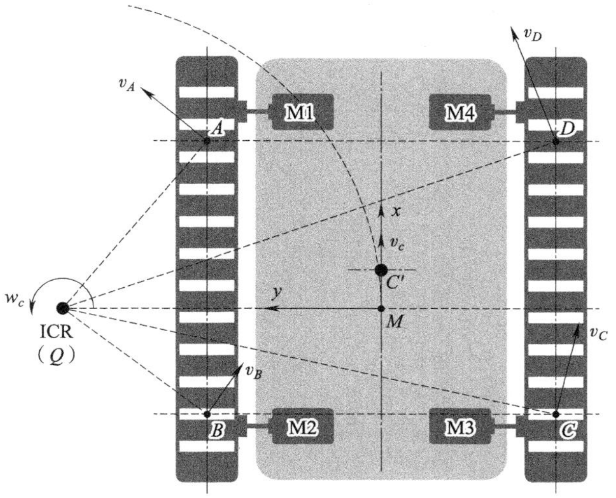

图 3-9　履带式消防机器人速度分解示意图

简而言之，单侧履带上所有点的纵向分速度相同；左、右侧履带上关于纵向对称轴（x 轴）对称的两个点，它们的横向分速度相同。

3. 运动学模型建立

履带式消防机器人的运动学模型与两轮差速驱动消防机器人类似，可以将履带式消防机器人运动学模型简化等效处理为如图 3-10 所示。

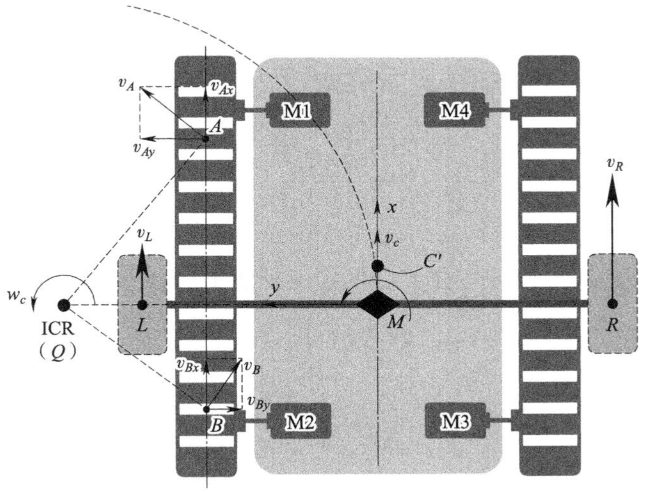

图 3-10　履带式消防机器人模型简化等效示意图

如图 3-10 所示，以 QM 为横轴线，以 MC' 为纵轴线，设虚拟左右轮的位置分别位于点 L 和点 R。值得注意的是，虚拟轮间距 LR 的长度不一定等于真实的两履带间距，且虚拟轮间距 LR 是动态变化的。

对履带式消防机器人进行运动学建模,其简化模型如图 3-11 所示,并且可得到

$$r_c = \frac{v_c}{w_c} = \frac{(v_L + v_R)d_{LR}}{2(v_R - v_l)} \tag{3-3}$$

式中,d_{LR}表示虚拟轮间距;v_L 和 v_R 分别表示虚拟左右轮的线速度(同样也是左右侧履带的线速度);r_c 表示点 M 的旋转半径。

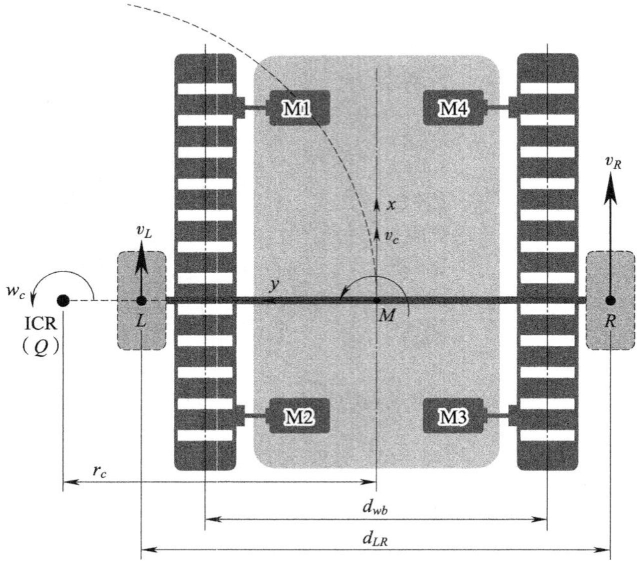

图 3-11　履带式消防机器人简化模型

若以虚拟的等效模型来表达运动模型,则履带式消防机器人简化模型表示为简化正运动学模型和简化逆运动学模型。

简化正运动学模型是基于虚拟左右驱动轮的速度来计算几何质心 M 的速度,可表示为

$$\begin{bmatrix} v_c \\ w_c \end{bmatrix} = \begin{bmatrix} \dfrac{v_R + v_L}{2} \\ \dfrac{v_R - v_L}{d_{LR}} \end{bmatrix} = \begin{bmatrix} \dfrac{1}{2} & \dfrac{1}{2} \\ \dfrac{1}{d_{LR}} & -\dfrac{1}{d_{LR}} \end{bmatrix} \begin{bmatrix} v_R \\ v_L \end{bmatrix} \tag{3-4}$$

简化逆运动学模型是基于几何质心 M 的速度分解出左右驱动轮的速度,可表示为

$$\begin{bmatrix} v_R \\ v_L \end{bmatrix} = \begin{bmatrix} v_c + \dfrac{d_{LR}}{2} w_c \\ v_c - \dfrac{d_{LR}}{2} w_c \end{bmatrix} = \begin{bmatrix} 1 & \dfrac{d_{LR}}{2} \\ 1 & -\dfrac{d_{LR}}{2} \end{bmatrix} \begin{bmatrix} v_c \\ w_c \end{bmatrix} \tag{3-5}$$

若采用式(3-4)和式(3-5)来描述履带式消防机器人,则需要确定模型中的左右虚拟轮的线速度 v_L 和 v_R。让左(或右)侧虚拟轮的线速度与左(或右)侧履带线速度相同。

此外,在虚拟轮间距 d_{LR} 中引入无量纲参数 γ,可以得到

$$d_{LR} = \gamma d_{wb} \tag{3-6}$$

式中,d_{wb}表示机器人的轮间距。

γ 与机器人的总负载、履带与地面的相对摩擦系数、转弯半径及质心位置都有关系,是

一个非常复杂的参数。将式(3-6)代入式(3-4)和式(3-5),得到正运动学模型和逆运动学模型。

正运动学模型为

$$\begin{bmatrix} v_c \\ w_c \end{bmatrix} = \begin{bmatrix} \frac{1}{2} & \frac{1}{2} \\ \frac{1}{[\gamma d_{wb}]} & -\frac{1}{[\gamma d_{wb}]} \end{bmatrix} \begin{bmatrix} v_R \\ v_L \end{bmatrix} \tag{3-7}$$

逆运动学模型为

$$\begin{bmatrix} v_R \\ v_L \end{bmatrix} = \begin{bmatrix} 1 & \frac{[\gamma d_{wb}]}{2} \\ 1 & -\frac{\gamma d_{wb}}{2} \end{bmatrix} \begin{bmatrix} v_c \\ w_c \end{bmatrix} \tag{3-8}$$

3.3　轨道交通履带式消防机器人设计

大型履带式消防机器人具有载重大、越野性强、马力足、装备多等优点,但是也存在结构复杂、制作成本高的问题。基于此,这里介绍一款小型履带式消防巡检机器人的设计与制作。

3.3.1　履带式消防巡检机器人功能模块设计

履带式消防巡检机器人的功能模块如图 3-12 所示,由主控机构(控制层)、行走机构(移动层)和巡检机构(应用层)等三部分组成。其中,主控机构包括主控制器、通信装置、电源装置、电压显示等,是履带式消防巡检机器人的主要控制部分;行走机构为履带装置,包括驱动电动机与履带,是机器人的行走装备;巡检机构是履带式消防机器人执行消防安全作业的主要装备,包括摄像装置、舵机云台、机械臂、超声波传感器等,主要用于消防安全巡查、排障、监测、搬运等作业。

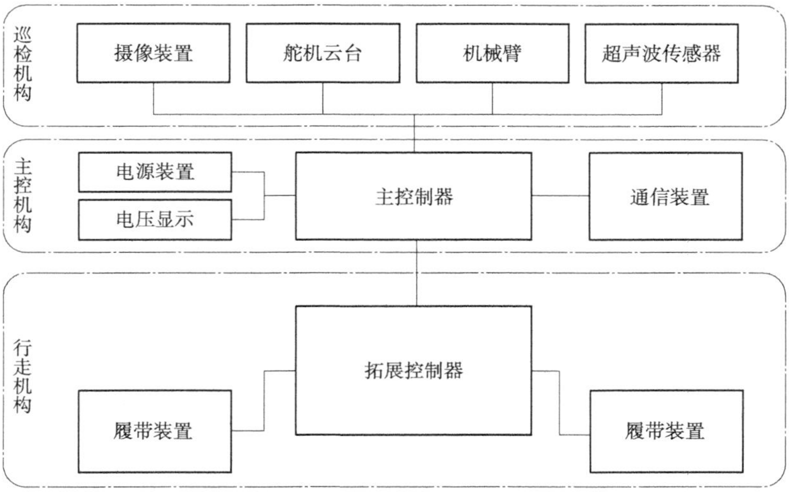

图 3-12　履带式消防巡检机器人功能模块

3.3.2 履带式消防巡检机器人硬件结构设计

履带式消防巡检机器人的硬件结构包括主控制器、拓展控制器、履带底盘、履带装置、摄像装置、舵机云台、机械臂、电压显示模块、超声波传感器、电源装置等,如图 3-13 所示。其中,主控制器为可编程逻辑控制器,内置通信模块,是履带式消防巡检机器人的中央控制部分;履带底盘、拓展控制器及履带装置组成了机器人的行走机构;拓展控制器位于主控制器上方,与主控制器相连接,是机器人行走移动的主要驱动控制装置,接受主控制器指令来实现两组履带装置的联动运行,完成前进、后退、左转、右转等移动行走动作;履带装置是机器人行走的主要执行装置,受拓展控制器控制;履带底盘为主控制器、拓展控制器、机械臂、舵机云台、电源装置等的安装提供了支撑,并与履带装置一起构成了机器人的移动部分;电源装置为机器人各部分装置提供所需的电压电流,并通过电压显示模块显示电压数值;摄像装置是机器人消防视频监测作业的主要装备,通过机器视觉和视频图像来监控和巡查消防工作场所,完成消防安全工作中的图像识别与分析任务;超声波传感器为机器人提供了测距功能;机械臂上带有机械抓手,可以抓取目标物件,完成搬运或排障作业。

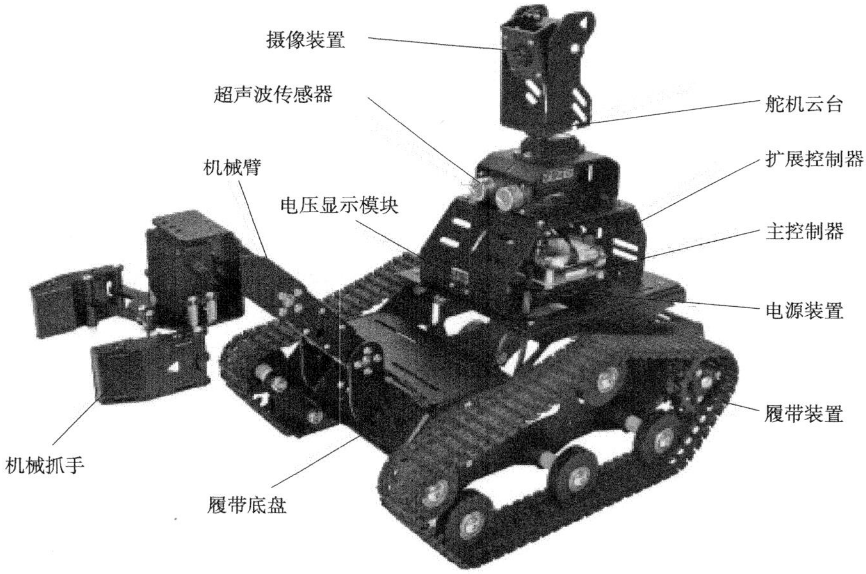

图 3-13　履带式消防巡检机器人硬件结构

3.4 轨道交通履带式消防机器人图像识别应用

在轨道交通消防机器人图像识别应用中,聚类分析是一种常用的图像识别与分析方法。它基于对图像的归类统计分析,将图像像素基于一定特征组合分组为由类似的图像像素对象组成多个类的分析过程。聚类分析的目标就是在图像像素相似的基础上将给定图像数据来归类收集。图像聚类分析可以被应用于图像分割领域,常被用作统计图像像素数据,衡量不同像素数据源间的相似性,以及把数据源分类到不同的簇中,从而实现图像分类分割。实际上,聚类分析作为图像数据挖掘的分析工具，是图像分割领域重要的方法之一。它在消防图像识别与分析领域有着广泛的应用和发展。

3.4.1 K-means 聚类分析算法

K-means 聚类分析算法是聚类分析中快速且准确度较高的一种方法。它具有运算速度快、简单易理解、无监督学习、分类分割效果好等优点。此外，相较于其他聚类分析方法（如层次聚类），K-means 聚类能够处理更大的数据集，且观测值不会永远被分到一类中，当提升整体解决方案时，聚类方案也会改动。其原理是给定一个图像数据集合和需要的聚类数簇 K，通过聚类分析迭代函数（如根据某个距离函数）将图像数据分组到 K 个类簇中，从而实现对图像数据的归类分析与分割。K-means 聚类分析从聚类的角度出发，其图像分割方式可以看作将所有像素点根据其灰度或其他特征进行分类的一个过程。

在轨道交通消防图像识别与分析中，K-means 聚类分析算法过程是先随机选取 K 个聚类簇作为初始的聚类中心。然后计算每个图像数据对象与各个种子聚类中心之间的距离，把该图像数据对象分配给距离它最近的聚类中心。聚类中心以及分配给它们的对象就代表一个聚类。一旦所有图像数据对象都被分配了，每个聚类的聚类中心会根据聚类中现有的数据对象进行重新计算。这个过程将不断重复迭代直到满足某个终止条件。该终止条件可以设置最小数目或是所有数据对象被重新分配给不同的聚类中，最终使得误差平方和局部最小或是聚类中心再发生变化为止。

不同于其他聚类分析方法，K-means 聚类分析可以事先确定要提取的聚类个数 K。

程序 3-1 展示了 K-means 聚类方法算法对消防火灾图像识别与分析的结果。

```
#程序 3-1:K-means 聚类分析
import cv2 as cv
import numpy as np
img = cv.imread('images/target.png')
Z = img.reshape((-1,3))
Z = np.float32(Z)
criteria = (cv.TERM_CRITERIA_EPS + cv.TERM_CRITERIA_MAX_ITER, 10, 1.0)
K = 8
ret,label,center = cv.kmeans(Z,K,None,criteria,10,cv.KMEANS_RANDOM_CENTERS)
center = np.uint8(center)
res = center[label.flatten()]
rst = res.reshape((img.shape))
cv.imshow('origin',img)
cv.imshow('result',rst)
cv.waitKey(0)
cv.destroyAllWindows()
```

程序运行结果如图 3-14(a)是原图，图 3-14(b)是 K-means 聚类分析结果。从图中可以看出，通过 K-means 聚类分析，能够将原图中消防火警图像中的火焰及烟雾分成多个簇类，以便进行后续的进一步图像分析与图像识别分割。

（a）原图　　（b）结果

图 3-14　K-means 聚类分析

3.4.2　基于色彩空间的 K-means 聚类分析图像分割算法

对于彩色图像，不同颜色模型能够为图像数据识别分析提供不同的特征向量，这为 K-means 聚类分析提供了分类特征信息。因此，基于彩色空间的 K-means 聚类分析方法可以有效地对消防机器人彩色视觉图像进行颜色特征分类分析，这为这些颜色特征图像数据的分割提取奠定了基础。

基于彩色空间的 K-means 聚类分析图像分割算法利用颜色模型变换，结合 K-means 聚类分析算法，将消防机器人视觉彩色图像的每个像素点 Lab 色彩值作为特征向量，将每一帧视觉彩色图像数据构成一个样本集合，把图像分割任务转换为对图像像素数据集合的聚类分析任务，基于 Lab 颜色模型运用 K-means 聚类分析算法对不同像素区域进行分类，抽取图像数据区域的特征范围，获取想要的分离目标图像区域，最后使用全局阈值算法实现目标图像的分割提取和二值化处理。

1. 数据集定义及算法步骤

设给定数据集为 $X=\{x_m \mid m=1,2,\cdots,\text{total}\}$，数据集 X 中的样本使用 d 个描述属性 A_1，A_2，…，A_d来表示，其中 d 个描述属性都是连续型属性。数据样本定义为 $x_i=(x_{i1},x_{i2},\cdots,x_{id})$，$x_j=(x_{j1},x_{j2},\cdots,x_{jd})$，其中，$x_{i1},x_{i2},\cdots,x_{id}$和 $x_{j1},x_{j2},\cdots,x_{jd}$分别是样本 x_i 和 x_j 是对应于 d 个描述属性 $A_1,A_2,\cdots,A_d$ 的具体取值。

基于彩色空间的 K-means 聚类分析图像分割的算法步骤如下：

①为每个聚类设置一个初始聚类中心，共设置 K 个初始聚类中心。

②将数据集里的样本按照最小距离原则分配到最邻近聚类。

③计算每个聚类中的样本均值作为新的聚类中心。

④重复步骤②、③直到聚类中心不再发生变化。

⑤聚类分析结束，得到目标与背景的分离图像。

⑥采用全局阈值算法选取阈值进行图像分割，得到二值化的图像，完成目标图像分割提取。

2. 样本空间选择和颜色模型转换

相较于彩色视觉图像 RGB 颜色模型，Lab 颜色模型能够抽取图像数据像素点的颜色、纹理和位置等更为有效的特征信息，形成特征向量，比单纯使用像素点的 RGB 值作为特征向量构成特征向量空间的算法健壮性更佳，因此，将彩色视觉图像 RGB 颜色模型转换到彩色空间 Lab 颜色模型。其转换算法为

$$\begin{bmatrix} X \\ Y \\ Z \end{bmatrix} = \begin{bmatrix} 0.412 & 0.358 & 0.180 \\ 0.213 & 0.715 & 0.072 \\ 0.019 & 0.119 & 0.950 \end{bmatrix} \times \begin{bmatrix} R \\ G \\ B \end{bmatrix} \tag{3-9}$$

$$\begin{cases} L = 116 \times f\left(\dfrac{Y}{Y_n}\right) - 16 \\ a = 500 \times \left(f\left(\dfrac{X}{X_n}\right) - f\left(\dfrac{Y}{Y_n}\right)\right) \\ b = 200 \times \left(f\left(\dfrac{Y}{Y_n}\right) - f\left(\dfrac{Z}{Z_n}\right)\right) \\ f(t) = \begin{cases} \sqrt[3]{t}, & t > 0.088\ 56 \\ 7.787 \times t + 16/116, & t \leqslant 0.088\ 56 \end{cases} \end{cases} \tag{3-10}$$

其中，X_n，Y_n 和 Z_n 取值为 1。

3. 相似性度量计算

在计算数据集样本 x_i 和 x_j 之间的距离时，使用欧式距离算法来计算样本的相似性。计算方法为

$$D(x_i, x_j) = \sqrt{\sum_{k=1}^{d} (x_{ik} - x_{jk})^2} \tag{3-11}$$

距离越小，表示样本越相似，差异度越小；反之，距离越大，越不相似，表示样本差异度越大。

4. 聚类准则函数评价运算

在基于彩色空间的 K-means 聚类分析中，使用聚类准则函数来判断聚类质量的高低。这里采用误差平方和准则函数作为聚类准则函数来评价聚类性能，用以将同一类的图像数据对象聚合成一个类簇。具体运算方法如式(3-12)所示。

设数据集 X 包含 k 个聚类子集 $X_1, X_2, \cdots, X_k$，各个聚类子集中的样本数量分别为 n_1，$n_2, \cdots, n_k$，各个聚类子集的聚类中心分别是 $m_1, m_2, \cdots, m_k$。则误差平方和准则函数公式为

$$E = \sum_{i=1}^{k} \sum_{p \in x_i} \|p - m_i\|^2 \tag{3-12}$$

具体计算的算法如下：

①将所有样本数据对象随机分配到 k 个非空的类簇中。

②计算每个类簇的平均值，并用该平均值代表相应的类簇。

③根据每个数据对象与各个类簇中心的距离，分配给最近的类簇。

④然后转到步骤②，重新计算每个类簇的平均值，这个过程不断重复直到满足误差平方和准则函数才停止。

5. 基于 Lab 颜色模型的 K-means 聚类分析图像分割效果

使用基于 Lab 颜色模型的 K-means 聚类分析算法对轨道交通履带式消防机器人获取的彩色视觉图像进行识别分析，如图 3-15 所示。

本算法的图像分割流程如下：首先将原图 RGB 颜色模型色彩空间变换到 Lab 颜色模型；然后基于 Lab 颜色模型色彩空间中的 L、a 和 b 分量信息对图像数据颜色特征向量进行 K 均值聚类；接着使用欧氏距离相似性度量计算把图像数据分成三个类簇，形成不同图像数据区域，如图 3-15(b)所示，其中两个类簇分别代表图像背景的浅色区域(白色)及深色区域(黑色)，剩下一个类簇表示提取的特征区域(灰色)。聚类分析运算完成后对这三个类簇区域进行标号显示，用以实现对目标图像特征区域与背景的分离，并分别以灰色、白色、黑色显示出来。

本算法对彩色视觉图像的分割结果如图 3-15 所示，其中图 3-15(a)为原始图像，图 3-15(b)为本算法的 K-means 聚类分析对三个类簇的分类效果，图 3-15(c)为图像分割结果，即本算法分割提取的特征区域目标图像。

从图 3-15 可以看出，通过基于 Lab 颜色模型色彩空间的 K-means 聚类分析图像分割算法，能够将轨道中异常行为人员的衣物特征信息提取了出来。

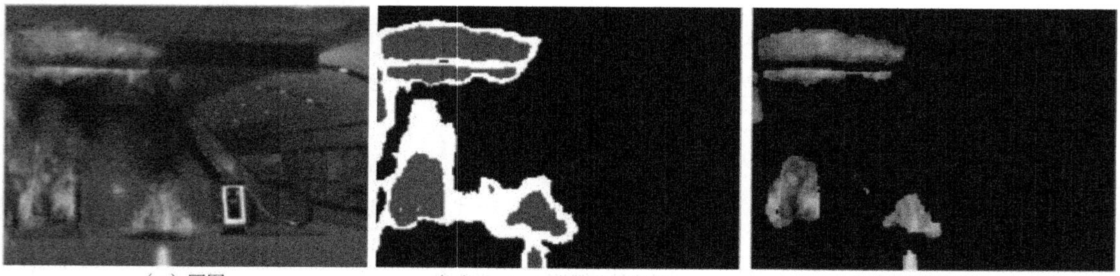

(a) 原图　(b) K-means聚类分析效果　(c) 图像分割结果

图 3-15　基于色彩空间的 K-means 聚类分析图像分割结果

第4章

轨道交通足式消防机器人

【本章引言】

轨道交通足式消防机器人是指采用足式行走机构平台,能够实现自主移动的消防机器人。根据机器人足的数量和移动方式,可以将轨道交通足式消防机器人分为双足步行消防机器人、四足爬行消防机器人、四足步行消防机器人、六足型消防机器人。

由于采用的是足式行走机构,轨道交通足式消防机器人在移动行走上更接近于双足与四足动物,应用上存在着不同于轮式与履带式消防机器人的特点和优势,因此在应用场景和应用方式也呈现出一些不同之处。

本章介绍双足步行消防机器人、四足爬行消防机器人、四足步行消防机器人及六足型消防机器人等足式消防机器人行走步态的工作原理、理论方法和应用,提出机器人行走机构平台及其各功能模块的技术和实现方法,并介绍足式机器设计制作的各个方面,包括硬件设计、制作、图像识别技术应用等。

【内容提要】

4.1　轨道交通双足步行消防机器人

双足机器人是一种仿生类型的机器人,能够实现机器人的双足行走和相关动作。作为由机械控制的动态系统,双足机器人包含了丰富的动力学特性。轨道交通双足步行消防机器人是一种应用于轨道交通消防安全领域中的双足机器人。它能够直立行走,其有着良好的自由度、动作灵活、自如、稳定。在未来的轨道交通消防安全应用领域中,双足步行消防机器人可以帮助人类解决很多消防救援的问题,如驮物、抢险等一系列危险或繁重的工作。

4.1.1 轨道交通双足步行消防机器人概述

双足步行消防机器人是目前消防安全应用领域热点研究的一类消防机器人。与其他消防机器人行走机构不同,双足步行消防机器人移动迅速,具有很好的复杂地形适应性和灵活性,接近于人类的移动,故也被称为类人双足步行机器人。例如,某双足型机器人不仅可以穿越火场,还能够使用滑板车,是一款自动化消防机器人,如图 4-1 所示。

图 4-1 双足型消防机器人卡西(Cassie)

考虑到轮式行走机构只有在平坦坚硬的地面上行驶才有理想的运动特性。如果地面凸凹程度和车轮直径相当,或地面很软,则会使轮式机器人的运动阻力大增。履带式行走机构虽然越野性能好,复杂路况适应性强,载重能力大,但是却显得笨重,不够灵活,对于一些复杂林地或建筑物室内外狭窄处,其行动或移动容易受限。而足式步行机构有很大的适应性,尤其在有障碍物的通道(如管道、台阶或楼梯)上或很难接近的工作场地更有优越性。足式步行机构有两足、三足、四足、六足、八足等形式,其中两足步行机器人更为灵活,且复杂地形适应性更好,步态行动上更接近于人类的移动。

类人双足行走机构是一种多自由度的控制系统,是现代控制理论很好的应用对象。这种机构除结构复杂外,在静/动状态下的行走性能、稳定性和高速运动等都不是很理想。双足步行消防机器人行走机构是一空间连杆机构。在行走过程中,行走机构始终满足静力学的静平衡条件,也就是机器人的重心始终落在支持地面的一只脚上。双足步行消防机器人的步行运动有效地利用了惯性力和重力。

虽然双足步行消防机器人与人类步态行动类似,但它的步行移动可以更加迅速和便捷,除此之外,双足步行消防机器人还具有以下一些特点和优势:①与人行走时间一长就会感到疲劳,需要休息不同,双足步行消防机器人只要电力充足,就不会感到疲倦;②双足步行消防机器人负重能力强,可以长时间负重前行;③双足步行消防机器人可以穿越火场等危险环境进行救援,不用担心救援人员的安全性和危险性。此外,足式机器人因其在行踪功能上仿人、仿生在研究领域深得研究人员偏爱。目前双足步行消防机器人也是消防救援领域研究的一个热点。

4.1.2　轨道交通双足步行消防机器人运动模型分析

与双轮消防机器人类似，双足步行消防机器人在移动时也需要保持平衡，防止跌倒倾覆，因此需要使其移动过程中步态保持平衡。目前双足步行消防机器人采用的步态平衡模型主要有静态步行模型和动态步行模型。

1. 静态步行模型

静态步行模型是双足步行机器人常见使用的一种平衡控制策略模型。静态步行模型的特点是：机器人步行的过程中，重心（Center of Gravity，COG）的投影始终位于多边形支撑区域内。这种控制策略的好处在于机器人可以在行走动作中停止而不摔倒，但是行动速度稍显迟缓。这是因为机器人行走中需要保持重心的投影始终位于支撑区域，否则将会不稳定，如图 4-2 所示。

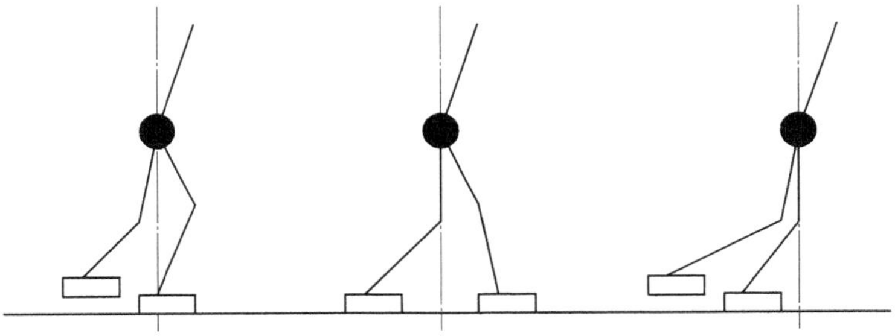

（a）单腿稳定位置　（b）双腿稳定位置　（c）不稳定位置

图 4-2　静态步行示意图

2. 动态步行模型

为改善静态步行模型行走速度比较迟缓的问题，在静态步行模型基础上提出了另一种步行平衡策略，即动态步行模型。在动态步行模型中，机器人的行动速度有了较大提升。但是由于惯性的作用，机器人难以在运动的状态下立即停顿，常常导致机器人在状态转换的过程中变得不稳定。为了解决惯性带来的影响，在动态步行模型中引入零力矩点（Zero Moment Point，ZMP），以保障机器人在移动过程中平衡稳定，如图 4-3 所示。只要 ZMP 严格地存在于机器人的支撑区域中，就可以保障机器人不会摔倒。

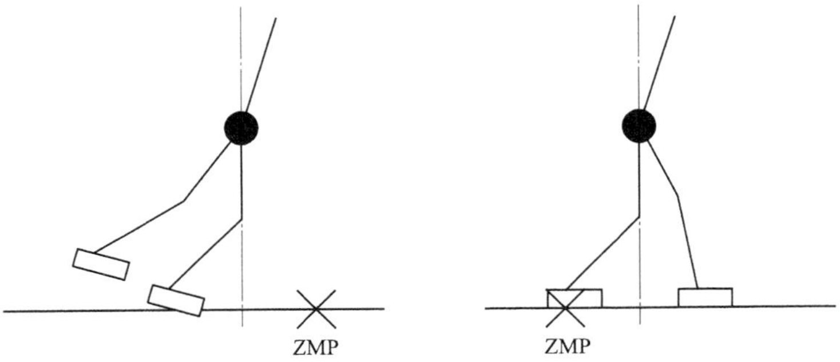

（a）不稳定位置　（b）稳定位置

图 4-3　ZMP 动态步行模型

目前双足步行消防机器人平衡的主流技术是采用基于ZMP的动态步行。在基于ZMP动态步行模型中,双足步行消防机器人的一条腿可以被抽象成控制系统中最基本的倒立摆模型,如图4-4所示。

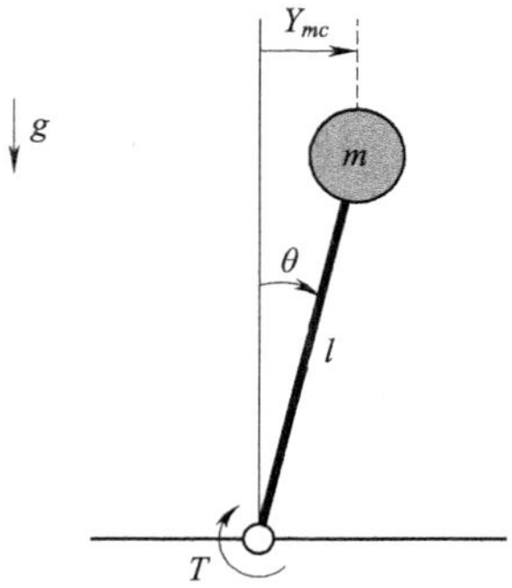

图4-4 倒立摆模型

由此可推导出双足步行消防机器人该腿足的正向ZMP动力学公式为

$$X_{zmp} = X_{mc} - \frac{1}{g}\ddot{X}_{mc} \tag{4-1}$$

式中,X_{zmp}代表正向ZMP;X_{mc}代表质心的前进位移;l是倒立摆的长度;g是重力加速度。

由于在面临复杂地形时,双足平衡无法由单一的节点控制器实现,因此采用多个节点控制器的切换策略来解决平衡问题。在这种策略中,机器人的行走被设定为一个周期(Cycle),每一个周期被分成了不同的行走阶段(Stage),如图4-5所示。图中的步态1至步态4是一个步行周期,SSP表示单腿支撑阶段,DSP表示双腿支撑阶段。在图中步态2和步态4两个阶段中,机器人的SSP与DSP发生了共存,即同时存在状态。

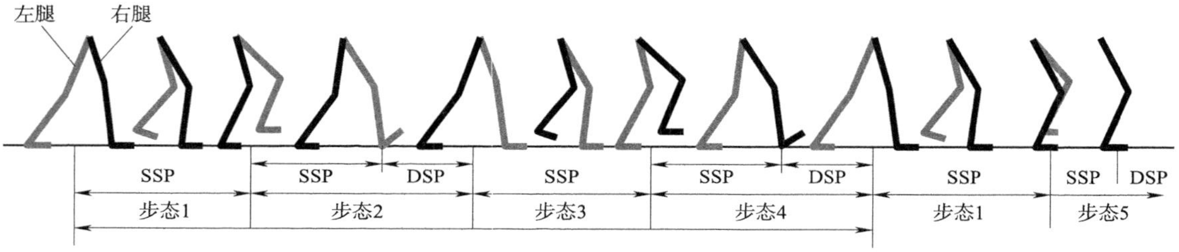

图4-5 双足步行消防机器人的行走周期和行走阶段

注:SSP表示单腿支撑阶段,DSP表示双腿支撑阶段。

根据图4-5的行走周期步态,在双足步行消防机器人的步行平衡控制中采用了以下三种控制策略:①实时平衡控制策略(Real-Time Balance Control Strategy);②步行模式控制策略(Walking Pattern Control Strategy);③行动预测控制策略(Predicted Motion Control Strategy)。三种控制策略分别采用多个不同在线控制器(Online Controller)对机器人步态进行平衡控制,见表4-1。

表4-1 控制策略控制器及其作用

控制策略	控制器	目的	作用阶段
实时平衡控制策略	控制器1:阻尼控制器	在SSP模式下,消除机器人上半身的振动	1、3全阶段;2、4中的SSP阶段
	控制器2:ZMP补偿器	保持机器人骨盆关节在动态运动中水平方向的平衡	1、3全阶段;2、4中的SSP阶段
	控制器3:软着陆控制器	吸收机器人脚着陆时的撞击,调节机器人脚与着陆区的接触面	2、4中的DSP阶段
步行模式控制策略	控制器1:骨盆摇摆振幅控制器	补偿机器人骨盆关节侧部摇摆振幅	2、4中的DSP阶段
	控制器2:躯干俯仰角/侧倾角控制器	补偿骨盆关节的中心位置相对于躯干的俯仰角/侧倾角摇摆	2、4中的DSP阶段

续上表

控制策略	控制器	目的	作用阶段
行动预测控制策略	控制器 1：过倾斜控制器	补偿机器人踝关节轨迹，以避免机器人在压延方向上的过倾斜	1、3 全阶段
	控制器 2：着陆位姿控制器	避免机器人脚着陆时造成的不稳定	2、4 全阶段

在地形不均匀或地形倾斜等复杂环境中，有时候需要引入直立姿态控制器。这种控制器可以使机器人在倾斜地形中始终保持直立姿势，从而保持整个机体的平衡。图 4-6 展示了使用直立姿态控制器之前与之后双足步行消防机器人的俯仰控制平衡性差异。图 4-7 展示了使用直立姿态控制器之前与之后双足步行消防机器人的侧倾控制平衡性差异。

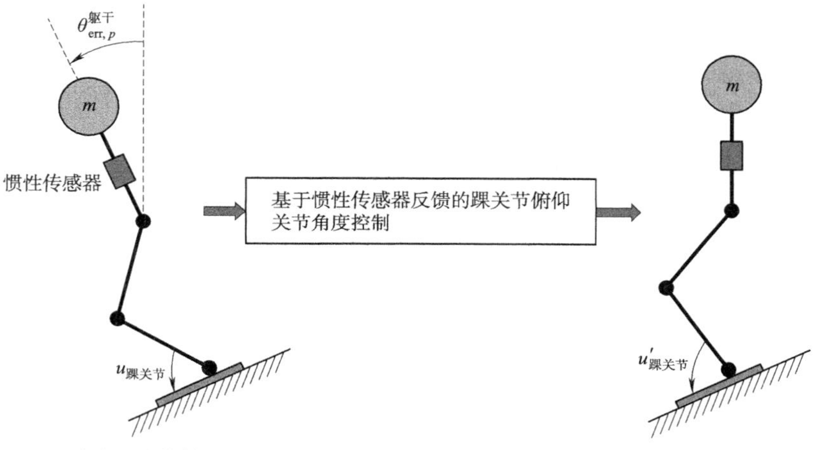

图 4-6　俯仰控制平衡性差异

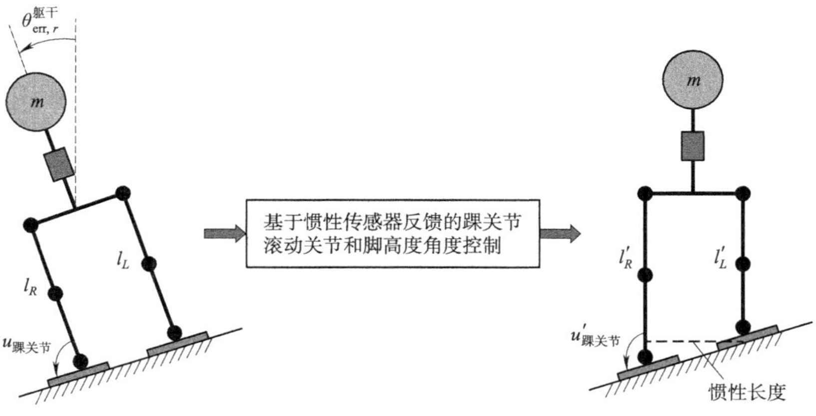

图 4-7　侧倾控制平衡性差异

值得注意的是，对于双足步行消防机器人，倾斜地形的全局倾斜角的测量非常重要。采用的测量方法是在机器人的躯体内部安装一个 2 轴加速度计，再加上一个低通滤波器就可以构成一个倾斜计算装置。

4.1.3 轨道交通双足步行消防机器人设计

相对于大型的双足步行机器人而言，小型双足步行机器人由于重心低，因此稳定性和运动性较强，其机械结构也更为简单。基于此，这里介绍一款小型双足步行消防侦察机器人的设计与制作，该消防机器人可以应用在室内作为一个消防侦察小哨兵。

1. 双足步行消防侦察机器人功能模块设计

双足步行消防侦察机器人功能模块如图 4-8 所示，包括身体主控器、电源装置、电压显示、头部摄像装置、颈部云台、左臂控制器、左手控制器、右臂控制器、右手控制器、左腿控制器、左脚控制器、右脚控制器、左脚控制器等。

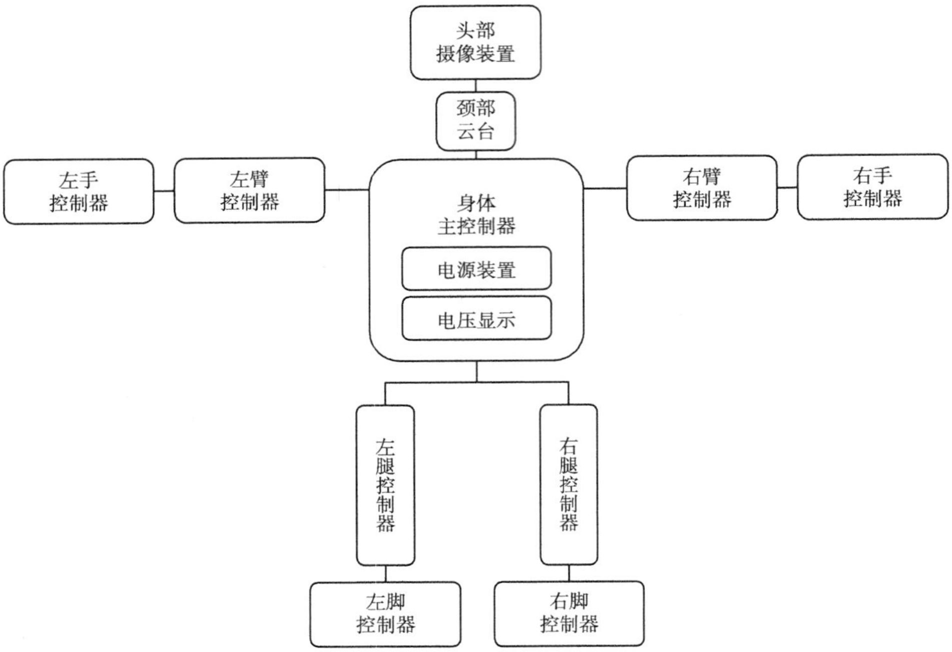

图 4-8 双足步行消防侦察机器人功能模块

2. 双足步行消防侦察机器人硬件结构设计

双足步行消防侦察机器人的硬件结构包括头部（摄像装置）、身体（包含主控制器、电源装置、电压显示模块等）、颈部（云台）、左臂（含左臂控制器）、左手（含左手控制器）、右臂（含右臂控制器）、右手（含右手控制器）、左腿（含左腿控制器）、左脚（含左脚控制器）、右脚（含右脚控制器）、左脚（含左脚控制器）等部分，如图 4-9 所示。其中，身体主控制器为可编程逻辑控制器，是机器人的主要控制部分；头部安装有摄像装置，用于机器人的视觉侦察；颈部安装有舵机云台，与头部摄像装置配合，扩展机器人的视觉侦察范围；左臂和右臂分别使用两组舵机实现手臂的旋转和弯肘；左腿和右腿分别使用四组舵机实现双足的灵活移动和跨越障碍物；手部和脚部分别设置有一组舵机，让手部和脚部能够灵活运动；身体内置有电源装置和电压显示模块，为机器人提供行走动力和电源电量提示。

图 4-9　双足步行消防侦察机器人硬件结构

4.1.4　轨道交通双足步行消防机器人图像识别应用

在消防机器人图像识别应用中，图像形态学理论有其独特之处。形态学图像处理采用结构元素对输入图像进行增强处理，通过腐蚀、膨胀、开运算、闭运算等基本运算组合运用，可以对初始图像进行增强处理，不但可以增强图像的目标区域，还可以提取目标区域的边缘以及获取目标区域内感兴趣的突出点信息，从而降低图像信息的数据量。是轨道交通消防图像分析与识别应用中的常用方法。

接下来介绍图像形态学在轨道交通双足型消防机器人在图像边缘与角点检测中的应用。

1. 使用形态学方法检测图像中的边缘

通过图像数学形态学的腐蚀和膨胀的组合运算，可以快速地获取目标图像的轮廓闭合边缘，这为后续目标图像进一步识别与分析打下了基础。其检测目标图像边缘的原理如下：首先通过膨胀运算，使得目标图像边缘得以“扩张”变粗；然后进行腐蚀运算，使得目标图像边缘得以“收缩”变细，最后将膨胀和腐蚀后的两幅图像相减，由于这两幅图像的目标区域的变化范围主要发生在边缘，所以这时就能够得到目标图像区域的轮廓边缘。

程序 4-1 展示了使用图像数学形态学方法对轨道交通双足型消防机器人视觉所获取的消防标识图像的边缘检测识别效果。

```
#程序 4-1:对消防标识图像进行边缘识别
import cv2
def image_edge_detect(image):
    e = cv2.getStructuringElement(cv2.MORPH_RECT,(3, 3))
    print(e)
    image_dilate = cv2.dilate(image, e)
    image_eroded = cv2.erode(image, e)
    image_absdiff = cv2.absdiff(image_dilate,image_eroded);
```

```
    retval, image_threshold = cv2.threshold(image_absdiff,
                                            40, 255, cv2.THRESH_BINARY);
    result = cv2.bitwise_not(image_threshold);
    return result
img = cv2.imread("filename.png",cv2.IMREAD_GRAYSCALE)
rst = image_edge_detect(img)
cv2.imshow("origin",img)
cv2.imshow("result",rst)
cv2.waitKey(0)
cv2.destroyAllWindows()
```

程序运行结果如图 4-10 所示。

（a）原图　　（b）结果

图 4-10　形态学方法检测图像中的边缘

2. 使用形态学方法检测图像中的角点

角点是轨道交通消防图像识别中的重要特征,对消防图像特征识别的理解和分析有着重要作用。对于同一场景,视角发生改变,角点通常是不变的,具有稳定性。由于角点可以在减少信息数据量的同时保留图像重要特征,能够有效地提高计算的速度,并使得实时处理图像的可靠匹配成为可能。因此角点在轨道交通消防图像识别中具有广泛的应用。

角点的检测过程可以采用图像形态学方法。其原理是先用十字形的结构元素膨胀像素,这种情况下只会在边缘处“扩张”,角点不发生变化;接着用菱形的结构元素腐蚀原图像,导致只有在拐角处才会“收缩”,而直线边缘都未发生变化;然后用 X 形膨胀原图像,角点膨胀的比边要多。这样第二次用方块腐蚀时,角点恢复原状,而边要腐蚀的更多。从而当两幅图像相减时,只保留了拐角处。

程序 4-2 展示了使用数学形态学方法对轨道交通双足型消防机器人视觉所获取的消火栓图像的角点检测识别效果。

```
#程序 4-2:检测视觉图像中的角点
import cv2
def image_inflexion_detect(image):
    temp = image.copy()
    cross = cv2.getStructuringElement(cv2.MORPH_CROSS,(5, 5))
    diamond = cv2.getStructuringElement(cv2.MORPH_RECT,(5, 5))
```

```
    diamond[0, 0] = 0
    diamond[0, 1] = 0
    diamond[1, 0] = 0
    diamond[4, 4] = 0
    diamond[4, 3] = 0
    diamond[3, 4] = 0
    diamond[4, 0] = 0
    diamond[4, 1] = 0
    diamond[3, 0] = 0
    diamond[0, 3] = 0
    diamond[0, 4] = 0
    diamond[1, 4] = 0
    square = cv2.getStructuringElement(cv2.MORPH_RECT,(5, 5))
    x = cv2.getStructuringElement(cv2.MORPH_CROSS,(5, 5))
    image_dilate_cross = cv2.dilate(temp,cross)
    image_erode_diamond = cv2.erode(image_dilate_cross, diamond)
    image_dilate_x = cv2.dilate(temp, x)
    image_erode_square = cv2.erode(image_dilate_x,square)
    image_absdiff = cv2.absdiff(image_erode_square, image_erode_diamond)
    retval, result = cv2.threshold(image_absdiff, 40, 255, cv2.THRESH_BINARY)
    for j in range(result.size):
        y = int(j / result.shape[0])
        x = int(j % result.shape[0])
        if result[x, y] == 255:
            cv2.circle(temp,(y,x),5,(255,0,0))
    return temp
img = cv2.imread("filename.png",0)
rst = image_inflexion_detect(img)
cv2.imshow("origin", img)
cv2.imshow("result", rst)
cv2.waitKey(0)
cv2.destroyAllWindows()
```

程序运行结果如图 4-11 所示。

（a）原图

（b）结果

图 4-11　形态学方法检测图像中的角点

4.2 轨道交通四足爬行消防机器人

轨道交通四足爬行消防机器人是一种应用于轨道交通消防安全领域中，采用四足行走机构，四足步态形状类似于爬行类动物的仿生四足机器人。它通过四足协作来实现爬行步态移动，具有良好的爬行姿态，且移动灵活、自如、稳定。四足爬行行走机构是一种仿生类型的行走平台，能够实现类似四足爬行动物的运动形态和相关爬行动作。由于采用爬行移动方式，因而适合应用于室内侦察、危险环境下搜救及狭小空间检测等场景中。在轨道交通消防安全应用领域中，四足爬行消防机器人可以辅助铁路消防人员在室内、隧道或管道开展消防安全隐患巡检、侦察作业。

4.2.1 轨道交通四足爬行消防机器人概述

四足爬行消防机器人能够很好地适应狭小空间复杂状况的侦察与检测需求，同时又具有结构简单、稳定性高的优点，因此一直是国内外学者关注和研究的重点。在行走步态研究方面，四足爬行动物是四足爬行消防机器人的重要灵感与研究思路来源。爬行类四足动物和哺乳类四足动物是自然界中主要的四足动物，这两类物种中的许多动物都是在千百万年的进化和自然选择中生存了下来的，对于环境都演化出了各自特有的一些结构特点和行走步态。

在身体结构与步态行为上，爬行类四足动物和哺乳类四足动物有着明显的区别。在身体结构方面，哺乳类四足动物的腿部分布在躯干的下方，躯干被抬起，距离地面较远，身体的重心位置较高；躯干可以在竖直面内有一定程度的弯曲和舒张，当动物快速运动时，躯干的舒张能帮助扩大前腿的步幅，躯干的弯曲收缩能帮助收回后腿和为运动储能。而爬行类四足动物的腿部分布在躯干的两侧，身体更加靠近地面，重心位置比较低；躯干可以在爬行平面的平行面内有一定程度左右摆动和弯曲，当其处在运动状态时，躯干的左右摆动弯曲能帮助其扩大腿部的步幅，并且能帮助其进行运动的储能。在运动步态方面，爬行类四足动物和哺乳类四足动物也有较大区别。一般情况下，哺乳类四足动物有着更快的运动速度，运动时身体重心处于动态平衡，会有一定的上下起伏，运动形式除了行走还有奔跑和跳跃，在奔跑和跳跃时，身体有一定时间会处于腾空状态，躯干的收缩和舒张起到重大的作用。而爬行类四足动物在运动时一般只有慢速或快速爬行的形式，身体不会有腾空的状态，重心高度变化不明显，躯干的左右摆动的频率和迈步的频率是一致的。基于此，在四足仿生机器人领域，四足消防机器人按行走机构平台结构设计也形成了仿爬行类四足爬行机器人和仿哺乳类四足步行机器人。其中，四足爬行消防机器人与双足步行消防机器人、四足步行消防机器人相比，具有重心低和稳定性好的特性，而与六足和八足机器人相比，则冗余度较低。

在轨道交通消防安全应用领域，与四足步行消防机器人不同，四足爬行消防机器人适合在室内、隧道、管道等狭小区域替代消防人员进行侦察与巡检作业。

4.2.2 轨道交通四足爬行消防机器人运动模型分析

足式爬行机器人的主要功能是提供稳定的运动，特别是在崎岖的山地环境下不发生跌倒侧翻，因此稳定性分析对多足机器人的控制是非常重要的。目前衡量运动稳定性的分析可以分为静态稳定性分析和动态稳定性分析。

1. 步态分析

经过长期观察与分析，生物学家对四足爬行动物的运动系统研究已经发展形成了包括运动机构、运动步态等在内的体系理论。这些理论为研究四足爬行消防机器人适应复杂多变环境的行为步态移动起着至关重要的作用。四足动物的运动构型和步态是这套体系的基础，这些构型与步态在复杂环境中具有很好的环境适应性，因而成为四足爬行消防机器人运动机构的参考首选。

四足爬行消防机器人是模仿拥有四条腿爬行类动物的爬行运动，其各腿之间协调运动具有一定的规律形态，这些规律形态称为“步态”。要模仿四足爬行类动物的运动，首先就要了解四足爬行类动物的运动“步态”。

以前进方向为例，四足爬行消防机器人的步态运行如下：

①静止时四条腿都是同时着地的。

②前进时，四条腿分为两组交替运动，对角的两腿为一组（即左前腿和右后腿为一组，右前腿和左后腿为另一组）。

③第一组两条腿（左前、右后）往前迈出，第二组两条腿（右前、左后）静止不动（但是关节往前弯曲以适应这个躯体中心前移）。

④第一组两条腿（左前、右后）迈出后静止。

⑤第二组两条腿（右前、左后）往前迈出，第一组两条腿（左前、右后）静止不动（但是关节往前弯曲以适应这个躯体中心前移）。

⑥两组腿不断交替重复②～⑤的运动。

如此循环往复，同一时间都保证有一组两条腿着地以保持身体的平衡，并不断往前进。

前进时保证一定的速度，因为有两条腿着地，可以保持短暂平衡，同时保持两组的腿以一定速度的交替运动，总体上可以让机器人主体保持一个动态的平衡。如果整体前进的速度很慢，其中一组静止着地的两条腿是无法保持整个身体的平衡的，可以让第三条腿也着地，这样就可以利用三点确定一个平面——三条腿可以保持稳定平衡。一般地，由于四足爬行消防机器人的运动速度较慢，因此两组腿交替迈步的时候，后腿都是着地的，即使是往前迈步的一组，前面的腿是离地迈步的，而后面的腿还是接触地面以“拖步”的方式迈步的。

2. 步态稳定性分析

在四足爬行消防机器人工作时，应根据机器人移动作业应用场景采用合适的稳定判据来控制机器人的步态，否则可能会影响机器人的工作性能，尤其是在不规则地形上要考虑惯性力和外力影响，采用多种不同的稳定性判断分析。常用的步态稳定性判据标准包括基于距离的稳定性判据标准、基于角度的稳定性判据标准、基于能量的稳定性判据标准、以及基于足端力的稳定性判据标准。

（1）基于距离的稳定性判据标准

基于距离的稳定性判据标准使用机器人平台重心投影与四足支撑多边形之间的距离来进行稳定性判断与分析。通过确定机器人重心的水平投影位置是否在机器人足端构成的支撑多面体内部来判断其稳定与否，并将重心的水平投影距支撑多边形的最短距离定义为稳定裕度 SM（Stability Margin），如图 4-12 所示。其稳定性判据计算为

$$S_{SM}=\min\{L_i\},\quad i=1,2,\cdots,n \tag{4-2}$$

其中,n 为支撑腿的数量;L_i 为重心水平投影位置到支撑多边形第 i 边的距离。

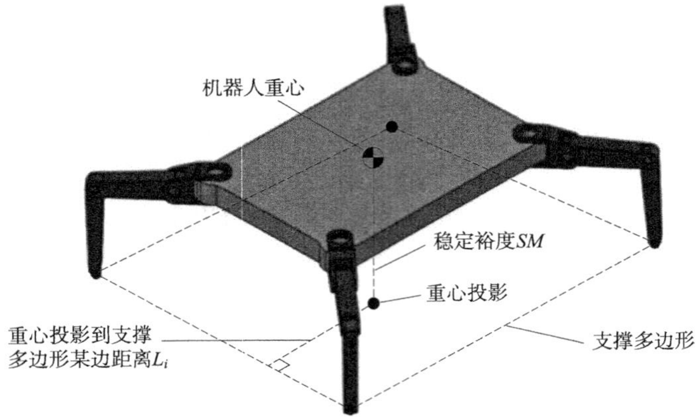

图 4-12　重心投影与支撑多边形之间距离示意图

(2)基于角度的稳定性判据标准

基于角度的稳定性判据标准采用作用在重心上的合力矢与支撑多边形之间的角度作为衡量稳定性的标准,它使用力角稳定裕度 FASM(Force Angle Stability Margin)来分析。设作用在重心上的合力矢为 F_R,与竖直方向之间的角度为 α,则当在重心上的合力矢 F_R 与竖直方向之间的角度 α 的乘积为零时,系统被判定为不稳定。基于角度的稳定性判据计算如式(4-3)所示,使用合力矢 F_R 与 α_i 最小角度的乘积来计算。

$$S_{\text{FASM}}=\|FR\|\cdot\min\{\alpha_i\} \tag{4-3}$$

(3)基于能量的稳定性判据标准

考虑到机器人重心高度和机器人质量对步态稳定性的影响,引入能量稳定裕度 ESM 和动态能量稳定裕度 DESM,使用标准化能量稳定裕度 NESM(Normalized Energy Stability Margin)和标准化动态能量稳定裕度 NDESM(Normalized Dynamic Energy Stability Margin)来判断与分析机器人步态的稳定性。其中标准化能量稳定裕度 NESM 是指对机器人绕支撑多边形边界发生侧翻的最小势能的能量稳定裕度 ESM 进行标准化计算来判断分析,如式(4-4)所示;而标准化动态能量稳定裕度 NDESM 则是对考虑外力以及惯性负载影响下的动态能量稳定裕度 DESM 进行标准化计算来判断分析,如式(4-5)所示。

$$S_{\text{NESM}}=\frac{\min\limits_{i}^{n}\{mg\Delta h_i\}}{mg} \tag{4-4}$$

$$S_{\text{NDESM}}=\frac{\min\{E_i\}}{mg} \tag{4-5}$$

其中,i 为支撑多边形作为倾覆轴的边;Δh_i 表示以 i 边倾覆时机器人重心高度的变化;E_i 表示 i 边的稳定性度量。

(4)基于足端力的稳定性判据标准

当机器人发生侧翻时,除了组成侧翻轴的支腿,其他支腿的足端力将变为零。基于足端力的稳定性判据标准是通过考察机器人足端接触力的情况来判断机器人的稳定性。引入足端力稳定裕度 FFSM(Foot Force Stability Margin),并基于此推导适用于控制器的改进足端力稳定裕度 MFFSM(Modified Foot Force Stability Margin)判据公式,即

$$S_{\mathrm{FFSM}} = \prod_{i=1}^{n} f_i \Big/ \left(\frac{1}{n} \sum_{i=1}^{n} f_i \right)^n \tag{4-6}$$

$$S_{\mathrm{MFFSM}} = S_{\mathrm{FFSM}} \cdot \frac{\| P_i \|}{h_i} \cdot \frac{1}{n} \sum_{i=1}^{n} f_i \tag{4-7}$$

其中,f_i 表示第 i 个支撑腿足端力的竖直分量;h_i 表示机器人重心高度;P_i 为由重心位置指向重心在支撑面投影点到倾覆轴垂足的向量,如图 4-13 所示。

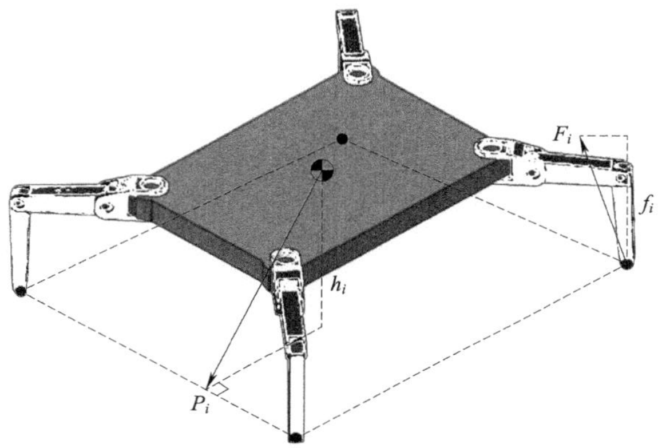

图 4-13　FFSM 和 MFFSM 计算示意图

四足爬行机器人的步态可分为周期步态和非周期步态,其中周期步态可分为连续步态和非连续步态。无论何种步态,步态规划的主要参数都包括足腿的运动顺序和时间,以及支撑阶段和运动阶段的比例。适当的步态规划可以提高机器人的运动速度,增加稳定性裕度,降低机器人的能量消耗。在步态规划的基础上,运动控制可以通过设计一个有效的控制器使得机器人达到预期的运动。

4.2.3　轨道交通四足爬行消防机器人设计

相较于大型的四足爬行机器人,小型四足爬行机器人移动更为灵活,制作成本也更低,对狭窄区域巡查效果更好,机械结构也更为简单。有鉴于此,这里介绍一款小型四足爬行消防巡查机器人的设计与制作,该消防机器人可以用于在狭窄区域进行消防安全巡查或侦察作业。

1. 四足爬行消防巡查机器人功能模块设计

四足爬行消防巡查机器人功能模块如图 4-14 所示,由主控机构、行走机构和巡查机构三部分组成。其中,主控机构包括主控制器和电源装置,是机器人的主要控制部分;行走机构包括四组足腿控制器装置,实现四足爬行行走;巡查机构包括超声波模块、机械臂、摄像装置等,用于消防安全巡查作业。

2. 四足爬行消防巡查机器人硬件结构设计

四足爬行消防巡查机器人的硬件结构包括主控机构(内含主控制器、电源装置等)、机械臂、摄像装置、超声波模块、行走机构(包含四组足腿控制器)等部分,如图 4-15 所示。其中,主

控制器为可编程逻辑控制器,是机器人平台的中央控制部分;主控机构通过电控云台连接着机械臂,机械臂拥有六个自由度,前端安装有机械爪,可以用于消防排障作业;机械爪上部装有摄像装置,与机械臂配合,可以用于目标区域多个角度和范围的视觉巡查;主控机构前端设置有超声波模块,可以用于测距和避障;主控机构连接着四足行走机构,行走机构包含四组足腿控制器,分别使用四组舵机组(共12个自由度)实现四足的灵活爬行行走;主控机构内置有电源装置,为机器人平台提供充足的行走动力。

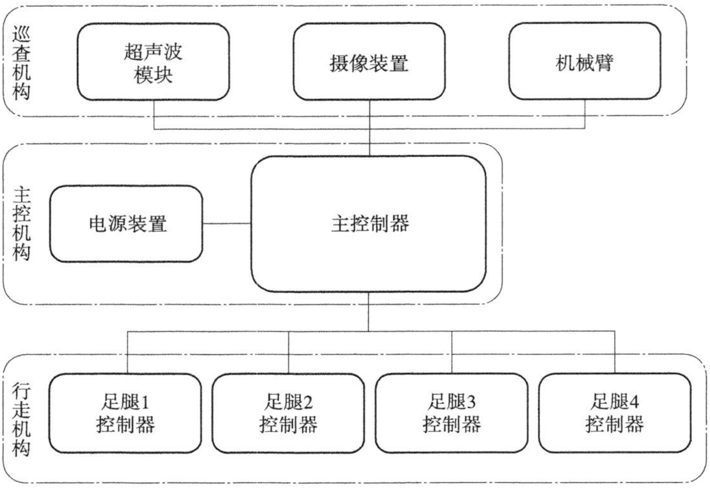

图4-14　四足爬行消防巡查机器人功能模块

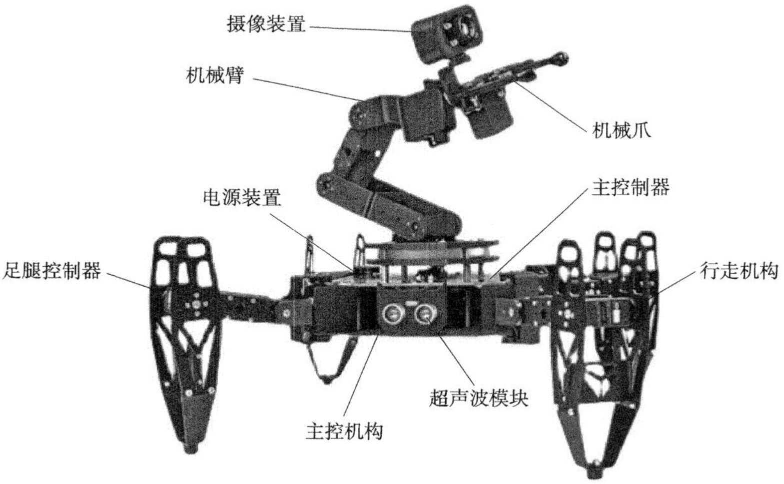

图4-15　四足爬行消防巡查机器人硬件结构

4.2.4　轨道交通四足爬行消防机器人图像识别应用

在轨道交通消防机器人图像识别应用中,图像形状识别技术有着广泛的应用,如轨道交通车站区域入侵检测中对禁止侵入区域的界限识别、地铁站台屏蔽门前的黄色警戒线识别等。

在轨道交通消防检测图像识别应用中,图像形状识别技术包括霍夫变换、轮廓提取等技术。其中霍夫变换可以用来检测直线、圆形、椭圆等形状;而轮廓提取则可以用于获取目标图像的封闭轮廓曲线,如消防安全监测中异常事物的姿态轮廓、手势形状轮廓等。

1. 直线识别应用

霍夫变换是图像分析中识别几何形状的常用方法。它能够从机器人视觉图像中分析识别具有某些规则像素特征的几何形状(如直线、圆形、椭圆等)。其分析原理是将特定图形上的点变换到一组参数空间上,根据参数空间点的累计结果找到一个极大值对应的解,这个解就对应着要寻找的几何形状的关键特征参数(例如,若是直线,就会得到直线段公式 $y = kx + b$ 中的斜率 k 与常数 b;若是圆形,就会得到圆心与半径等特征参数)。

对于图像中的一条直线段,采用直角坐标系,直线段可以表示为

$$y = kx + b \tag{4-8}$$

其中,k 表示斜率;b 表示常数;x 与 y 为图像像素位置坐标。

使用霍夫变换在目标图像里识别分析与检测直线,首先需要对目标图像进行像素数据边缘检测处理,然后对边缘二值化图像进行霍夫直线变换运算,对直线段中的斜率与常数关键特征参数进行识别判断,完成直线判断。

程序 4-3 展示了使用霍夫变换对地铁站台屏蔽门前的黄色警戒线进行直线分析识别与检测的效果。

```
#程序 4-3:直线检测
import cv2 as cv
import numpy as np
def image_line_detection(image):
    gray = cv.cvtColor(image, cv.COLOR_RGB2GRAY)
    edges = cv.Canny(gray, 50, 150, apertureSize=3)
    lines = cv.HoughLines(edges, 1, np.pi/180, 200)
    for line in lines:
        rho, theta = line[0]
        a = np.cos(theta)
        b = np.sin(theta)
        x0 = a * rho
        y0 = b * rho
        x1 = int(x0 + 1000 * (-b))
        y1 = int(y0 + 1000 * a)
        x2 = int(x0 - 1000 * (-b))
        y2 = int(y0 - 1000 * a)
        cv.line(image, (x1, y1), (x2, y2), (0, 0, 255), 2)
    return image
img = cv.imread('filename.jpg')
cv.imshow('origin', img)
rst = image_line_detection(img)
cv.imshow('result', rst)
cv.waitKey(0)
cv.destroyAllWindows()
```

程序运行结果如图 4-16 所示。

（a）原图　　（b）结果

图 4-16　直线检测

2. 圆形识别应用

使用霍夫变换识别圆形图像的原理和霍夫变换检测直线段的原理类似，区别在于采用分析检测的关键特征参数和空间模型有所不同。在霍夫变换检测圆形中，像素点对应的二维极径、极角空间用三维的圆心和半径空间取代。其识别原理是利用圆周上不重合的任意三点能够确定的圆，通过霍夫变换后在三维参数空间对应为一点，并且同一圆周上其他任意三点确定的圆在经过霍夫变换后均会对应三维参数空间中的同一点。由此可知，霍夫变换检测圆形的过程就是将二维图像空间中一个圆转换为该圆半径、圆心横纵坐标所确定的三维参数空间中一个点的过程。重复该过程，遍历圆周上所有点，绝大多数点所确定的这个形状就是分析识别得到的目标圆形。考虑到三维空间的计算量较大，在实际应用中常采用霍夫梯度法进行圆形计算判断。霍夫梯度法检测圆形的原理是依据圆心一定是在圆上每个点的模向量（模向量即是圆上点的切线的垂直线）上，而这些圆上点模向量的交点就是圆心。这样就可以将三维累加平面转化为二维累加平面，从而大大降低了检测圆的计算量。霍夫梯度法检测圆的第一步是找到这些圆心，第二步是根据所有候选中心的边缘非 0 像素对其的支持程度来确定半径。

应用霍夫变换圆形检测算法，可以用于轨道交通消防安全检测中，对如消防救生圈等圆形物件进行识别计算。

程序 4-4 展示了通过霍夫变换对机器人视觉图像中的消防救生圈进行圆形检测识别并判断的结果。

```
#程序 4-4:圆形检测
import cv2 as cv
import numpy as np
def image_circle_detect(image):
```

```
    dst = cv.pyrMeanShiftFiltering(image, 10, 100)
    cimage = cv.cvtColor(dst, cv.COLOR_RGB2GRAY)
    circles = cv.HoughCircles(cimage, cv.HOUGH_GRADIENT, 1, 20,
param1 =50, param2 =30, minRadius =0, maxRadius =0)
    circles = np.uint16(np.around(circles))
    for i in circles[0, : ]:
        cv.circle(image, (i[0], i[1]), i[2], (0, 0, 255), 2)
        cv.circle(image, (i[0], i[1]), 2, (0, 0, 255), 2)
    return image
img = cv.imread('filename.png')
cv.imshow('origin', img)
rst = image_circle_detect(img)
cv.imshow("result", rst)
cv.waitKey(0)
cv.destroyAllWindows()
```

程序运行结果如图 4-17 所示。

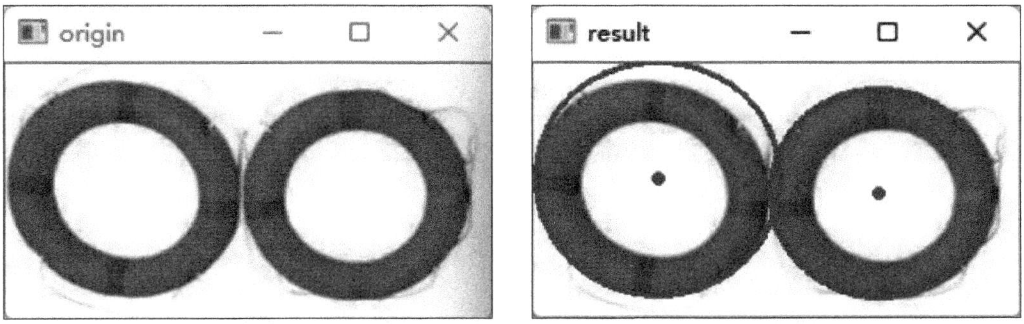

（a）原图　　（b）结果

图 4-17　圆形检测

3. 轮廓识别应用

轮廓识别是一种基于目标图像边缘提取来寻找目标区域封闭轮廓的方法。在轨道交通消防图像识别应用中，轮廓识别是对目标图像特征提取的一种常用方法，通过轮廓识别可以得到的目标封闭轮廓边缘，有利于后续图像分析与理解。

程序 4-5 展示了应用轮廓识别方法对轨道交通四足爬行消防机器人所获取的车厢遗留物品视觉图像进行目标图像轮廓检测与边缘提取的效果。

```
#程序 4-5:轮廓检测
import cv2 as cv
def image_contours_detect(image):
    dst = cv.GaussianBlur(image, (3, 3), 0)
    gray = cv.cvtColor(dst, cv.COLOR_RGB2GRAY)
    ret, binary = cv.threshold(gray, 0, 255,
    cv.THRESH_BINARY | cv.THRESH_OTSU)
    im, contours, heriachy = cv.findContours(binary, cv.RETR_EXTERNAL,
    cv.CHAIN_APPROX_SIMPLE)
    for i, contour in enumerate(contours):
```

```
            cv.drawContours(image, contours, i, (0, 0, 255), 2)
            print(i)
        return image
img = cv.imread('filename.jpg')
cv.imshow('origin', img)
rst = image_contours_detect(img)
cv.imshow("result", rst)
cv.waitKey(0)
cv.destroyAllWindows()
```

程序运行结果如图 4-18 所示。

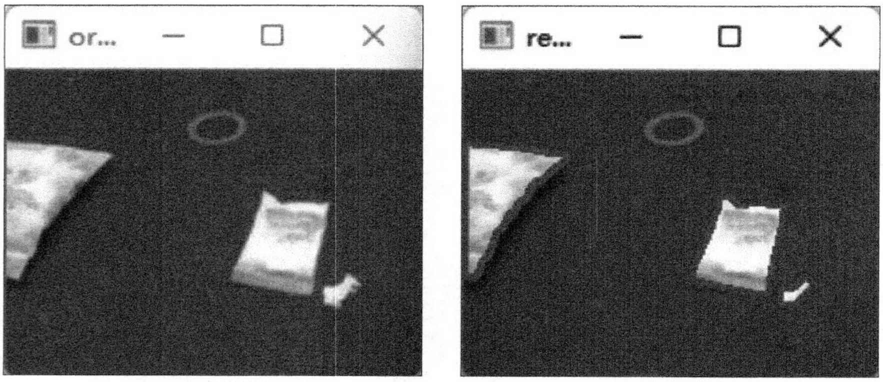

（a）原图　　（b）结果

图 4-18　轮廓检测

对于图像中的一条直线，利用直角坐标系，可以表示为

$$y = kx + b$$

4.3　轨道交通四足步行消防机器人

轨道交通四足步行消防机器人是一种应用于轨道交通消防安全领域中，采用四足行走机构，四足步态形状类似于哺乳类动物的仿生四足机器人。它通过四足协调联动实现步行及跳跃移动，具有良好的步行姿态，且步态灵活、自如。四足步行行走机构是一种仿生类型的行走平台，能够实现类似哺乳类四足动物的运动形态和相关姿态动作。由于采用步行移动方式，因而适合应用于户外、室内等消防搜救、驮运、侦察、检测场景。在轨道交通消防安全应用领域中，四足步行消防机器人可以用于辅助铁路消防人员开展消防侦察、搜救及驮运等作业。

4.3.1　轨道交通四足步行消防机器人概述

四足步行消防机器人摆脱了轮式或履带式设计，具有机动灵活、反应敏捷等特性。与双足型机器人相比，四足机器人拥有较高的有效载荷与极强的平衡能力，更利于控制、设计和维护。这使得四足步行消防机器人不仅能在平整的地面上“健步如飞”，满足人们日常生活服务场景，还能适应各种复杂和危险地形，能够平衡稳定地执行消防、巡检、审查、搜索和救援等任务。

四足步行消防机器人由于步态姿势接近哺乳类四足动物，能够根据不同条件自动改变形态，因此具有较好的平衡性、灵活性、适应性，能在复杂路面行走，完成奔跑、爬楼梯、前进、后退、侧行等多种复杂动作。这些特性和优势，让四足步行消防机器人得到了仿生机器人研究者与研究企业的关注与重视。一些知名企业和科研机构，如美国波士顿动力、麻省理工学院，德国斯图加特马克斯·普朗克智能系统研究所，中国的宇树科技、蔚蓝智能科技等纷纷提出自己研制的四足步行消防机器人设计。这些机器人平台，通过集成通信技术、传感器装置等，可以应用于消防安全领域。如图 4-19 所示。

1. 美国波士顿动力的 Sport mini

Sport mini 是波士顿动力公司研制的一款四足步行机器人，如图 4-20 所示。Sport mini 拥有 17 个自由度，其中有 5 个自由度位于其顶部的机械臂上，其余 12 个自由度平均分布于四肢。Sport mini 的机械臂上搭载了一个摄像头，可以帮助机械臂准确地找到目标物体。除此之外，Sport mini 的正前方搭载了一套 3D 立体摄像头，这帮助它更好地观察前方的障碍物情况。Sport mini 采用了液压驱动和电液混合驱动的技术，具有较强的运动能力。该公司在步态规划、平衡控制、复杂地形动态规划及自我回正等运动控制方面拥有自己的核心技术。

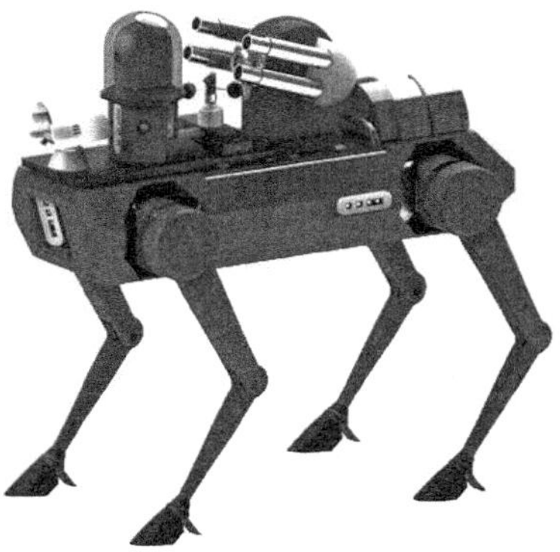

图 4-19　四足步行消防机器人设计图

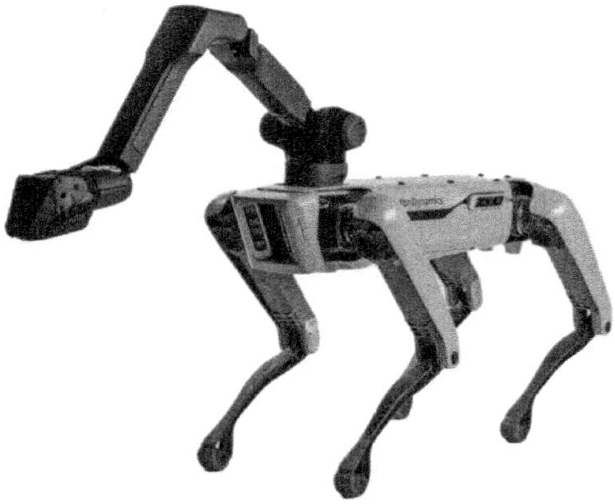

图 4-20　波士顿动力的 Sport mini

动力问题是机器人能够正常持续工作的核心问题，针对早期 BigDog 系统能耗高的突出问题。波士顿动力公司通过判断关节承受的载荷类型和大小，选择适当的液压或电动制动器，使得机器人的功率消耗大大降低，这也为 Sport mini 的能耗低奠定了基础。

Sport mini 可以应用于消防安全巡逻、施工现场管理等方面，并可以在此基础上开发定制平台，以满足特定需求。

2. 德国四足步行机器人“莫蒂”

德国斯图加特马克斯·普朗克智能系统研究所研制了一款名为“莫蒂”的四足步行机器人，如图 4-21 所示。该机器人高 0. 5 m，能够自学走路，而不是执行预先设定的步态。四足步行机器人“莫蒂”由人工智能算法控制，人工智能算法模拟一些动物脊髓中的神经元网络，这些神经元帮助动物以可预测的节奏收缩肌肉以完成行走。“莫蒂”人工智能的学习过程模仿了动物幼崽学习移动的方式，通过尝试和最初的跌倒找到了使用腿足运动最有效的方式，并生成供“莫蒂”遵循的行走指令。研究表明，该方式能够有效地降低行走消耗的能量。

图 4-21　四足步行机器人“莫蒂”

3. 美国麻省理工学院猎豹机器人

由麻省理工学院研制的猎豹机器人是第一个能做后空翻的四足步行机器人，如图 4-22 所示。它能自主跨越障碍物、实现每小时约 48 km 的高速奔跑。采用的是腿足运动方式，可以很好地在崎岖地形行走，稳定性可靠，能依靠三足保持平衡。此外，该机器人可以不依赖摄像头等视觉系统，而通过“感觉”周围环境的方式完成行走任务。这种方式被称为“盲目运动”，能够弥补视觉系统在某些场合对于位置判断存在偏差的不足。该方式得益于研发团队开发的接触检测算法和模型预测控制算法。其中，接触检测算法使机器人能够确定它的腿足从空中摆动到踏到地上的最佳时间；模型预测控制算法会预测出一旦给定一个行为步骤，它应该施加多少力。当然，该机器人还可以添加摄像头，使机器人能够对周围环境进行视觉反馈，进一步提升机器人对行走位置的准确判断。

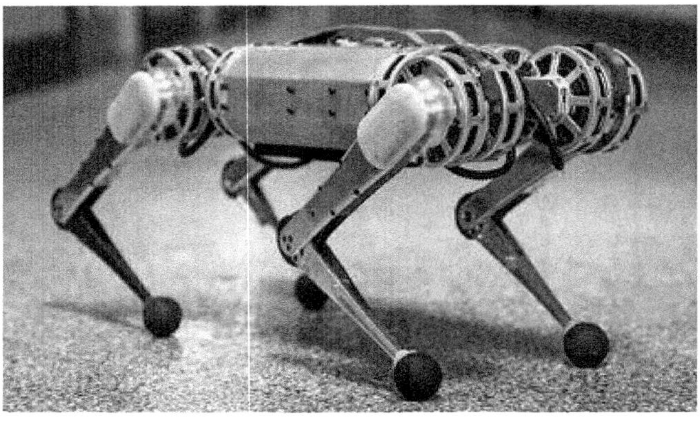

图 4-22　麻省理工学院猎豹机器人

4. 中国宇树科技的 Laikago

Laikago（莱卡狗）是中国宇树科技公司研制的一款四足步行机器人，如图 4-23 所示。宇树科技成立于 2016 年 8 月，是国内为数不多的几家致力于研发高运动性机器人的企业之一。2019 年 5 月的国际机器人与自动化会议上，中国宇树科技公司展示了自己研制的四足机器人 Laikago。该机器人除了用于研究机器人技术外，还可以应用于消防安全巡逻、危险环境检查、搜索救援等场景。

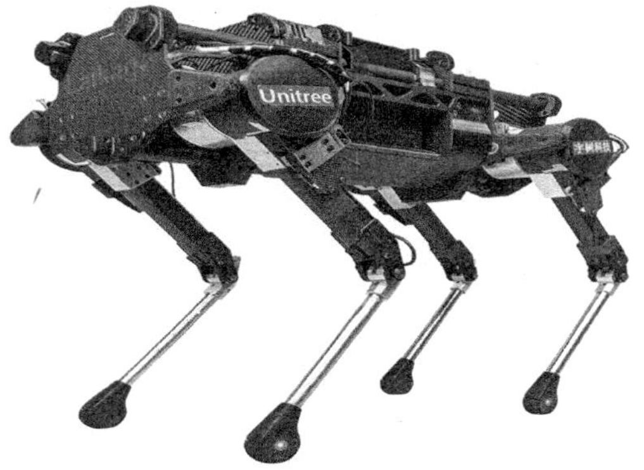

图 4-23　宇树科技的 Laikago

Laikago 高 0.6 m、长 0.56 m、宽 0.35 m，重 25 kg，额定负载能力 5～12 kg，50.4 V/13 000 mA · h 的锂电池组一次充电后可使用 4 h。Laikago 还具备非常强劲的动力系统，总瞬时最大功率可达 18 kW，功率质量密度为 0.8 kW/kg（起跑时为 0.45 kW/kg）。运动时使用机身三轴力控制，使得正向最大拉力达到 25 N，并且可以通过编程提升。Laikago 能在草地、上下坡度 20°左右的草坡、松软小石块地形进行自适应行走，行走时可以控制机器人前后、左右、上下运动，以及偏航角、俯仰角、横滚角等，运动过程中也能保持很高的稳定性。此外，Laikago 可以根据 12 个关节的输入力矩实现对外力的跟随。

5. 中国蔚蓝 AlphaDog

AlphaDog（阿尔法机器狗）是中国南京蔚蓝智能科技有限公司研制的一款四足步行机器人，采用了先进的软硬件技术架构、机械设计、智能算法和运动控制算法，如图 4-24 所示。此外，AlphaDog 设计采用计算机行业领先的开放架构，允许开发者可以使用自己所熟悉的软硬件工具和编程语言来进行各种应用的开发。由于采用了开放的业界标准，因此该机器人平台能够无缝集成和连接各类其他先进技术，正如使用 PC 编程开发那样。因此，从某方面来说，可以把 AlphaDog 看作一款能够自己下地行走的超级智能计算机，是一款能够开发各类应用的高性能机器人移动平台。

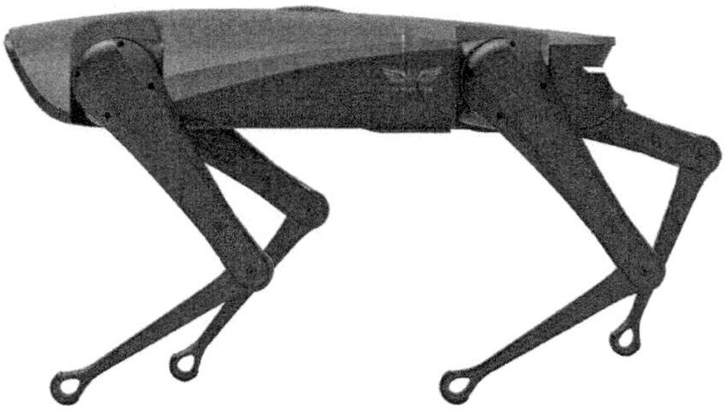

图 4-24　蔚蓝智能科技的 AlphaDog

通过集成人工智能、物联网、5G、虚拟现实/增强现实、智能驾驶等技术，AlphaDog 可以应用于家庭消防守护、社区消防作业导航、公园或小区消防治安巡逻、工厂消防检查、危险场景下消防搜救等方面。

考虑到四足步行机器人由于其行走机构重心较高，四足较长，具有野外机动性强、越障性能好、移动速度快等优点，因此非常适用于消防安全领域的火场搜救、侦察及辅助消防人员驮运消防装备等作业。

4.3.2 轨道交通四足步行消防机器人运动模型分析

四足步行机器人步态分析是指基于对哺乳类四足动物肢体运动的模仿系统研究，掌握四足步行动物通过肢体运动并前进的一种周期性的形式和姿态。例如，行走、奔跑、脚步移动等。步态就是描述机器人走路特点的一种周期性现象，并且每个周期可以被分为多个部分进行分析。

1. 步态分析

哺乳类蹄型四足动物行走时一般会保持三只足着地。因为用三条足腿进行支撑，所以可以形成稳定的三角形保持平衡。如图4-25所示，该哺乳类蹄型四足动物步态顺序为①左前脚→②右后脚→③右前脚→④左后脚→①左前脚。可见，该步态始终保持了三角形的平衡稳定姿态。

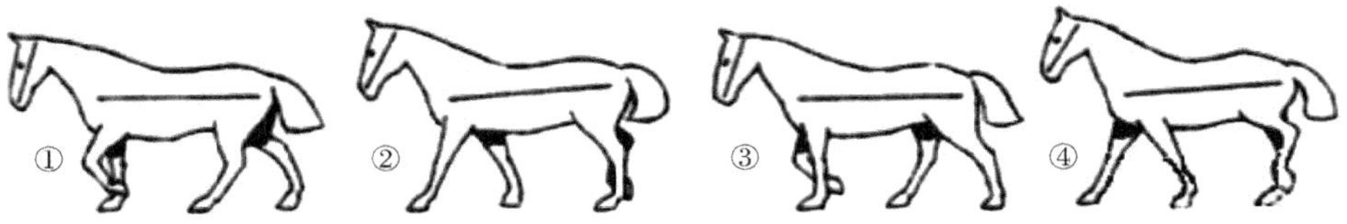

图4-25 蹄型四足动物步态示意图

图4-26所示是哺乳类蹄型四足动物行走的步态模型示意图，其中三角形的三个角表示哺乳类蹄型四足动物的三只着地的腿足，圆圈表示抬起的腿足。可以看出，在运动的过程中，该四足动物在保持稳定平衡的同时，还实现了把重心整体向前移动。

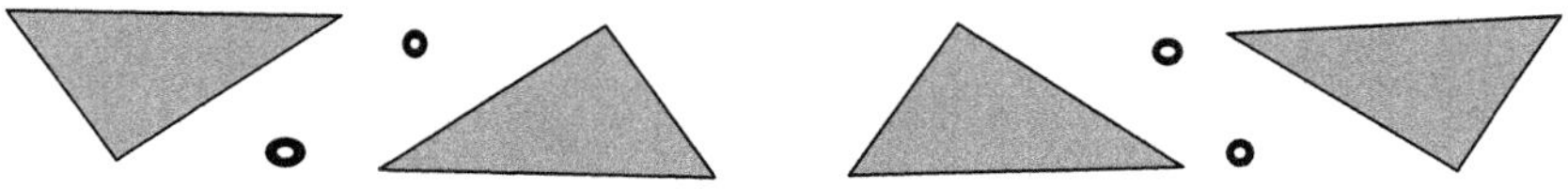

图4-26 蹄型四足动物步态模型示意图

哺乳类掌型动物因为有脚掌可以作为平衡支点，所以可以让其中两条腿一起运动。如图4-27所示，在行走较快的情况下，它可以用两条腿着地保持平衡，另两条腿用于移动，从而实现两组腿交替运动前进。

掌型动物四足步态运动模型如图4-28所示，四条线的四个端点表示动物的四个脚，其中实线表示对角线着地的两条足腿，虚线表示对角线抬起的两条足腿。以此交替运动就实现了快速向前运动。

2. 运动模型分析

四足步行机器人的运动可以分为站立（stance）和摆动（swing）两种运动形式，通过控制和组合这两种运动形式可以产生不同的四足步态。由于它们是四足机器人的腿部运动过程里的两个不同阶段,因此又将其运动分为站立阶段和摆动阶段。由于在站立阶段时其腿部会承受很高加速度和机器人自身负载,如果只使用位置控制,很容易给机器人本体带来大的刚性冲击,这不利于稳定行走或奔跑,也会导致本体结构的损坏。因此,在实际步态控制过程中,在站立和摆动阶段分别采用位置控制和阻抗控制进行设计。当足部接触地面时,将采用阻抗控制方法用于确保足部与地面的灵活接触,减少冲击。由于需要对两种运动阶段分别控制,因此对应的控制器被分别称为 Stance Controller(站立控制器)和 Swing Controller(摆动控制器)。

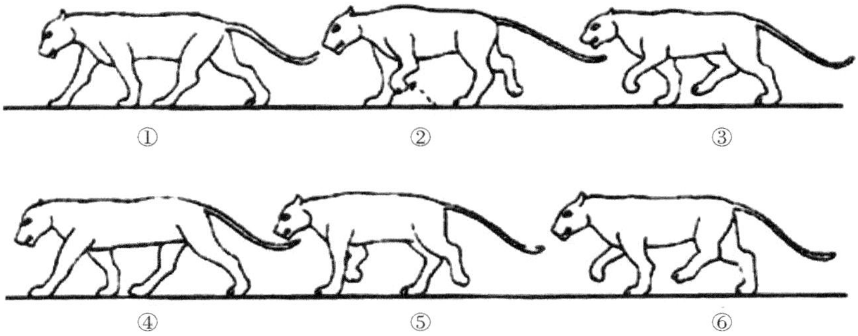

图 4-27 哺乳类掌型动物步态示意图

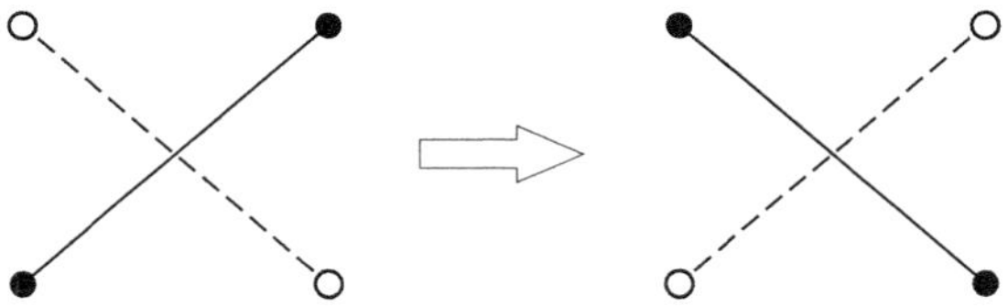

图 4-28 掌型四足动物步态模型示意图

摆动阶段步态规划的目标是在足够的地面空间上伸缩足腿以保证腿部和障碍物之间有足够的间隙,同时保证获得理想的摆腿缩回率来减少运动过程中与地面接触的能量损失,以及降低能量在理想摆腿缩回率触地运动期间的运行损失,从而在腿部不受外力的影响下,可以获得更高的速度和加速度。

考虑摆动过程中,步态轨迹的光滑性,需要尽量减小足腿的最大加速度,确保位置速度加速度的连续性,因此,可以采用三角函数曲线、Bezier 曲线对四足步行机器人足腿摆动阶段的轨迹进行规划,并针对四足步行机器人的足腿末端轨迹规划及步态规划进行分析。

(1)三角函数规划

设三角函数曲线基本函数为

$$s(t)=a\cdot\cos(w\cdot t+b)+c,\quad t\in[0,1] \tag{4-9}$$

在四足步行机器人运动过程中的摆动阶段和站立阶段,对机器人足腿末端状态的 x,y,z 位置分别进行三角函数规划,以保证其运动平滑下的函数如式(4-10)和式(4-11)所示。

摆动阶段:$t\in[0,\text{scale}]$

$$
\begin{cases}
x=\dfrac{\text{stepl}}{2}\cdot\cos\left(\dfrac{\pi}{\text{scale}}t\right)\\
y=sd\cdot\left(\text{stepd}+\text{basey}-\text{stepd}\cdot\cos\left(\dfrac{2\pi}{\text{scale}}t\right)\right)\\
z=-\text{baseh}+\text{steph}\cdot\sin\left(\dfrac{\pi}{\text{scale}}t\right)
\end{cases}
\tag{4-10}
$$

站立阶段：$t\in(\text{scale},1]$

$$
\begin{cases}
x=\dfrac{\text{stepl}}{2}\cdot\cos\left(\dfrac{\pi}{1-\text{scale}}(t-1)\right)\\
y=sd\cdot\text{basey}\\
z=-\text{baseh}
\end{cases}
\tag{4-11}
$$

(2)三阶 Bezier 曲线规划

设三阶 Bezier 曲线函数为

$$
B(t)=P_0(1-t)^3+3P_1t(1-t)^2+3P_2t^2(1-t)+P_3t^3,\quad t\in[0,1]
\tag{4-12}
$$

考虑到三次贝塞尔曲线规划的输入为四个约束点，但在实际规划过程中，只有起始落脚点和终止落脚点，因此按输入的四个点中前两个点重合，后两个点重合来处理。处理之后的函数为

$$
B(t)=P_0+(t^3+3(t^2(1-t)))(P_2-P_0)
\tag{4-13}
$$

写成单变量形式为

$$
B(t,k_0,k_1)=k_0+(t^3+3(t^2(1-t)))(k_1-k_0)
\tag{4-14}
$$

基于此，在水平方向上以水平步幅 stepl 作为规划条件，在垂直方向上则加上一个摆动的高度值 h，则采用 Bezier 曲线规划的四足步行机器人步态轨迹的函数如式(4-15)和式(4-16)所示。

摆动阶段：$t\in[0,\text{scale}]$

$$
\begin{cases}
x=B(t,\text{stepx},\text{basex}+\text{stepl})\\
y=\begin{cases}
B(t,\text{basey},\text{basey}+\text{stepd}), & t\in\left[0,\dfrac{\text{scale}}{2}\right]\\
B\left(t-\dfrac{\text{scale}}{2},\text{basey}+\text{stepd},\text{basey}\right), & t\in\left[\dfrac{\text{scale}}{2},\text{scale}\right]
\end{cases}\\
z=\begin{cases}
B(t,\text{basez},\text{basez}+\text{steph}), & t\in\left[0,\dfrac{\text{scale}}{2}\right]\\
B\left(t-\dfrac{\text{scale}}{2},\text{basez}+\text{steph},\text{basez}\right), & t\in\left[\dfrac{\text{scale}}{2},\text{scale}\right]
\end{cases}
\end{cases}
\tag{4-15}
$$

站立阶段：$t\in[\text{scale},1]$

$$
\begin{cases}
x=B(t-\text{scale},\text{basex}+\text{stepl},\text{basex}), & t\in[\text{scale},1]\\
y=\begin{cases}
B(t-\text{scale},\text{basey},\text{basey}+\text{stepd}), & t\in\left[\text{scale},\dfrac{1+\text{scale}}{2}\right]\\
B\left(t-\dfrac{1+\text{scale}}{2},\text{basey}+\text{stepd},\text{basey}\right), & t\in\left[\dfrac{1+\text{scale}}{2},1\right]
\end{cases}
\end{cases}
\tag{4-16}
$$

四足步行机器人的步态控制主要有四部分组成：步态调度器 Gait Scheduler、站立规划器

Stance Planner、摆动规划器 Swing Planner，以及逆运动学模型 Inverse Kinematic。步态调度器负责在给定的时间内规划哪条足应该着地（站立姿态），哪条足应该向前走（摆动姿态），从而生成不同的四足机器人步态行为。两种常见的机器人运动状态下的步态为 trot 和 walk，在 trot 步态下，机器人对角线的双腿同步移动，同时在站立姿态和摆动姿态之间交替切换实现运动；而在 walk 步态下，通常是单腿处于摆动状态，而其他腿处于站立状态，依次调动每一条足摆动，以此产生四足步行机器人的 walk 步态行为。站立规划器和摆动规划器都是相对于机器人质心的笛卡尔坐标中生成足腿的目标轨迹；接着对目标轨迹进行时间插值，形成笛卡尔空间轨迹插补点；然后采用逆运动学将足部笛卡尔空间插补点转换到关节空间；最后通过驱动机器人的关节位置，实现机器人的步态行进。

4.3.3　轨道交通四足步行消防机器人设计

考虑到小型四足步行消防机器人机械结构简单、操作性强且简单、制作成本较低、步态控制容易实现。因此，这里介绍一款小型四足步行消防侦察机器人的设计与制作。

1. 四足步行消防侦察机器人功能模块设计

四足步行消防侦察机器人功能模块如图 4-29 所示，由主控机构、行走机构和侦察机构等三部分组成。其中，主控机构包括主控制器、扩展控制器、电源装置、外接天线等，是机器人的主要控制部分；行走机构包括四组足腿控制器和多连杆腿部结构，采用多连杆结构实现四足步行行走；侦察机构包括摄像装置、显示屏装置、传感器装置等，用于消防安全侦察作业。

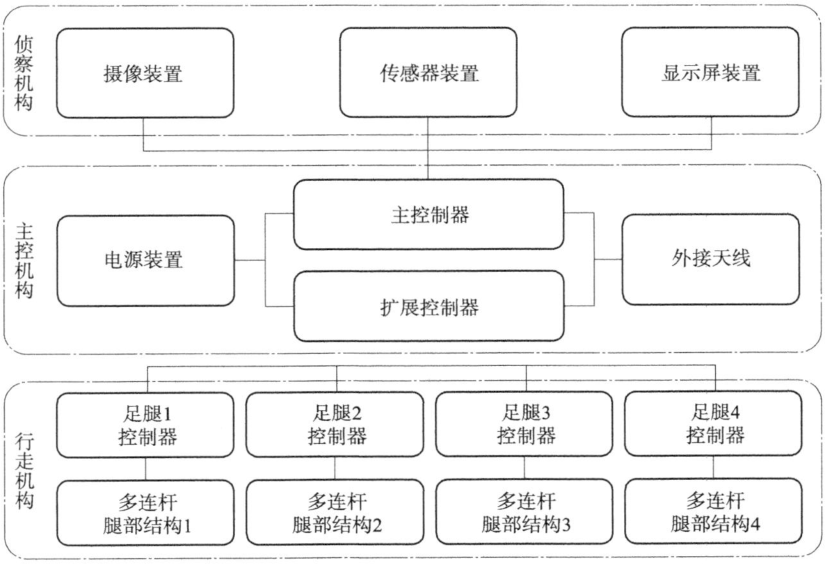

图 4-29　四足步行消防侦察机器人功能模块

2. 四足步行消防侦察机器人硬件结构设计

四足步行消防侦察机器人的硬件结构包括主控机构（内含主控制器、扩展控制器、电源装置、外接天线等）、摄像装置、显示屏装置、行走机构（由四组足腿控制器与多连杆腿部装置组成）等部分，如图 4-30 所示。其中，主控机构是机器人的主要控制平台，内置主控制器、扩展控制器、电源装置、外接天线接口等;主控制器为可编程逻辑控制器,是机器人平台的中央控制部分;扩展控制器内含机器人足腿控制驱动装置,用于连接足腿控制器,此外还为主控制器提供各类控制扩展接口;电源装置为机器人平台提供电力;外接天线为机器人提供了无线数据通信。主控制器连接着摄像装置,摄像装置是机器人侦察的机器视觉装备,视频数据可以通过无线天线传输至远程服务主机或智能手机查看。主控机构连接着行走机构,行走机构由足腿控制器与多连杆腿部装置(共四组)组成,足腿控制器由舵机组成,主控制器通过扩展控制器控制足腿控制器舵机转动,带动多连杆腿部装置运行工作,从而实现机器人步行移动。主控机构平台上安装有显示屏,用于显示机器人状态数据信息。主控机构平台顶部预留了安装空间,根据需要可以安装气体、烟雾、火焰、温湿度等传感器装置,从而实现能够对机器人所处区域的消防安全状态进行数据采集、分析和显示。

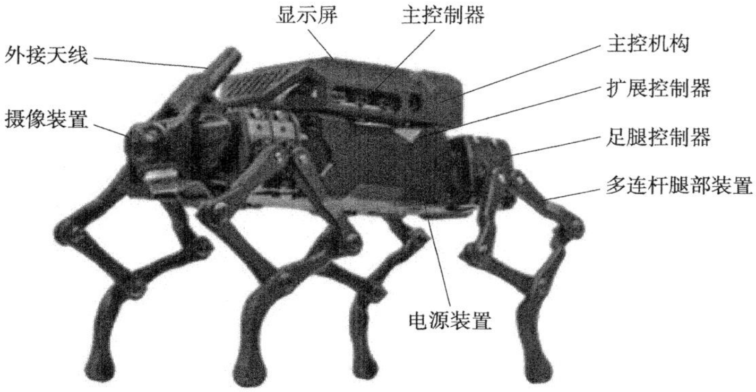

图 4-30　四足步行消防侦察机器人硬件结构

4.3.4　轨道交通四足步行消防机器人图像识别应用

在轨道交通消防机器人图像识别中,人脸识别具有广泛的应用。常见的人脸识别方法主要有基于知识的方法和基于统计的方法两类。基于知识的人脸识别方法是指利用先验知识将人脸看作器官特征的组合,根据眼睛、眉毛、嘴巴、鼻子等器官的特征以及相互之间的几何位置关系来检测人脸,如模板匹配、人脸特征、形状与边缘、纹理特性、颜色特征等方法;而基于统计的人脸识别方法是将人脸看作一个整体的二维图像像素矩阵,从统计的观点通过大量人脸图像样本构造人脸模式空间,根据相似度来判断人脸是否存在,如主成分分析与特征脸、神经网络方法、支持向量机、隐马尔可夫模型、Adaboost 算法等。

在消防机器人人脸识别中,可以使用基于 Haar 级联分类器的机器学习技术来实现对人脸的识别。Haar 分类器是一种基于统计的分类识别的算法,能够应用于人脸识别。事实上,Haar 级联分类器在 AdaBoost 算法的基础上进行了改进,将 AdaBoost 算法训练出的强分类器进行了级联,并且在底层的特征提取中采用了高效率的矩形特征和积分图方法。

Haar 级联分类器算法如下:

①使用 Haar-like 特征做检测。

②使用积分图对 Haar-like 特征求值进行加速。

③使用 AdaBoost 算法训练区分人脸和非人脸的强分类器。

④使用筛选式级联把强分类器级联到一起,提高准确率。

使用 Haar 级联分类器,可以对目标人物图像的人脸、眼睛、鼻子、嘴部进行识别和检测。在轨道交通消防机器人视觉图像识别中,基于 Haar 级联分类器的机器学习人脸识别方法可以用于视频图像以及视觉摄像头所获取人脸图像的快速识别和标示。

1. 基于视频图像的人脸检测

对于轨道交通四足步行消防机器人采集的视频图像,可以使用 Haar 人脸级联分类器快速实现对目标人物图像的人脸识别与检测。首先要加载目标人物视频图像,然后创建 Haar 级联分类器,加载 Haar 级联分类数据文件,对图像中的目标人物脸部图像进行扫描检测,最后将识别的人脸用矩形标示出来。

程序 4-6 展示了基于 Haar 级联分类器对轨道交通四足步行消防机器人所获取视频图像的目标人物人脸识别与检测效果。

```
#程序 4-6:基于视频图像的人脸检测
import cv2 as cv
defimage_face_detect():
  gray = cv.cvtColor(src, cv.COLOR_BGR2GRAY)
  face_detector = cv.CascadeClassifier("haarcascade_frontalface_alt_tree.xml")
  faces = face_detector.detectMultiScale(gray, 1.02, 5)
  for x, y, w, h in faces:
    cv.rectangle(src, (x, y), (x+w, y+h), (0, 0, 255), 2)
  cv.imshow("结果", src)
src = cv.imread(filename)
cv.imshow("原来", src)
image_face_detect()
cv.waitKey(0)
cv.destroyAllWindows()
```

程序运行结果如图 4-31 所示。

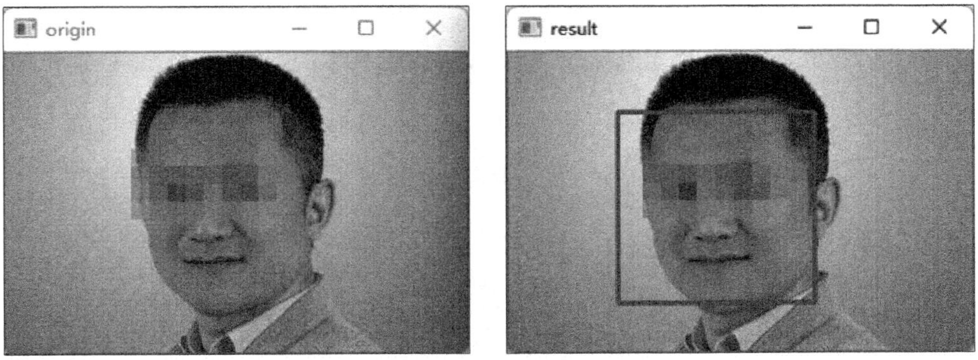

（a）原图　　（b）结果

图 4-31　基于视频图片的人脸检测

2. 基于摄像视频的人脸检测

除了对视频图像进行人脸识别与分析外,Haar 级联分类器还可以对消防机器人视觉摄像头视频进行实时分析与人脸识别。与视频图像识别类似,Haar 级联分类器对视觉摄像头视频的人脸识别是基于对摄像头所获取视频数据的每一帧图像进行处理与分析,来检测与识别每一帧视频图像数据中的目标人物。基于摄像视频的 Haar 级联分类器人脸检测算法流程如下:首先加载视觉摄像头,然后读取视频数据,将其存为帧图像数据;接着启动人脸识别,创建 Haar 级联分类器,加载分类数据文件,对图像中的目标人物人脸图像进行扫描检测;最后将识别的人脸图像用矩形标示出来。

程序 4-7 展示了基于 Haar 人脸级联分类器对视觉摄像头实时监控画面的人脸跟踪识别效果。

```
#程序 4-7:基于摄像视频的人脸检测
import cv2 as cv
def video_face_detect(image):
  gray = cv.cvtColor(image, cv.COLOR_BGR2GRAY)
  face_detector = cv.CascadeClassifier("haarcascade_frontalface_alt.xml")
  faces = face_detector.detectMultiScale(gray, 1.02, 5)
  for x, y, w, h in faces:
    cv.rectangle(image, (x, y), (x+w, y+h), (0, 0, 255), 2)
  cv.imshow("result", image)
capture = cv.VideoCapture(0)
while(True):
    ret, frame = capture.read()
    frame = cv.flip(frame, 1)
    video_face_detect (frame)
    if cv.waitKey(10) & 0xFF == ord('q'):
            break
cv.destroyAllWindows()
```

程序运行结果如图 4-32 所示。

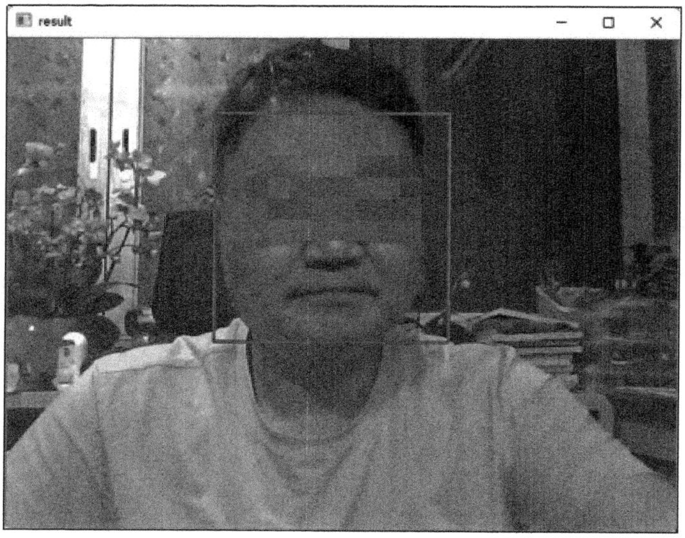

图 4-32　基于摄像视频的人脸检测

4.4　轨道交通六足型消防机器人

轨道交通六足型消防机器人是一种应用于轨道交通消防安全领域中,采用六足型行走机构、六足步态形状类似于六足节肢类生物的仿生智能移动机器人。由于六足型行走机构是一种仿生类型的行走平台,它模仿六足类生物的移动步态,通过六个机械足联动实现爬行移动,能够实现类似六足类生物的运动形态和相关姿态动作,因此六足型消防机器人具有良好的步行姿态,且步态灵活自如,非常适合应用于室内消防搜查、侦察、检测场景。在轨道交通消防安全应用领域中,六足型消防机器人可以用于辅助铁路消防人员开展消防侦察、搜救等作业。

4.4.1　轨道交通六足型消防机器人概述

六足型机器又称蜘蛛机器人,是多足机器人的一种。由于六足型机器人可以运用三条或三条以上的足来保持自身的平衡稳定,因此六足型机器人具有良好的稳定性。而在移动上,多足联动的多样式仿生步态,使六足型机器人在移动方式上拥有更为优秀的机动性和灵活性。甚至就算一两条腿足出现故障不能行走,六足型机器人仍然可以行走移动。由此可以看出,六足型机器人在移动上具有其独特的优势和较强的健壮性。

考虑到在地形不规则和崎岖不平的区域,轮式机器人和履带式机器人的应用往往会受到限制。例如,轮式机器人在相对平坦的地形上行走时,具有运动速度优势,行走迅速且平稳,控制也较简单;然而,当轮式机器人行驶在不平地面上行驶时,其能耗会大大增加,而且在松软地面或严重崎岖不平的地形上,车轮的优势作用将严重丧失,甚至成为负担,导致移动效率大大降低。履带式机器人虽然可以改善轮子对松软地面和不平地面的适应能力,但是履带式机器人在不平地面上的机动性仍然有所不足,行驶时机身仍然会晃动严重。与轮式机器人和履带式机器人相比,六足型机器人可以更好地适应地形不规则和崎岖不平的工作场合。在崎岖不平的路面,六足型机器人具有独特的越野性能和移动姿态。一是得益于六足型机器人具有更好的稳定性,并且拥有更为丰富的移动姿势和步态;二是因为六足型机器人的运动轨迹是一系列离散的足印,移动时只需要离散的点接触地面,不但可以在到达的地面上选择最优的支撑点,从而跨越复杂崎岖和不规则的路面,而且对环境的破坏程度也小。由此可见,六足型机器人对崎岖地形的适应性强。与六足型机器人不同,轮式机器人和履带式机器人行走时则是一条条连续的车轮或履带辙迹。由于崎岖地形中往往会伴随有岩石、泥土、沙子,甚至峭壁和陡坡等障碍物,这些障碍往往容易使得轮式机器人和履带式机器人难以保持自身的稳定,并且造成行走或移动困难。而六足型机器人的腿部具有多个自由度,使其运动的灵活性大大增强,除了采用多足稳定姿态,还可以通过调节腿的长度保持身体水平,或是通过调节腿的伸展程度调整重心的位置,因此抗翻倒稳定性更高。当然,六足型机器人也存在一些不足之处,如为使腿部协调稳定运动从机械结构设计到控制系统算法都比较复杂。此外,相比自然界的六足节肢类生物,仿生六足型机器人的机动性和灵活性还有一定差距。

有鉴于此,六足型机器人可以在一些更为复杂和崎岖的地形下替代人类完成一些更为复杂或危险的作业,如复杂地形下的消防救援、火场灭火、危险障碍排除等。由于六足型机器人在不规则地形和崎岖不平地面的行走优势,因此,国内外许多研究者对六足型机器人开展了相关研究，涌现出许多有趣的六足型机器人设计。以下将介绍一些六足型机器人的设计。

1. 美国六足型机器人 T-RHex

T-RHex 是美国卡耐基梅隆大学 ScienceParrot 团队为在崎岖地形中运动而设计开发的一款仿生六足型机器人，如图 4-33 所示。T-RHex 有尾巴，可以防止自己向后倾斜。更重要的是，它腿上有细小的锥形脚趾，有助于抓住像砖块、木头和混凝土等粗糙的表面。另外，依靠那细小的脚趾，它还能爬上非常陡峭的山坡并悬在上面，防止掉落。与其他六足型机器人相比，T-RHex 能够完成更多的攀爬和悬挂操作。

图 4-33　六足型机器人 T-RHex

T-RHex 的脚趾也称微刺。依靠微刺，T-RHex 能够完成许多同类的攀爬和悬挂操作，并保持 T-RHex 快速、高效的轮腿运动能力。值得一提的是，由于它们的微刺必须小心地与接触面结合和脱离，因此往往使用微刺来攀爬的机器人都相当有条理。但是，这在一定程度上也限制了它们在非攀爬时的机动性。有趣的是，T-RHex 走路的样子很特别。它正常向前走路时，使用的是脚踝而不是脚趾。这意味着微刺在大多数情况下都不会被使用，因此 T-RHex 可以通过它的轮腿转动来绕行。在攀爬时，为了与微刺配合，T-RHex 会将轮腿向后移动，这意味着它的尾巴可以从脑袋伸出来。但由于 T-RHex 的所有功能在本质上都是机械的，而且它没有主动传感器，因此实际上它并不需要脑袋。T-RHex 能攀爬的最高坡度是 55°，目前它无法在垂直的墙壁上爬。但 T-RHex 能够紧贴地附着在 135°的斜坡表面上，也就是 45°的悬垂度。

2. 英国六足型机器人 BladeBUG

BladeBUG 是由英国伦敦的机器人创业公司研制，专门为维护和检查风机叶片而设计的一款智能运维六足型机器人，如图 4-34 所示。BladeBUG 每只足的末端都安装了真空黏合装置，可牢固吸附于风机叶片表面，并在叶片上灵活爬行。通过扫描表面的裂缝和变形，并将扫描数据和视频信号传递给地面技术人员，从而完成风机的全自动检查和维修。目前 BladeBUG 六足型机器人已完成在垂直训练塔和陆地上的叶片部分测试。

传统的风电叶片的检查和维修，通常是由技术人员利用绳索开展工作，并只能在天气良好的时段进行运行维护。这导致风机停机时间长，电量损失严重。此外，运维船只的使用费用也占到海上风电场运营和维护成本的很大比重。为了提高运维便利性，降低运维人员的安全风险，BladeBUG 六足型机器人等设备得以应用与开发。预计在不久的将来，BladeBUG 机器人将与运维船只、无人机和机械臂一起，应用于清洁和打磨风机叶片。

图 4-34　六足型机器人 BladeBUG

3. 中国六足型机器人“青骓”

“青骓”是中国上海交通大学研发的一款仿生六足型机器人，如图 4-35 所示。“青骓”能够跨越野外和城市道路中的复杂地形，可以承担城市消防救援与作业、物流、探测、搜救等任务。

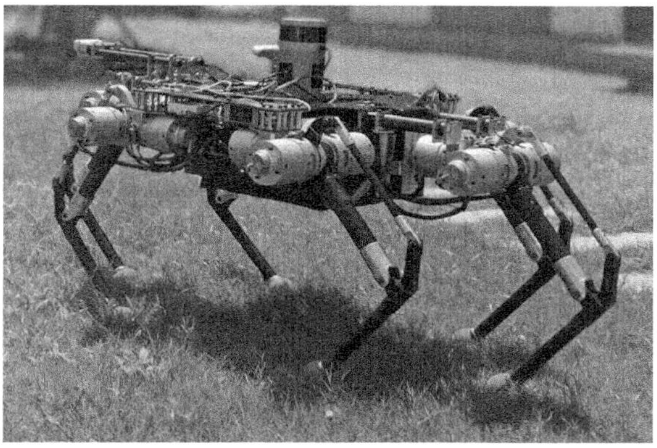

图 4-35　六足型机器人“青骓”

相比于目前已有的多种四足机器人，“青骓”六足型机器人的最大特点是具备相对较高的负载能力和稳定性，其在实际应用环境中的可靠性更好。它可以携带相对更重型的设备，进入火灾等灾害现场进行各种救援作业，如图 4-36 所示。

图 4-36　“青骓”六足型机器人火场救援演示

4. 中国金龟子六足型机器人

金龟子六足型机器人是上海交通大学研发的一款消防救援六足型机器人，如图 4-37 所示。这款机器人主要用于火场侦察、危化品探测、灭火、搬运、救援等任务。它的驱动器和所有控制线路被隔离在身体上方的密封箱体中，更容易得到集中有效的保护。依托于此，金龟子六足型机器人可以安全地在湿热、辐射等复杂环境下执行作业任务，同时，由于机器人足部只保留了机械结构，足式结构拥有超强越障能力，因此可以顺利地通过水潭和火焰。这款消防救援六足型机器人可以成为火灾中的救援小能手，它的应用能够有效减少灾害事故的财产损失和人员伤亡。

图 4-37　金龟子六足型步行机器人

4.4.2　轨道交通六足型消防机器人运动模型分析

1. 步态分析

六足型机器人的步态是多样的，其中三角步态是六足爬行机器人实现步行的典型步态。在自然界中，“六足纲”昆虫行走时，一般不是六足同时直线前进，而是将三对足分成两组，以三角形支架结构交替前行。目前，大部分六足爬行消防机器人采用了仿“六足纲”昆虫的结构，即采用六条腿足分布在身体两侧的结构设计。行走时，身体左侧的前、后足及右侧的中足为一组，右侧的前、后足和左侧的中足为另一组，分别组成两个三角形支架，依靠大腿前后划动实现支撑和摆动过程，这就是典型的三角步态，如图 4-38 所示。图中机器人的两组腿足可以在水平和垂直方向上运动。此时，B、D、F 脚为摆动脚，A、C、E 脚原地不动，只是支撑身体向前。由于身体重心低，不用协调 z 向运动，容易稳定，所以这种步态方案得到广泛运用。

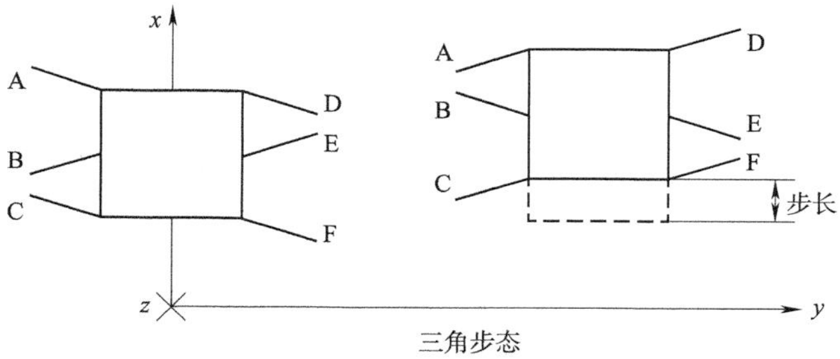

图 4-38　三角步态示意图

2. 直线行走步态规划

三角步态直线行走步态规划就是两组腿足之间交替互换前进,即“3 +3”直线行走步态规划,如图 4-39 所示。

“3 +3”直线行走步态的摆腿顺序分为 A 组和 B 组,两组在步行效果上是一致的。

阶段 1:机器人六腿都着地,机身前移,重心移至 C_1,如图 4-39(a)所示。

阶段 2:A 组腿做摆动腿,摆起;B 组腿做支承腿;重心继续前移,如图 4-39(b)所示。

阶段 3:机器人六条腿着地,坐姿势调整,重心前移。

阶段 4:B 组腿做摆动腿,摆起;A 组腿做支撑腿,重心继续前移,完成一个步态周期,如图 4-39(e)所示。

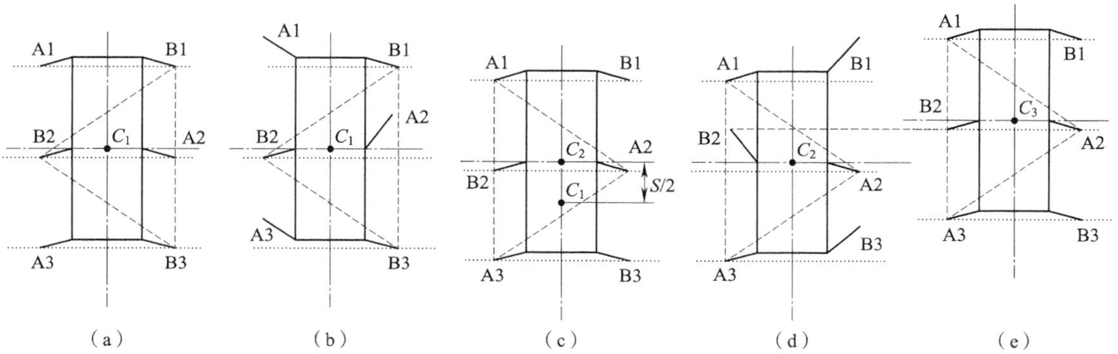

图 4-39　直线行走步态示意图

3. 转弯步态分析

六足机器人转弯步态一般采用以一个中足为中心,再原地转弯从而达到转弯的目的,如图 4-40 所示。

(1)当 B1,B2,B3 各个腿都抬起,然后 B1,B3 腿再摆动,B2 腿不动的时候,机身靠三脚架 A1,A2,A3 支撑起他的重量。

(2)B1,B2,B3 腿落地支撑机身重量,同时 A1,A2,A3 腿不动。B1,B2 腿向后摆动。在转弯的过程中,A1,A3,B1,B3 只是做上下运动。

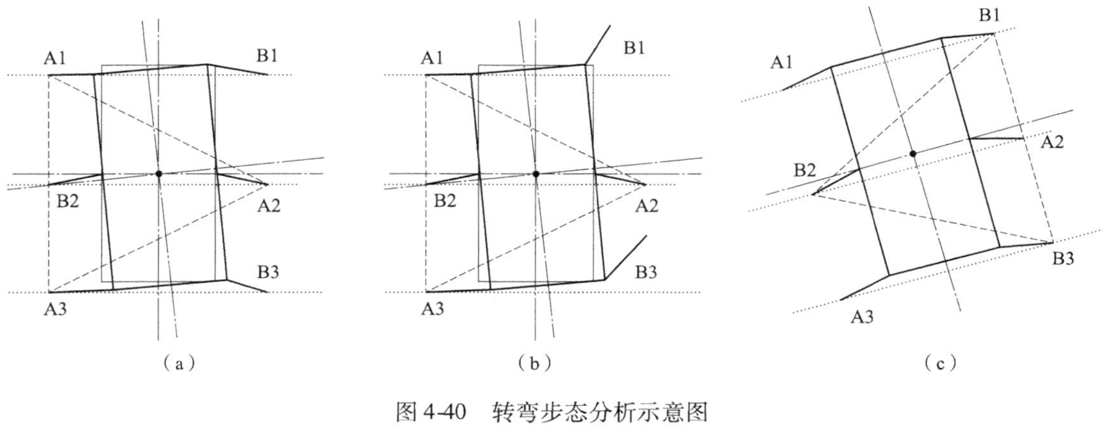

图 4-40　转弯步态分析示意图

4.4.3 轨道交通六足型消防机器人设计

考虑到小型六足型机器人机械结构简单、制作成本低、行动更灵活、稳定性和操作性较强。因此,这里介绍一款小型六足型消防巡检机器人的设计与制作,该消防机器人可以在轨道交通领域应用于消防安全巡逻或巡检作业。

1. 六足型消防巡检机器人功能模块设计

六足型消防巡检机器人整体功能模块设计如图4-41所示。其整体功能模块由主控机构、行走机构和巡检机构等三部分组成。其中主控机构包括主控制器、电源装置、电压显示等,是机器人的主控平台;行走机构包括六组足腿控制器及其行走机械装置,执行六足爬行行走动作;巡检机构包括超声波模块、机械臂、摄像装置、显示屏、传感器等,用于消防安全巡逻与巡检作业。

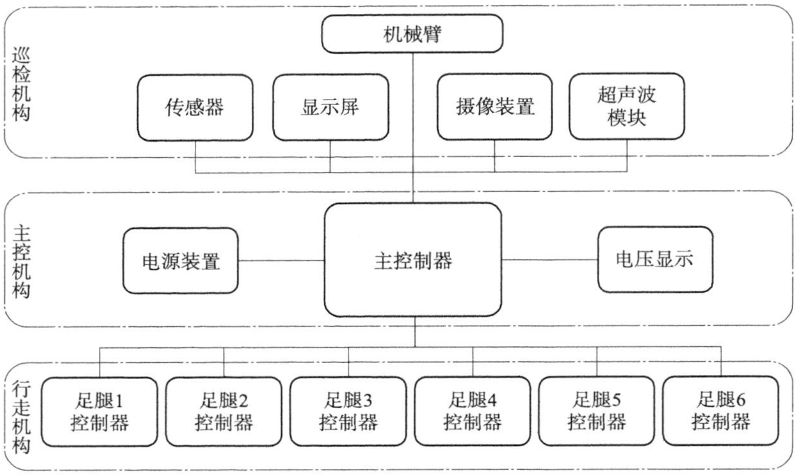

图4-41 六足型消防巡检机器人功能模块

2. 六足型消防巡检机器人硬件结构设计

六足型消防巡检机器人的硬件结构包括主控机构(内含主控制器、电源装置、电压显示装置等)、机械臂、摄像装置、超声波模块、传感器、显示屏、行走机构(包含六组足腿控制器)等部分,如图4-42所示。其中,主控机构是机器人的主要控制平台,内置主控制器、电源装置、电压显示装置等;主控制器为可编程逻辑控制器,是机器人平台的中央控制部分;电源装置为机器人平台提供运行电力;电压显示装置则提供机器人的电源电量提示。主控机构上通过电控云台连接着机械臂,机械臂拥有六个自由度,前端安装有摄像装置和机械爪,可以用于消防巡检和排障作业。摄像装置是机器人巡检的主要视觉检查装备,通过与六自由度的机械臂配合,可以灵活地从多个不同角度和范围对目标区域进行监控和检查。主控机构前端设置有超声波模块,可以用于机器人测距和避障。主控机构平台上还安装有传感器和显示屏,可以使用气体、烟雾、火焰、温湿度等传感器对机器人所处区域的消防安全情况进行数据采集、分析和显示。主控机构连接着六足行走机构,行走机构包含六组足腿控制器及其机械装置,分别使用六组舵机组实现六足的灵活爬行行走。

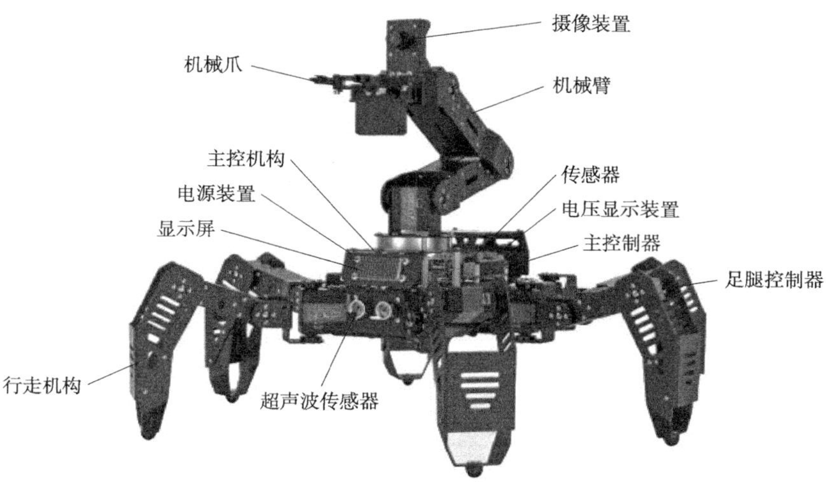

图 4-42　六足型消防巡检机器人硬件结构

4.4.4　轨道交通六足型消防机器人图像识别应用

在轨道交通消防机器人图像识别领域,深度学习技术是近年来机器人图像识别与分析的热点应用技术。随着深度学习技术在机器人视觉图像方面的不断发展,深度学习可以应用于图像分类、图像变换、图像增强、身份识别、人脸特征分析等方面。其中在深度学习人脸图像识别领域,face_recognition 是一个强大、简单、易上手的人脸识别开源库,这个库是基于深度学习技术,并在深度学习框架上做了整合,能够实现人脸的图像识别、特征提取以及分析操作。

以下通过两个案例展示了基于 face_recognition 人脸识别库对机器视觉图像人脸特征识别与人脸部位识别的应用。

1. 基于深度学习的人脸特征识别

程序 4-8 展示了在轨道交通六足型消防机器人图像识别应用中,使用 face_recognition 人脸识别库对人脸图像特征部位的识别与标示。

```
#程序 4-8:基于深度学习的人脸特征识别
importface_recognition
from PIL import Image, ImageDraw
image = face_recognition.load_image_file("face.png")
face_landmarks_list = face_recognition.face_landmarks(image)
result_image = Image.fromarray(image)
d = ImageDraw.Draw(result_image)
for face_landmarks in face_landmarks_list:
    facial_features = [
        'chin',
        'left_eyebrow',
        'right_eyebrow',
        'nose_bridge',
        'nose_tip',
        'left_eye',
```

```
        'right_eye',
        'top_lip',
        'bottom_lip'
    ]
    for facial_feature in facial_features:
        print("The {} in this face has the following points: {}".format(facial_feature,
face_landmarks[facial_feature]))
    for facial_feature in facial_features:
        d.line(face_landmarks[facial_feature], width=5)
result_image.show()
result_image.save("face.jpg")
```

程序运行结果如图 4-43 所示。

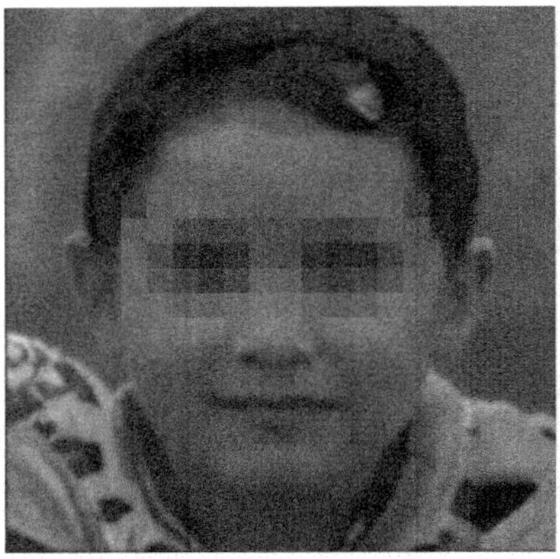

（a）原图

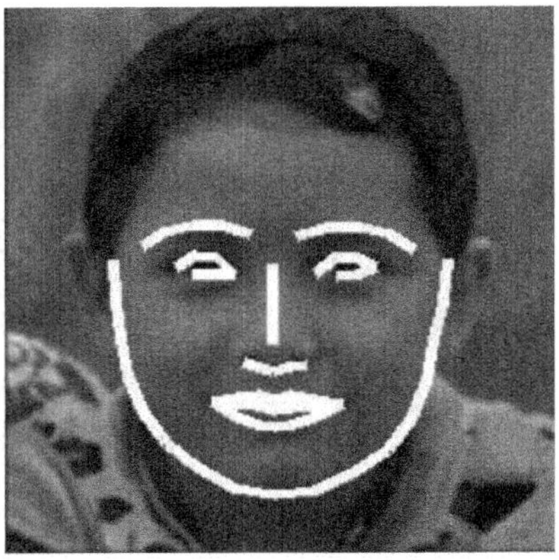

（b）结果

图 4-43　基于 Tensorflow 的图像处理

2. 基于深度学习的人脸部位识别

除了人脸识别和人脸特征标注外，基于深度学习技术的 face_recognition 库还可以对人脸部位进行识别和标示，这对于消防安全领域中对异常行为图像识别非常有益。

程序 4-9 展示了在轨道交通六足型消防机器人图像识别应用中，使用 face_recognition 人脸识别库对目标人物图像人脸部位的识别与标示。

```
#程序 4-9:基于深度学习的人脸部位识别
import face_recognition
from PIL import Image, ImageDraw
image = face_recognition.load_image_file("face002.png")
face_landmarks_list = face_recognition.face_landmarks(image)
print(face_landmarks_list)
for face_landmarks in face_landmarks_list:
    pil_image = Image.fromarray(image)
    d = ImageDraw.Draw(pil_image, 'RGBA')
    d.polygon(face_landmarks['top_lip'], fill=(150, 0, 0, 128))
    d.polygon(face_landmarks['bottom_lip'], fill=(150, 0, 0, 128))
    d.line(face_landmarks['top_lip'], fill=(150, 0, 0, 64), width=3)
    d.line(face_landmarks['bottom_lip'], fill=(150, 0, 0, 64), width=3)
```

```
pil_image.show()
pil_image.save("face002.jpg")
```

程序运行结果如图 4-44 所示。

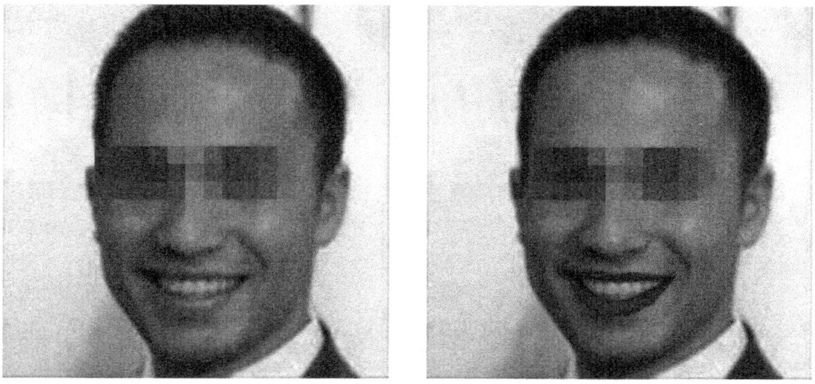

（a）原图　　　　（b）结果

图 4-44　基于深度学习的嘴唇识别

第5章 轨道交通轨道式消防机器人

【本章引言】

轨道交通轨道式消防机器人是指采用悬挂式行走机构平台，能够实现沿着轨道自主移动的消防机器人。相对于传统轮式、履带式、足式消防机器人，轨道式消防机器人在监控能力、消防巡检和处置能力方面更强，它可以沿着既定轨道进行反复巡查，适合在室内作业，作业稳定性优于其他移动式消防机器人。轨道交通轨道式消防机器人目前已成为轨道交通领域中应用研究的热点之一。

本章介绍轨道式消防机器人的关键技术、理论方法和应用、用途场所，提出机器人行走机构平台及其各功能模块的技术和实现方法。

【内容提要】

5.1 轨道交通轨道式消防机器人概述及应用

5.2 轨道交通轨道式消防机器人分类

5.3 轨道交通轨道式消防机器人设计

5.1 轨道交通轨道式消防机器人概述及应用

轨道交通轨道式消防机器人是一种应用于轨道交通消防安全领域中，采用悬挂式行走机构平台的智能移动机器人。它依赖于导轨进行移动行走，能够按照预先铺设的导轨轨道实现前后移动，配合升降旋转装置，能够实现三维空间移动和旋转，具有良好的稳定性、三维空间灵活性及空间定位性能。通过在轨道式消防机器人上安装各类传感器，可以实现对机器人所处空间的设备、周围环境进行消防安全巡逻、监测、灭火的作业。轨道交通消防安全应用领域中，轨道式消防机器人可以应用于室内变电站设备的巡检和监测，以及应用于铁路隧道开展消防巡检作业。

5.1.1 轨道式消防机器人概述

随着智能移动机器人科技的不断进步，国家愈加重视智能移动机器人的发展，并加强了对智能移动机器人研发的投入和政策支持，这使我国智能移动机器人技术有了大幅度提高和发展，并从工业领域逐渐地延伸至其他应用领域。轨道式消防机器人是智能移动机器人的一种特殊应用类型，辅助或代替工作人员对室内或室外设备进行巡检、监控及探测工作，如图 5-1 所示。它能够在少人甚至无人的环境下，利用图像处理及室内定位等技术，完成设备的周期巡检，并对室内或室外特定物体的状态和室内外环境状态进行实时监测、识别和分析，对维护特定设备的稳定安全运行有重要意义。

图 5-1　轨道式消防机器人

一般情况下，在轨道交通消防安全领域，某些特定设备是否安全正常工作关系到整个系统的安全生产和可靠运行，因此，需要工作人员每天定期对这些运行设备进行巡检，采集设备的运行数据，并对数据分析。由于工作量较大，工作人员的技术水平参差不齐，对工作的认真程度也各不相同，日常巡检维护不能得到充分的保障，一旦没有及时发现设备的异常状况并解决掉，就可能造成巨大的损失。为了解决此类问题，轨道式消防机器人的研发及应用应运而生。

与传统监控设备或监控系统相比，轨道式消防机器人更为灵活，监控范围更广阔；与目前地面移动巡检机器人相比，轨道式消防机器人更为稳定和可靠，持久巡查和识别效果更好。这主要得益于轨道式消防机器人可以沿着固定的轨道进行工作，并获得稳定电源电力供给，从而工作环境和工作条件更为稳定可控。轨道式消防机器人由于拥有上述这些优势，因此在轨道交通、工矿隧道、工厂建筑等领域获得广泛应用，成为目前消防安全监控行业市场应用的热点需求。

5.1.2　轨道式消防机器人的应用

近年来随着智能移动机器人技术的不断发展，智能移动机器人的应用领域正在不断扩大。当前许多国家都在研制各种不同类型、可替代人工并用于危险环境作业的智能移动机器人。轨道式消防机器人是智能移动机器人的一个重要的新兴发展领域，它可以应用于消防安全、电力化工、工矿隧道等危险作业领域，是智能移动机器人的一个分支。它最大的特点是沿着铺设好的导轨移动并实施作业，其导轨可以铺设在地面上，也可以固定在墙壁上，还可以架设在空中。相较于地面智能移动机器人只能在地面上移动作业，轨道式消防机器人可以在空中移动并观测作业对象；相较于飞行机器人，轨道式消防机器人运行更为稳定和容易操控，不用担心因操控失误导致机器人坠落损坏；而相较于视频监控系统，轨道式消防机器人能够沿着导轨移动，因此更为灵活且监控范围更广。此外，与其他移动机器人相比，轨道式消防机器人由于在固定的导轨上运行，可以获得源源不断的电源电力供应，因此可以长时间持久运行工作和作业。

轨道式消防机器人具有操控简单、运行稳定、工作持久、定位灵活的优势和特点，主要应用于一些环境恶劣、危险区间及需要长时间持续监控作业的工作场景，如地铁隧道安全监测、铁路线路安全巡检、车辆段交电所巡查等。

1. 地铁隧道安全监测应用

近年来，我国城市轨道交通网络增长迅速，大量城市轨道交通基础设施在养护期，线路安全和监测方面所面临的压力也增大，如何保证地铁系统的安全运行已成为各级政府及管理部门亟待解决的重要问题，同时也引起了社会的高度重视。传统人工巡检存在劳动强度大、工作效率低、检测质量分散等不足，而随着智能移动机器人科技的快速发展，轨道式消防机器人在城市轨道交通领域逐渐获得应用。有研究表明，智能轨道式巡检机器人已出现在地铁运维中，它可以让地铁安全故障率降低 90%，成为城市轨道交通领域中运行维护、消防安全的一种有效保障手段。

传统地铁巡检对人员需求量较大，像北京、上海、广州等一线大城市，地铁交通安全巡检员数量均超过 1 万，而如今我国各城市地铁线路覆盖范围更广，人员需求量更大。显然，地铁人力运维成本上升压力不断增大，工作中存在的安全隐患压力也在不断增加。有鉴于此，轨道式机器人的应用，可以凭借其灵活强大的监测技术、稳定可靠的作业性能，来解决当前地铁设备安全巡检存在的人力成本高、巡检不实时、诊断易失误等痛点棘手问题。图 5-2 所示是应用于城市轨道交通隧道的轨道式消防机器人工作示意图，通过基于轨道式机器人平台，以及具备多传感器识别和专家系统的智能化安全保障系统，智能轨道机器人利用图像识别、大数据分析、人工智能等技术，把轨道交通安全防护从站台延伸至隧道内，而且在不会影响列车正常行驶的情况下，能够全天侯在隧道内长时间运行工作。

图 5-2 轨道式消防机器人应用于隧道安全监测

轨道交通轨道式消防机器人的出现和应用，给地铁隧道消防安全和设备安全运行维护带来了新的技术手段和监测方法。可以看出，与其他移动机器人相比，轨道式消防机器人能够不受地理条件或恶劣天气等外部环境影响，对于高危作业环境和火情现场能够做到持久工作运行。因此，轨道式消防机器人是替代人工执行长时间常规固定巡检的一种非常好的技术手段和方法。

2. 铁路线路安全巡检应用

铁路线路巡检是轨道交通日常运营中非常重要的工作，巡检人员对地铁进行实地巡查，每寸铁轨、每枚螺钉都事关地铁行车安全；目前国内地铁基本还是由人工手持设备定期巡检，每条线路需要 10 ~20 名轨道检修工每天凌晨进入隧道步行检修，每小时只能检测 5 km 轨道线路，存在作业效率低、人身安全隐患、无客观标准、原始数据无翔实记录、夜间作业难免漏检等诸多弊端。巡检不但需要大量的人力资源，而且人工检测工作艰苦，耗时长、效率低、占用线路周期长，非常依赖巡检人员的工作经验。

图 5-3 所示是南京擎华研发的一款可替代人工进行轨道巡检工作的轨道式消防机器人。它通过搭载了机器视觉系统的轨道式自动导航装置，实现轨道内移动和检测的功能，执行各类常规检测任务，从而减轻人员劳动强度。该机器人可实现实时轨道巡检，在整条线路上巡检无信号盲区，解决通过普通巡检人员人眼无法甄别的异常现象、消防安全隐患、专业隧道检测人工采集数据效率低、多专业数据采集与日常监控不能自动化等问题。

图 5-3　轨道式消防机器人应用于铁路线路安全巡检

3. 车辆段变电所巡查应用

变电所是铁路车辆运行的“能量站”，主要负责电能的供应与传输，为列车和车站所有用电设备设施提供电能。采用传统的人工巡查方式，铁路工作人员主要通过“一听、二看、三经验”进行日常巡检工作，每 7 d 巡查一次，确保变电所内各类供电设备运转良好，保障地铁用电设备安全可靠运行。这种人工方式显然难以保障供电设备的实时安全，同时对工作人员的专业技术和巡查经验也有一定要求。图 5-4 所示是一款应用于车辆段变电所巡查的轨道式消防机器人。它通过高清成像相机、红外热成像仪、超声波传感器等对变电所机柜设备进行巡视检查,提升巡检效率及设备可靠性。

图 5-4　轨道式消防机器人应用于变电所安全巡查

该轨道式消防机器人被固定在变电所设备上方的导轨之上。可以对下方的设备进行例行巡查的。通过升降装置,机器人可以自由伸缩。配合 360°旋转云台,机器人还可以旋转上下伸缩,确保巡视多点位覆盖,并通过智能化数据分析,实现实时安全预警。该机器人可以对变电所内供电设备的电压电流表计、指示灯状态、旋钮位置、保护装置状态、温度、湿度、噪声、红外温度及局部放电等进行检测、读取状态信息;同时,还能够对供电设备的运作安全和消防安全提供预警保障。如果发现异常情况,会将异常信息实时发布到后台终端,并发出报警信息提示,提醒工作人员现场查看处理,及时有效地确保供电设备安全可靠运行,提升巡检效率。使用该机器人后,巡检频次可由此前人工巡检的 7 d 一次变为 3 h 一次,提高了设备巡查效率,进一步保障了设备运行的安全可靠性。

从以上应用可以知道,轨道式消防机器人具有较强的实用性,适用于现场设备的安全巡查、监测和巡检。目前轨道交通领域中对现场的巡检主要采用人工方式,由工作人员定时对设备进行观测和检查以确认设备的运行状态。而对设备的长期监测则使用常规安装的视频监控系统,为被监测目标定点安放摄像装置。这样的方式费时费力,使用过程中还会产生大量的重复性工作,增加了劳动强度。而且常规视频监控系统不能移动,监控范围有限,存在一定的监控盲区,这对于设备安全监测存在一定的安全隐患。轨道式消防机器人的应用,能够替代常规视频监控系统对被监测目标进行实时监控,并能够有效地辅助或替代工作人员对巡查区域开展实时的巡逻和检查。

图 5-5 为轨道式消防机器人在供电系统中应用的工作架构示意图。从示意图中可以看出,轨道式消防机器人分别被应用于供电设备的监控(轨道式监控机器人)和对供电设备的消防灭火处置(轨道式灭火机器人)。其中,轨道式监控机器人对供电设备开展实施监控和监测数据的采集,采集后的数据经过通信平台发送至后台管理服务器,并提供给相关部门、专家进行分析查询。一旦发生消防安全事故,则由后台发送指令,启动轨道式灭火机器人进行实时的灭火扑救,消除消防隐患,保障供电设备的安全。

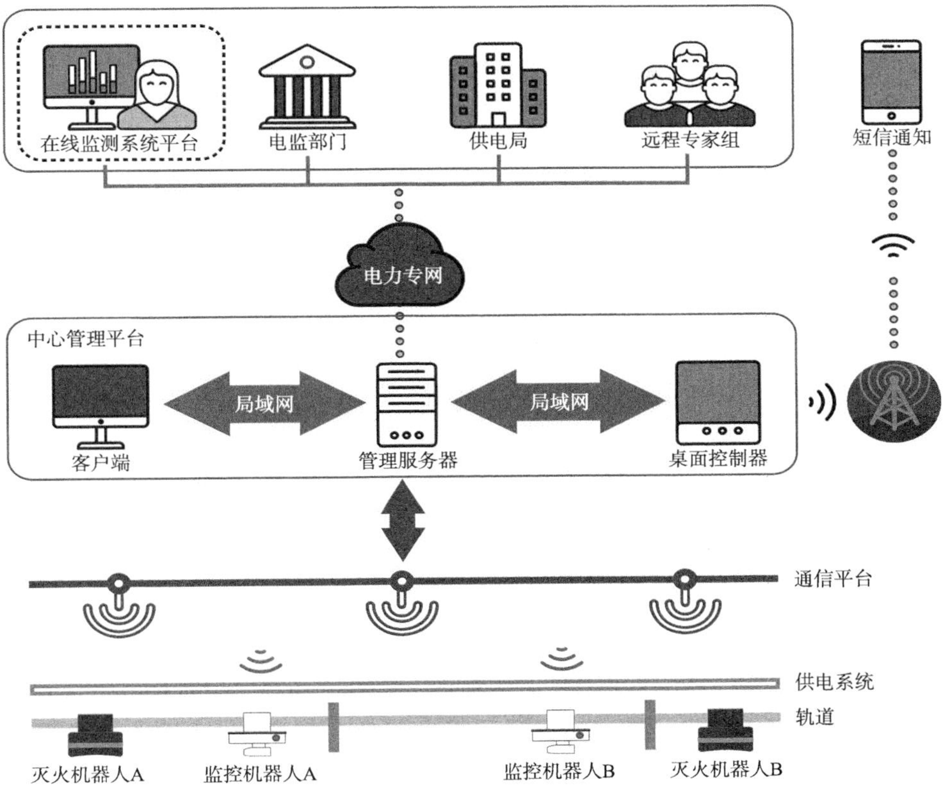

图 5-5　轨道式消防机器人工作架构图

事实上，轨道式消防机器人具有较高的性价比，能够提高轨道交通运输系统的运营维护和设备管理智慧化管理水平，同时降低管理过程中的运营成本，提高生产和工作的效率。

5.2　轨道交通轨道式消防机器人分类

在我国，随着轨道式消防机器人技术的飞速发展，以及轨道交通、工矿、建筑、桥梁交通等各个行业对危险作业区域监控和巡查的需要，轨道式消防机器人的需求日益增大，从事轨道式消防机器人设计生产的企业也逐年增多。从市场需求上看，主要集中在电力、工矿等行业，而对于轨道交通行业而言，其潜在的需求规模不可忽视。从产品应用情况来看，主要应用于区域监控、消防巡查、险情监测、设备巡检等方面。而从轨道交通消防安全领域应用来看，目前市场上大多数轨道式消防机器人产品，根据其在用途和应用场景，可以分为消防监控机器人、消防巡检机器人及消防探测机器人等三类。

5.2.1　轨道式消防监控机器人

轨道式消防监控机器人是一种依赖于导轨，主要通过视频监控摄像头对指定目标或区域进行实时监视的可移动机器人，如图 5-6 所示。与传统移动机器人相比，它能够通过电控装置控制其沿着导轨前后移动，并通过视频摄像头云台控制视频监视范围。由于能够沿轨道获得稳定的电力供应,因此工作时间比一般移动机器人更长,监控范围也更为灵活,并可靠稳定。

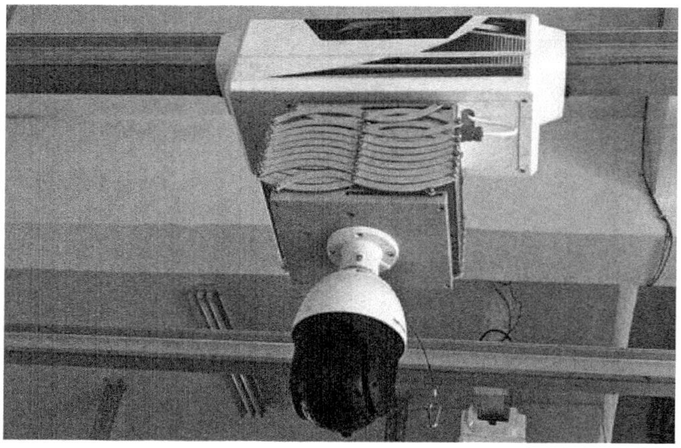

图 5-6　轨道式消防监控机器人

5.2.2　轨道式消防探测机器人

轨道式消防探测机器人是一种依赖于导轨,不但可以通过摄像装置对指定设备进行实时监控,还集成有多种传感器或特殊机器视觉装置,能够对指定设备及其周围环境进行探测分析的行走机器人,如图 5-7 所示。与轨道式消防巡检机器人相比,轨道式消防探测机器人能够进行数据采集与智能分析,功能更为强大。

图 5-7　轨道式消防探测机器人

长期来看,未来人工智能最大的应用市场将出现在轨道式消防探测机器人领域,面对远比当前工业生产复杂的环境,轨道式消防探测机器人对人工智能技术的要求更高更全面,市场空间更加巨大。

目前轨道式消防探测机器人主要应用于地下管廊、矿井等工矿行业,用于地下作业区域的无人安防探测,如图 5-8 所示。未来轨道式消防探测机器人的市场空间将会非常广阔,预计到 2024 年包含轨道式消防探测机器人在内,全球的服务机器人的销售额将会达到 170 亿美元。

图 5-8　工矿行业轨道式消防探测机器人应用

5.2.3　轨道式消防巡检机器人

轨道式消防巡检机器人是一种依赖于导轨，能够通过不同的摄像装置（或装备多个摄像装置）对指定设备进行实时检查的可移动机器人，如图 5-9 所示。与传统移动机器人相比，它能够按照预设好的轨道进行移动并实时巡检，巡检范围可以通过轨道铺设设定，因此巡检效果更为有效可靠。

图 5-9　轨道式消防巡检机器人

智能轨道式消防巡检机器人是新型服务机器人的一种，主要用于生产设备的消防安全监测，及时在系统进行设备状态反馈，以便技术员快速查找问题进行维护。对于轨道交通、工矿电力等行业，传统的人工消防巡检存在工作效率低、劳动量大、人数不足和环境恶劣的通病，在巡检效率和安全保障方面都存在不少问题。随着人工智能技术的发展和成熟，以及物联网、云计算、5G 技术的普及，以替代人工巡检为目的的智能轨道式巡检机器人在巡检效率、危险环境作业和安全保障等方面都体现出许多优势，在电力行业领域已经得到越来越多的应用，如图 5-10 所示。

随着人工智能、物联网、云计算、5G 通信等技术逐步与传统产业结合，为轨道交通、工矿电力、工程隧道、船舶工业等行业带来可观的经济效益和社会效益,并推动相关产业的重组升级,这些产业的升级调整让轨道式巡检机器人迎来了快速发展。以工矿隧道行业安全巡检为例,智能轨道式巡检机器人能克服传统人工对工矿隧道的安全隐患、消防隐患、危险隐患的巡检不到位、巡检结果无法数字化的缺陷,有效地提升巡检效率,提高巡检质量,节省巡检成本,降低巡检危险性,提升工矿作业系统的智能化运行水平。

图 5-10　室内电力轨道巡检机器人

近年来,智能轨道巡检机器人在电力、隧道、冶金等领域得到广泛应用,市场需求也在进一步扩大。从国内市场情况来看,国家已将巡检机器人和智能制造纳入国家科技创新的优先重点领域。逐步实施以"机器换人"完成高危工作,帮助企业降低安全成本。

5.3　轨道交通轨道式消防机器人设计

考虑到目前轨道交通领域应用的轨道式消防机器人主要还是沿着水平或垂直固定轨道移动,并没有考虑曲线变化移动的需求情况。有鉴于此,本节提出几款曲线轨道移动轨道式消防机器人设计,以实现曲线轨道移动和曲线变换轨道。与传统轨道式消防机器人相比,曲线轨道移动轨道式消防机器人可以沿着曲线变化的导轨进行工作,从而更为灵活便捷。

5.3.1　轨道式消防监控机器人设计

轨道式消防机器人技术的快速发展,为当前轨道交通消防安全领域所面临的难题提供了一种新的解决思路和技术方案。基于对现有安防监控装置设计进行改进,提出一种轨道交通轨道式消防监控机器人的设计思路。该思路是设计一款小型智能轨道式移动机器人,通过导轨和机器人行走机构设计来构建一个可以沿着曲线导轨移动的安防监控轨道机器人平台,并在该平台上安装配置相应的电动伸缩装置、电动云台和智能安防监控设备装置,以实现监控设备的可移动性、机动性和智能化,弥补传统监控装置不能移动、监控范围有限等缺点。该设计的优点在于:一是通过导轨设计实现监控装置的可移动性,从而解决了传统安防监控设备不能移动的问题;二是采用伸缩装置与电动云台相结合的设计方案,使机器人的监控设备可以大幅度地扩大检测范围,最大限度地减少监测盲区;三是可以通过软件控制平台,基于移动互联技术实现对机器人的远程监控管理,实施远程实时的人群异常行为检测和监控管理。

1. 结构设计

轨道交通轨道式消防监控机器人设计图如图 5-11 所示，包括导轨、行走机构、电动伸缩杆、电动云台、主控装置、安防监控装置及环境监测传感器装置。其中，导轨固定于固定支架上，导轨设计成底部带有开口的中空矩形框；行走机构设置在导轨内，有八个行走轮，左右两个侧面各有两个行走轮，行走于中空矩形框侧壁，底面设置有四个行走轮，行走于中空矩形框底面；行走机构通过电动伸缩杆与主控装置的一侧连接；主控装置的另一侧连接电动云台，电动云台上安装有安防监控装置（采用双目摄像机装置）；主控装置四面内嵌有烟雾传感器、温湿度传感器、二氧化碳传感器等环境监测传感器装置；主控装置内置微处理器，用于控制行走机构行走、电动伸缩杆升降、电动云台的旋转等动作。此外，主控装置内安装有通信模块和电源模块，可以将双目摄像机的视频图像数据及环境监测传感器数据传送至后台服务器。

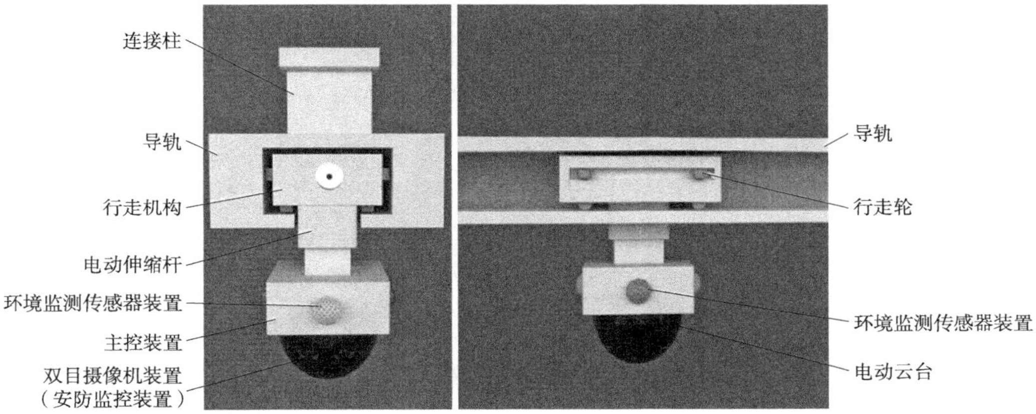

图 5-11　轨道交通轨道式消防监控机器人设计图

2. 应用方式

（1）安装运行方式

使用连接柱将导轨固定在天花板上，使机器人可以稳定地在导轨上移动。导轨将机器人行走机构包裹在内，使整个机器人悬吊起来，这样既有利于行走机构的运行保护，也可使行走机构沿着导轨运行实现前后移动。行走机构左右两侧各设置有两个行走轮，可以防止行走机构在行走运行时摩擦左右侧壁，也使行走机构能够稳固有效地在导轨中行驶，同时还能保障伸缩杆位于凹槽中间，避免碰撞摩擦槽口侧壁。

（2）巡检监控方式

行走机构连接着主控装置，主控装置连接着电动云台，电动云台中安装有双目摄像机装置（使用视频摄像头和红外摄像头）。通过机器人沿着导轨移动、伸缩杆上升下降、配合电动云台旋转，既拓宽了双目摄像机的检测范围，又可以通过移动转换角度，绕开人群或个体的遮挡干扰，使双目摄像机在监控作业时更灵活、更全面。

（3）充电方式

导轨连接柱设置有充电桩。行走机构与充电桩对应的侧面上对应位置设置有充电贴，充电贴中心设置有通孔。行走机构内部安装有可充电电池、电量监测装置和激光测距装置，其中激光测距装置发出的激光对准通孔，可充电电池连接充电贴和电量检测装置，激光测距装置、电量检测装置与主控装置电源连接。激光测距装置获取行走机构到两个充电桩的距离,主控装置控制行走机构向距离近的充电桩移动,实现充电贴与充电桩对接充电。

(4)数据采集方式

主控装置内安装有环境监测装置和通信装置。环境监测装置包括烟雾、二氧化碳和温湿度等传感器,可以获取烟雾数据、二氧化碳数值和温湿度等环境监测数据。通信装置可将采集的图像信息和环境信息实时上报至服务平台。通过环境监测装置,结合双目摄像机的图像数据,可以在后台服务器用于分析不同状态环境下探测区域的异常行为发生情况。

3. 与现有安防监控装置比较分析

将本设计与现有的固定式安防监控设备、电动云台安防监控设备的比较分析见表5-1。

表5-1 与现有安防监控设备(机器人)的比较

比较内容	设备类别			
	固定式安防监控设备	电动云台安防监控设备	地面移动安防机器人	本设计的机器人
安装方式	使用支架固定在天花板或墙壁上	使用支架和电动云台固定在天花板或墙壁上	位于地面,可移动	使用连接柱将导轨固定在天花板上
移动方式	固定,不能移动	不能移动,只能通过电动云台进行旋转	采用轮式或履带式行走机构,可操控或沿着预设路径移动	沿着导轨移动
监控范围	监控范围只能预先设定,作业中不可以改变	可以通过电动云台旋转摄像头扩展监测范围	通过电动云台旋转摄像头扩展监测范围	沿着导轨移动,结合伸缩杆上下伸缩和云台旋转拓宽监视范围
抗遮挡干扰方式	无法规避遮挡干扰	可以通过电动云台旋转摄像头调整角度来有限度地规避遮挡干扰	人少或无人时,可以操控或沿着预设路径移动规避干扰,但在人流密集时会出现难以移动的情况	可以沿着导轨移动,结合伸缩杆上下移动和云台调整摄像头角度来规避遮挡干扰

从表5-1中对比可知,本书设计相比于现有安防监控设备(机器人)的设计在移动方式、监控范围及抗遮挡干扰性等方面有较好改进。与传统固定式或电动云台安防监控设备相比,该设计更为灵活;与目前地面移动巡检机器人相比,本设计更为稳定和可靠,巡查和监测方位效果更好,这主要得益于本设计可以沿着固定的轨道进行工作,从而工作环境和工作条件更为稳定可控。由此可见,本设计更有利于和适用于火车站、地铁站、高铁站、城轨站等人流密集的轨道交通场所使用。

在轨道交通运营中,消防安全一直是保障乘客安全的一个重要因素,特别是在人群密集或人群拥挤的情况下。然而在轨道交通领域,现有安防监控设备存在监控盲区、难以克服人群或个体遮挡及干扰的影响,导致对异常行为的监控效果难以得到充分保障。本书轨道式消防监控机器人设计通过引入导轨,将监控设备和机器人行走机构和主控装置结合,可以实现监控装置的稳定移动和监控角度的灵活变换调整,从而扩大了监视范围和提高了抗遮挡干扰的能力。本设计可以用于替代现有安防监控设备,适用于火车站、地铁站、高铁站等轨道交通场所,为轨道交通巡检监控作业提供一种新的技术方案,进而有助于提高对轨道交通消防安全隐患的监控能力。

5.3.2 曲线移动轨道式消防监测机器人设计

在轨道交通运营安全监测作业中,一般情况下,某些特定设备(如变电站设备、轨道运营设备、隧道设施、重要线缆等)是否安全正常工作关系到整个轨道交通运输系统的安全生产和可靠运行,因此需要定期对这些运行设备及线路进行监测,并采集、分析设备的运行数据。由于这些设备分散各处,因此采用一般的轨道式消防机器人难以完全监测到。为了解决此类问题,提出了一种曲线移动轨道式消防监测机器人设计,可以实现曲线移动、曲线变换轨道,甚至能够实现曲线翻转等移动功能,以满足目前轨道交通消防安全实时监测的需要。

1. 导轨设计

导轨采用凸字形凹槽轨道,如图 5-12 所示,导轨内部凹槽呈凸字形。凸字形凹槽导轨可以采用不同形状,如曲线弯曲、曲线上升、曲线下滑等。

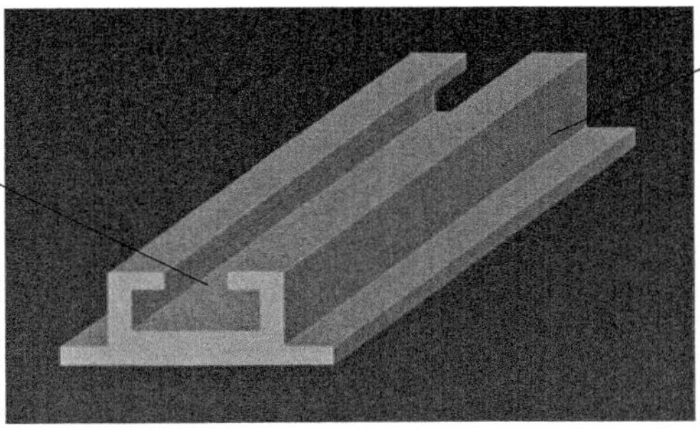

图 5-12　凸字形凹槽导轨

如图 5-13 所示,凸字形凹槽导轨可以安装在地面,也可以吊装,既可以侧面安装,也可以采用曲线轨道形式安装。

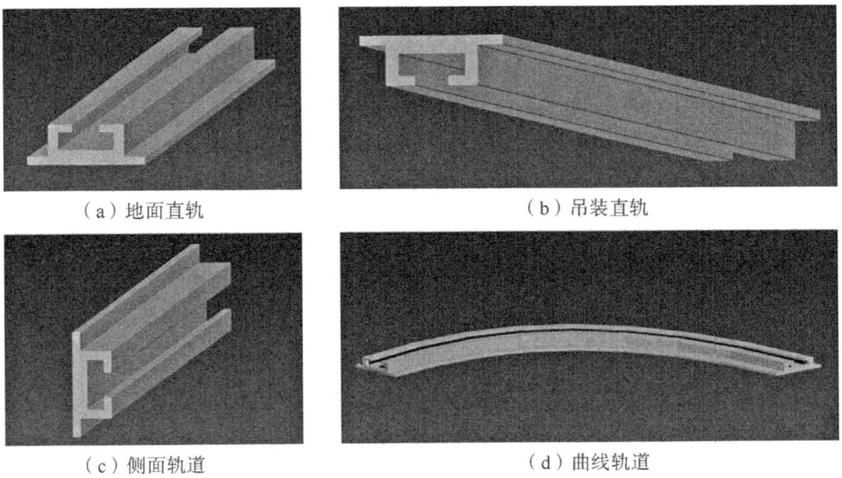

(a)地面直轨　(b)吊装直轨

(c)侧面轨道　(d)曲线轨道

图 5-13　凸字形凹槽导轨安装方式

此外,凸字形凹槽导轨还可以实现左右曲线型、上下曲线型(上升型轨道、下滑型轨道,见图 5-14),甚至螺旋曲线型等轨道形态,以适用于不同的使用需求。

2. 悬挂式行走机构设计

行走机构采用悬挂式设计,使用相对应的外部轮对、内部轮对、支架和连接杆,如图 5-15 所示,根据需要可给予外部前轮对、后轮对或者左右轮对驱动,内部轮对没有驱动,外部轮对呈十字形金属结构，卡在凸字形凹槽轨道外轨道上行驶。内部轮对普通圆形，非金属结构，卡在凸字形凹槽轨道内轨道上，贴合上表面行驶，支架与平台通过弹簧和支撑垫片动态平衡缓冲。

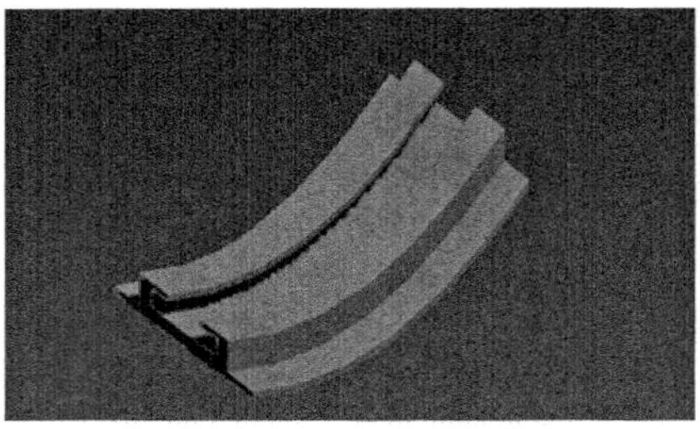

（a）上升型轨道

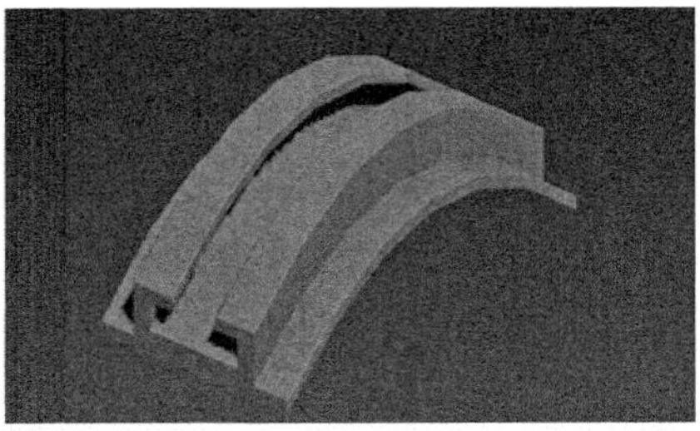

（b）下滑型轨道

图 5-14 上升型轨道和下滑型轨道

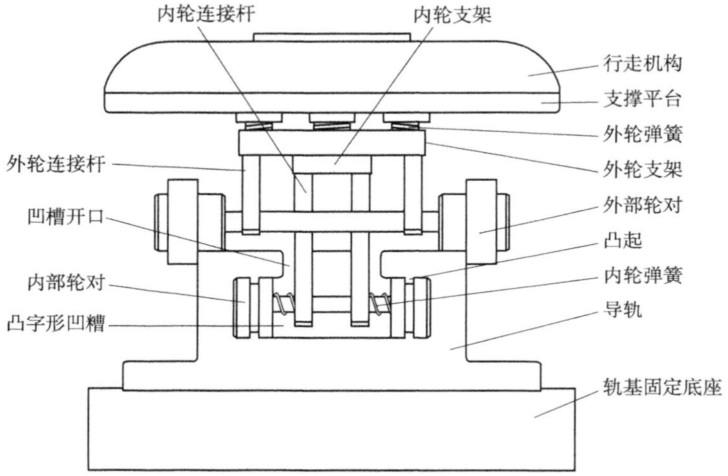

图 5-15 悬挂式行走机构结构示意图

行走机构带有三组轮对，外轮两组，内部轮一组。外部轮对通过两组转向连接杆通过外轮对两边支架连接，转向连接器固定且与内部轮对支架连接，实现轨道机器人的行驶与转向位移。

3. 结构设计

曲线移动轨道式消防监测机器人由移动机构、旋转机构和监控机构组成，如图 5-16 所示。其中，移动机构与旋转机构连接，监控机构与旋转机构传动连接，旋转机构可以做圆周转动。

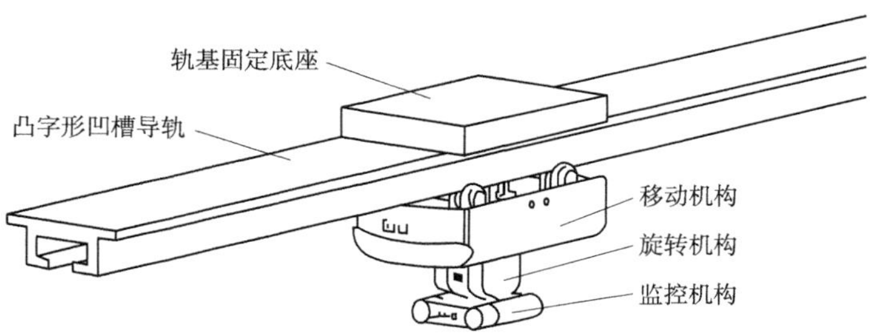

图 5-16 曲线移动轨道式消防监测机器人结构设计图

移动机构采用上述悬挂式行走机构设计,如图 5-15 所示。包括支撑平台、两组外部轮对、内部轮对、转向连接器和驱动单元,采用上述凸字形凹槽导轨。导轨内部沿其长度方向有一凹槽开口,凹槽开口顶壁的中部沿其长度方向设有一长条形的缺口,两组外部轮对前后间隔设置,并可以沿导轨方向在导轨上进行移动。两组外部轮对上方由外轮支架、外轮连接杆和支撑平台进行固定连接,并设计有弹簧(外轮弹簧)进行减震压实。内部轮对设置在两组外部轮对之间,并沿着导轨凹槽的长度方向在凹槽内移动,支撑平台与内部轮对之间通过内轮支架与内轮连接杆连接,并设计有弹性组件(内轮弹簧)用于减震压实。通过外部轮对和内部轮对,可以使机器人移动机构在导轨上稳固自由移动,同时能够适应导轨的弯曲、曲线上升、曲线下滑等各类形状,以及吊装、侧装等各种安装形式。如图 5-17 所示,机器人旋转机构连接着移动机构,设置有电动云台旋转装置,可以实现自由旋转。旋转机构上连接着监控机构,可以实现监控机构的旋转和上下转动控制。监控机构设置有双目监控装置,可以实现对目标区域的监控。

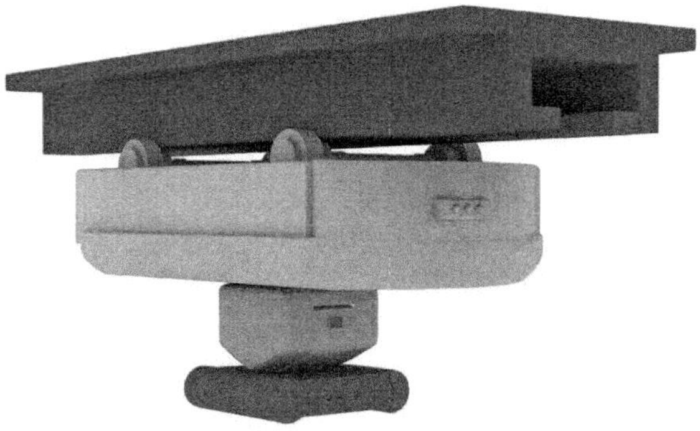

图 5-17　曲线移动轨道式消防监测机器人设计效果图

5.3.3　曲线移动轨道式消防探测机器人设计

为了满足轨道交通消防安全探测的需求,在上述轨道式消防监测机器人设计的基础上,提出了一种改进的曲线移动轨道式消防探测机器人及其转向导轨的设计。

1. 结构设计

曲线移动轨道式消防探测机器人(机器人平台)由行走机构、探测机构、主控机构和机械臂组成,如图 5-18 所示。其中,行走机构采用了曲线移动轨道式消防监测机器人的悬挂式行走机构设计;探测机构设计有转盘、固定支架、探测传感器等装置;主控机构内置控制主机,设置有摄像头和照明灯;机械臂上设置有夹具。

如图 5-19 所示,在机器人平台中,主控机构安装在行走机构上,探测机构与主控机构连接。探测机构的转盘上设置有多个探测传感器安装位,可以根据需要安装相应的传感器装置或仪器。转盘安装在探测机构固定支架上,由固定支架提供支撑。转盘可以根据需要由主控机构来控制旋转,变换探测传感器的位置,以达到更好的探测效果。主控机构装备有照明灯和摄像头,通过视频图像能够观测机器人运行前方的情况,同时为机械臂工作提供视觉指引。机械臂上带有夹具,可以根据作业需要执行夹取和排障动作。此外,主控机构内置无线通信模块,能够与上位机实现通信。

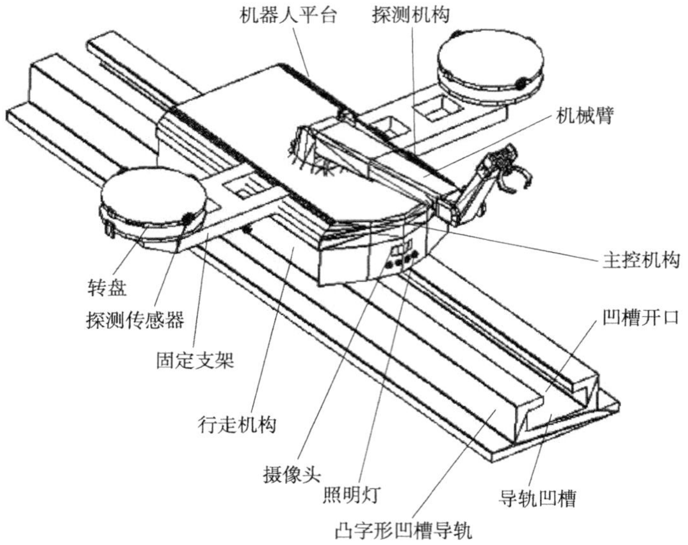

图 5-18　曲线移动轨道式消防探测机器人结构设计图

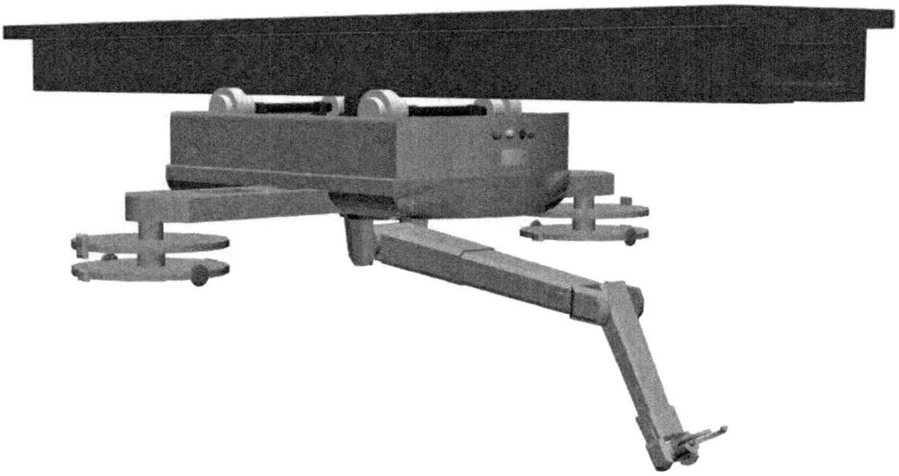

图 5-19　曲线移动轨道式消防探测机器人设计效果

2. 转向盘导轨设计

在曲线移动轨道式消防探测机器人设计的基础上,还设计了一款用于曲线移动轨道式消防探测机器人的转向盘导轨。该转向盘导轨设计与现有技术相比,其有益效果在于:当机器人平台沿一个直行导轨行走时,其可以通过与该直行导轨与转向盘连接的一端移动至转向盘上的分支导轨上,从而实现机器人平台的转向行驶。转向盘导轨的设计如图 5-20 所示。转向盘导轨由直行导轨、转向盘、分支导轨、转向导轨、定位标识线等组成。其中,转向盘可以旋转,用于引导机器人平台的行驶转向;转向盘上设置有转向导轨,用于停放机器人平台;定位标识线用于定位机器人平台位置,当需要转向时,机器人平台通过它来正确定位停在转向盘的转向导轨上。

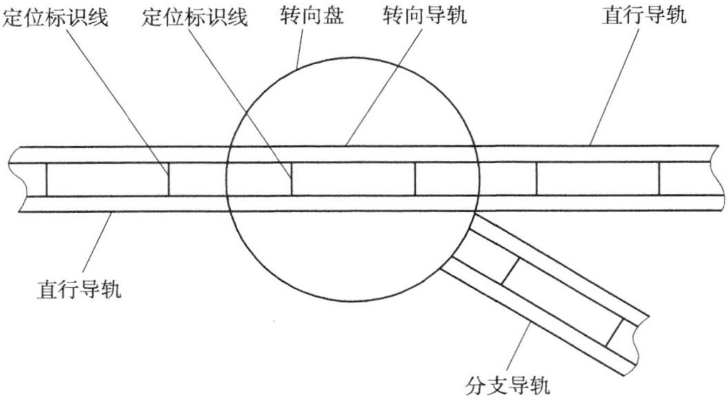

图 5-20　转向盘导轨结构设计图

转向盘导轨转向工作方式：当机器人平台沿着直行导轨行走至转向盘时，通过定位标识线停留在转向导轨上，此时转向盘启动并转动，如果需要切换到分支轨道上，则转向盘转动使得转向导轨与分支导轨对齐连接，随后机器人平台可以从转向导轨移动至分支导轨继续行驶，实现机器人的换向切换导轨。

通过转向盘导轨，机器人平台可以通过转向盘移动至不同方向的导轨上，从而使得机器人平台的行走路线多样，探测范围更广。

5.3.4　曲线移动轨道式消防巡检机器人设计

现时轨道交通领域，隧道、地铁区域中较多是以人工方式进行轨道巡检检修作业，不但功能单一，而且不能实现自动化，在部分区域还不能由人员自由进行检修作业；同时，由工作人员携带工具沿着轨道等地方进行作业，耗费人力巨大，且不能 24 h 实时检测，对某些危险的区域、安全未知的区域、空间太小的区域，工人不能或不适合巡检，但是又必须进行作业。有鉴于此，需要用机器替代人工进行巡检作业，从而减轻人工劳动强度，并实现长时间工作，解决工人无法到达区域工作的不足。为了满足轨道交通消防安全巡检作业的需要，在上述轨道式消防探测机器人的基础上，提出一种曲线移动轨道式消防巡检机器人设计，如图 5-21 所示。

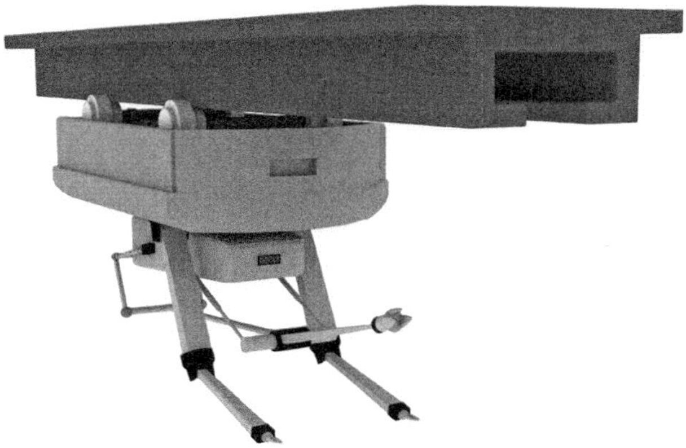

图 5-21　曲线移动轨道式消防巡检机器人设计效果图

1. 结构设计

本设计目的是:提供一种用机器替代人工进行巡检作业,从而减轻人工劳动强度,并可到部分工人难以到达区域进行工作的曲线移动轨道式消防巡检机器人。

曲线移动轨道式消防巡检机器人由移动机构、旋转机构、工作臂和辅助臂组成,如图 5-22 所示。其中,旋转机构安装在移动机构上,并能够实现自由转动;旋转机构上安装有工作臂和辅助臂,工作臂的末端设置有夹手,通过连杆机构(包括前伸缩连杆、前连架、前后连杆、后连架、后伸缩连杆等联动)实现灵活的抓取作业,辅助臂安装在旋转机构两侧,辅助臂的末端设置有辅助件,辅助件包括辅助夹爪、照射光源和钻头;移动机构采用上述曲线移动轨道式消防监测机器人的悬挂式行走机构设计。

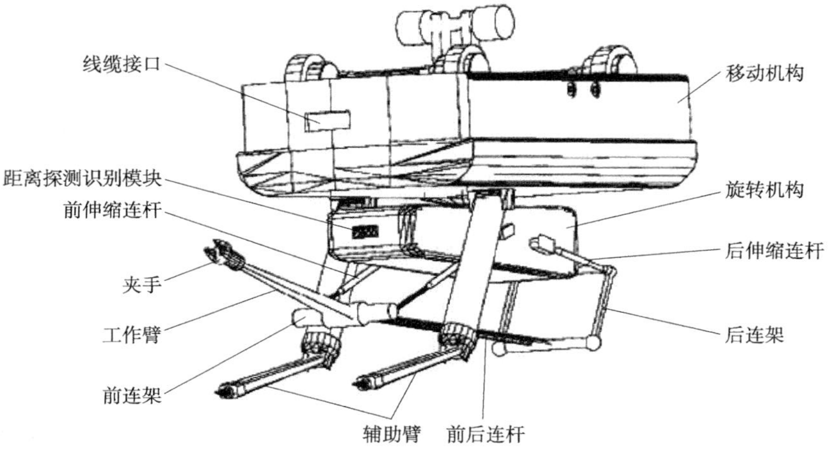

图 5-22　曲线移动轨道式消防巡检机器人结构设计

2. 工作臂与辅助臂设计

工作臂设计:工作臂通过活动架与旋转机构连接,活动架包括前伸缩连杆、后伸缩连杆、前连架、后连架和前后连杆,前伸缩连杆的一端和后伸缩连杆的一端分别可前后转动地连接在旋转机构上。前伸缩连杆的另一端与前连架连接,后伸缩连杆的另一端与后连架连接,工作臂的后端与前连架转动连接,前后连杆的前端与工作臂的后端连接,前后连杆的后端与所述后连架转动连接。前伸缩连杆和后伸缩连杆均有两根并分别相应安装在旋转机构的两侧,前连架为水平的圆杆,前连架的左右两端分别与两根所述前伸缩连杆连接,所述后连架为框架,所述后连架的左右两端分别与两根所述后伸缩连杆连接,所述后连架与所述后伸缩连杆成夹角。

辅助臂设计:辅助臂通过支杆和转动座安装在旋转机构上,辅助臂的末端与支杆的前端转动连接,支杆的后端与转动座转动连接,转动座转动连接旋转机构。

3. 移动机构与旋转机构功能设计

移动机构功能设计:机器人平台设计利用移动机构的行走机构可实现以悬挂或侧挂形式沿导轨进行移动,能够适应不同的导轨安装形式的需求,其悬挂式行走机构设计可以保障机器人平台稳固地在行驶在导轨上。

旋转机构功能设计:旋转机构的前侧设置有距离探测识别模块,距离探测识别模块可为毫米波雷达、激光雷达、超声波测距模块、红外探测模块等。利用距离探测识别模块可让检修机器人在运行过程中探测行进路径前方是否有异常或障碍物，从而避免检修机器人直接碰撞障碍物，又能预先检测路线可行性。

5.3.5　曲线移动协同轨道式消防机器人设计

在轨道交通消防安全作业领域，实际应用中时常需要面对环境狭窄、重物障碍多、检修操作复杂的不同因素，常规的维修器械难以应付。为了解决这个问题，可以使用多个不同机器人平台协同作业的方式。为了满足轨道式消防机器人协同巡检作业的需要，在上述曲线移动轨道式消防巡检机器人的基础上，提出一种曲线移动协同轨道式消防巡检机器人的设计，以多机连接的方式实现不同操作的机器人一起协同作业。

1. 结构设计

曲线移动协同轨道式消防巡检机器人通过协同联动线缆连接两台不同的机器人平台，如图 5-23 所示。其中，第一个机器人平台采用上述曲线移动轨道式消防巡检机器人设计，由移动机构、旋转机构、工作臂和辅助臂组成；第二个机器人平台是一款曲线移动轨道式消防排障机器人，该机器人平台由移动机构、旋转机构及主夹臂组成。第一个机器人平台与第二个机器人平台通过协同联动线缆连接在一起。第二机器人主夹臂安装在所述旋转机构上，可以实现前后摆动和旋转转动，主夹臂前端设置有主夹爪；旋转机构连接在移动机构上，可以实现自由旋转转动；移动机构上设置有协同联动线缆接口，通过该接口可以与其他机器人平台相连接（如上述曲线移动轨道式消防巡检机器人和曲线移动轨道式消防监测机器人）；移动机构采用与曲线移动轨道式消防监测机器人相同的悬挂式行走机构设计。

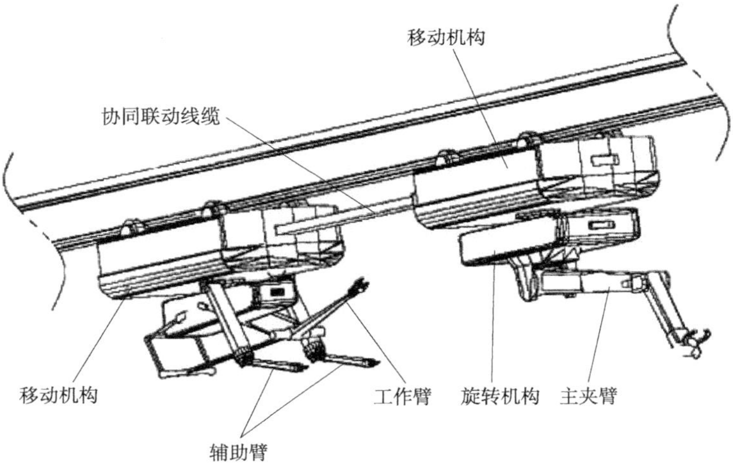

图 5-23　曲线移动协同轨道式消防巡检机器人结构设计

2. 主夹臂设计

曲线移动轨道式消防排障机器人的主夹臂设置有伸缩臂和支撑臂，伸缩臂的后端连接着主夹臂旋转基座平台，如图 5-24 所示。伸缩臂能够自由伸缩活动，从而延长主夹臂伸展长度。支撑臂的后端通过关节舵机与伸缩臂的前端连接，主夹爪也通过关节舵机安装在支撑臂的前端，主夹臂的后端通过旋转基座平台连接在旋转机构上。主夹爪安装有摄像装置，通过旋转机构与主夹臂的联动，可以控制主夹爪排除对应的消防安全故障。

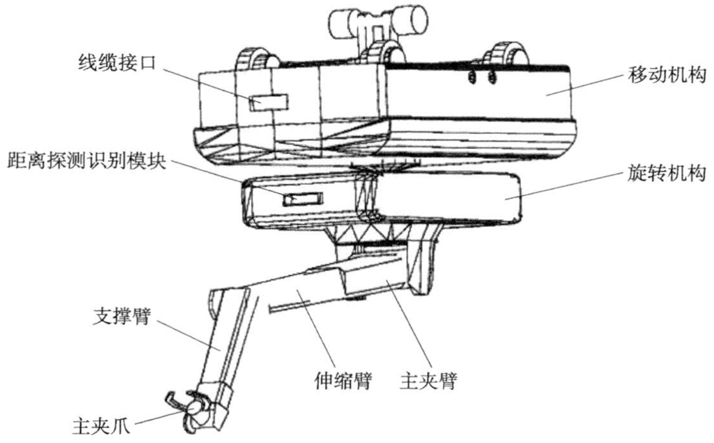

图 5-24　曲线移动协同轨道式消防排障机器人结构设计

曲线移动协同轨道式消防巡检机器人与现有消防机器人相比,其有益效果在于:能够灵活移动并长时间实现多台机器人协同地进行巡检作业,并到达人工无法到达或不合适到达的工作环境中进行巡检和排障工作。通过多机器人协同实现多种消防巡检操作,可以高效地实现对轨道交通领域中相应的消防安全巡检工作。

3. 协同作业设计

通过协同联动线缆连接,可以将两台以上机器人平台相连接,实现多个机器人平台的协同作业,实现单台轨道式消防机器人难以完成的多种任务。例如,通过协同联动连接线缆,将曲线移动轨道式消防巡检机器人与曲线移动轨道式消防排障机器人协同工作,可以实现巡检、排障等多种功能。其中,曲线移动轨道式消防巡检机器人的工作臂可以使用夹手抓取一定质量的物件,从而在检修过程中进行物件的搬运和零件取放等操作,配合工作臂的伸展活动具有更大的可操作范围;而辅助臂通过相应的活动,在工作臂操作时通过 LED 灯、小型夹爪、钻头或其他辅助件提供照明、辅助取放、钻孔等辅助检修操作。曲线移动轨道式消防排障机器人的主夹臂和主夹爪具有更大的抓取承载性能,以拾取更大的物体,从而在检修过程中更高效快速地完成移出较重物件的任务。通过协同联动线缆可以使两台机器人平台的协同联动作业,使它们构成整体共同协助地进行运行,并能够受远程人工控制,从而实现工作臂、辅助臂和主夹臂三者的协同工作,完成更为复杂的工作任务。所以,此协同式作业设计能够使两个或多个机器人协同地长时间在人工难以到达或不适合到达的环境、地方中进行检修工作,而且可实现自动化控制和灵活移动。

参考文献

[1] 戴彦华,陈天煜,支涛,等.服务机器人与铁路客运站既有系统设施融合应用的设计与实现[J].铁道运输与经济,2022,44(9):77-82.

[2] 周立辉,张永生,孙勇,等.智能变电站巡检机器人研制及应用[J].电力系统自动化,2011,35(19):85-88,96.

[3] 鲁守银,钱庆林,张斌,等.变电站设备巡检机器人的研制[J].电力系统自动化,2006(13):94-98.

[4] 莫洋,王耀南,刘杰,等.我国智能机器人核心芯片技术发展战略研究[J].中国工程科学,2022,24(4):62-73.

[5] 刘逸伦,何倩鸿,王科盛.服务机器人行业发展现状分析[J].信息记录材料,2022,23(3):217-220.

[6] 徐国华,谭民.移动机器人的发展现状及其趋势[J].机器人技术与应用,2001(3):7-14.

[7] 于子良,黄志辉,杨珏,等.轨道隧道巡检现状及智能检测机器人发展趋势[J].机车电传动.2020(6):137-142.

[8] 王斌.基于机器人的电缆隧道智能消防系统[J].机械工程师.2022(9):4-6.

[9] 姚天浩,于洪达,高国丽,等.电力智能巡检机器人研究[J].无线互联科技.2022,19(16):47-49.

[10] 舒译娴.地铁车站消防安全风险分析与管控[J].消防界(电子版),2022,8(19):28-30.

[11] 李国生."火眼"可视图像早期报警系统在地铁中的应用[J].消防科学与技术,2018,36(2):222-224.

[12] 俞晨.人工智能在消防装备中的应用[J].科技创新与生产力,2022(9):119-121,127.

[13] 刘贵,安珂,吴嘉欣.侦察与消防机器人系统设计[J].消防科学与技术,2022,41(9):1273-1277.

[14] 张良.消防机器人:抢险救灾急先锋[J].生命与灾害,2022(5):40-43.

[15] 吕超.消防机器人在灭火救援中的运用研究[J].消防界(电子版),2022,8(13):54-56.

[16] 尹绚,孙黎黎.浅谈我国消防救援机器人的研发与应用[J].山东化工,2022,51(3):76-77,80.

[17] 谭筠梅,王履,程雷涛,等.城市轨道交通智能视频分析关键技术综述[J].计算机工程与应用,2014,50(4):1-6.

[18] 张起贵,张妮.基于地铁复杂场景下异常行为的视频分析研究[J].电视技术,2014,38(3):163-166.

[19] 张伟,刁战颖.国外机器人技术最新发展概览[J].中国安防.2016(6):97-103.

[20] CHENG H, YANG T, LI L. Intelligent fire-fighting robot[J]. Applied Mechanics and Materia1s,2014(722).

[21] O'HALLORAN D, WOLF A, CHOSET H. Design of a high-impact survivable robot[J]. Mechanism and Machine Theory,2005,40(12):1345-1366.

[22] ALHAZA T, ALSADOON A, ALHUSINAN Z, et al. New concept for indoor fire fighting robot[J]. Procedia-Social and Behavioral Sciences,2015(7):2343-2352.

[23] 王宁.城市轨道交通消防安全工作中存在的问题[J].今日消防.2022,7(8):45-47.

[24] 张亚婉,莫浩明,朱颖,等.消防救援机器人辅助探测系统设计[J].电子设计工程,2022,30(8):66-70.

[25] 赵扬.消防机器人在灭火救援中的应用探析[J].消防界(电子版),2021,7(23):56-57.

[26] 曹峰,董晓丰.移动消防装备在灭火救援工作中的优势思考[J].消防界(电子版),2022,8(2):89-90.

[27] 黄汝磊. 消防机器人灭火救援应用技术研究[J]. 消防界(电子版), 2021,7(20):87,89.

[28] 徐少波,王子幼. 消防救援多机器人系统研究进展及关键技术综述[J]. 科技创新与应用, 2022,12(9):155-157,161.

[29] 张慧贤,杨海,马利民,等. 消防机器人作业环境智能感知与识别关键技术[J]. 机械制造与自动化, 2021,50(6):186-189.

[30] 李瑞,刘琦,袁文正,等. 新型智能消防灭火机器人设计及实现[J]. 南京理工大学学报,2022,46(5):553-560.

[31] 吕彦杰. 模块化消防机器人的设计及应用[J]. 信息系统工程, 2022(4):105-108.

[32] 王晓芸,崔培,陈晓. 轮式移动机器人文献综述[J]. 石家庄铁路职业技术学院学报,2019,18(2):66-70.

[33] 徐志洪. 辅助消防机器人的视觉算法及传感器应用[J]. 机电技术, 2022(1):47-49.

[34] 文相容,周宇生. 三轮移动机器人的精确运动控制设计[J]. 重庆大学学报,2021,44(5):124-134.

[35] 曲鸿春,刘邦,蒋冬. 水电站继电巡检机器人导航技术研究[J]. 水电与抽水蓄能,2020,6(2):52-57.

[36] 严陈凯,杜玉,伍智泓. 基于麦轮的全方向移动消防侦查机器人概念设计[J]. 工业设计, 2022(6):158-160.

[37] 单桂军,李正明,夏显忠. 消防侦察救援特种机器人研究[J]. 镇江高专学报,2012,25(4):34-37,44.

[38] 丁宏钰,石照耀,岳会军. 国内外双足人形机器人驱动器研究综述[J]. 哈尔滨工程大学学报, 2021,42(7):936-945.

[39] 杨钧杰,孙浩,王常虹. 四足机器人研究综述[J]. 导航定位与授时,2019,6(5):61-73.

[40] 朱雅乔,陈国松,王姣姣. 四足机器人仿生关节的研究现状综述[J]. 机械传动, 2019,43(1):159-164.

[41] 李满宏,张明路,张建华. 六足机器人关键技术综述[J]. 机械设计, 2015,32(10):1-8.

[42] 李鹍,吴宁,宋明,等. 基于级联滤波器深度学习的铁路安检人脸识别与验证研究[J]. 铁路计算机应用,2018,27(6):17-20.

[43] 侯天阳,舒启林. 隧道悬挂式轨道灭火机器人远程控制和监测系统的研发[J]. 成组技术与生产现代化, 2021,38(4):22-26.